南开大学中外文明交叉科学中心

资助出版

南开法治文丛

INSTITUTIONAL STUDY OF
ATYPICAL CONTRACT

崔雪炜　著

非典型契约制度研究

法律出版社 LAW PRESS · CHINA
北京

图书在版编目（CIP）数据

非典型契约制度研究 / 崔雪炜著. -- 北京 : 法律出版社, 2025. -- (南开法治文丛). -- ISBN 978 - 7 - 5244 - 0177 - 3

Ⅰ. D923.64

中国国家版本馆 CIP 数据核字第 2025LN9590 号

非典型契约制度研究

FEI DIANXING QIYUE ZHIDU YANJIU

崔雪炜 著

策划编辑 宋杰鹏 田亚飞

责任编辑 田亚飞

装帧设计 臧晓飞

出版发行 法律出版社

编辑统筹 法律出版社

责任校对 郭艳萍

责任印制 胡晓雅

经　　销 新华书店

开本 710 毫米 × 1000 毫米　1/16

印张 15.5　　**字数** 215 千

版本 2025 年 6 月第 1 版

印次 2025 年 6 月第 1 次印刷

印刷 唐山玺诚印务有限公司

地址：北京市丰台区莲花池西里 7 号（100073）

网址：www.lawpress.com.cn

投稿邮箱：info@lawpress.com.cn

举报盗版邮箱：jbwq@lawpress.com.cn

销售电话：010 - 83938349

客服电话：010 - 83938350

咨询电话：010 - 63939796

书号：ISBN 978 - 7 - 5244 - 0177 - 3

定价：58.00 元

凡购买本社图书，如有印装错误，我社负责退换。电话：010 - 83938349

无名，天地之始；有名，万物之母。

——《道德经》

目录

导　论　非典型契约制度：一个被忽视的研究领域

无名，天地之始；有名，万物之母。[①]

一、研究的问题及界定

（一）研究的问题

民法遵循私法自治与契约自由，除在实行特定契约制度的罗马法等私法早期时代，契约是否可归属于特定的典型契约[②]类型并不影响契约的效力。但受到以大村敦志、山本敬三、河上正二、石川康博等日本学者为代表的“典型契约制度积极论”影响，学界总结典型契约至少具备设定依据框架和分析基准、合同内容调

---

①　老子有云：“无名，天地之始；有名，万物之母。”（选自《道德经》）其意思是：名称未定之前，作为万物的起源；名称确定之后，可作万物的母体。“名”是与万物同时出现的，“无名”重在强调名称确定之前的起源阶段或混沌状态。笔者以为此句描述有名合同和无名合同的关系也恰如其分，有名合同实则起源于无名状态，其以有名为始作为合同类型发展的参照。

②　本书所称典型契约与典型合同、有名契约、有名合同同义；非典型契约与非典型合同、无名契约同义。

整与内容形成、辅助合同内容合理性评估的功能；[①]随着典型契约类型的不断扩增，学界对典型契约制度功能的研究热情持续高涨，合同法领域不断对典型合同作出立法规定与调整，[②]甚至认为“典型契约制度本身的开放性、可变性，使其可以催生整个社会秩序的变化，成为在契约行为中连结个人与社会的纽带”[③]。面对社会交易中大量的非典型契约形态，立法者难以将其全部列举，选择了类推适用典型契约的规范的法律调整方式，由此，典型契约规范已经从单纯的“交易类型”转化为“规范类型”，从而在交易社会承担调整非典型契约的“指导图像”（leitbild）功能，[④]以使法律工作者依据已知领域（典型契约规范）推论至未知的非典型契约领域。如此，更加使法学工作者对典型契约制度研究的热情持续高涨，与之相对的非典型契约制度更加难以进入法学研究者的视野。

然而，非典型契约类推适用典型契约相关规范的规制路径本身存在极大的局限性。其一，类推适用路径与典型契约类型选取的理念之间存在偏差。典型契约之所以“典型”并成为法律上的构造类型，本身蕴含着立法者对类型化规制的中立性考量，即立法者在契约的类型设定和规范解释时已尽可能地排除类型偏离的非典型表现形态。由此，以典型契约规范调整非典型契约形态难免会“捉襟见肘”。并且，典型契约之类型设定更多地体现出一种“以交易重要性和频繁性”为导向的实用主义思维，并非纯粹意义上的类型体系性思维，根据有限数量且体系性残缺的典型契约的相关规范调整大量存在的非典型契约形态，必然存在规制路径的不完全性。其二，传统的类推适用路径将消弭非典型契约的独特属性。传统类推适用带有“本质归一”的目的导向，难以彰显非典型契约的目的

---

① 参见顾祝轩：《合同本体解释论：认知科学视野下的私法类型思维》，法律出版社2008年版，第235～236页；周江洪：《典型合同与合同法分则的完善》，载《交大法学》2017年第1期。

② 参见王利明：《典型合同立法的发展趋势》，载《法制与社会发展》2014年第2期。

③ 顾祝轩：《合同本体解释论：认知科学视野下的私法类型思维》，法律出版社2008年版，第236页。

④ 典型契约具有“指导图像”功能，即通过典型契约规范中对各种典型交易关系的双方当事人权利义务与风险成本的公平分配，由此承载一定程度上的“指导图像”功能。参见苏永钦：《走入新世纪的私法自治》，中国政法大学出版社2002年版，第17页。

多元性。类推适用采用的法律论证方法是类比推理,以对法律评价具有决定性意义的相似性为比附援引的核心基础。类比推理蕴含着一个以内容评价为基础的一般化命题,即“已在法律上作出规定的情形与法律上尚未作出规定的情形之间的区别并未重要到这样的程度,以至于可成为区别对待的正当理由。换句话讲,这两种情形之间的共同(一般性)要素即足以构成对它们赋予相同法律后果的正当根据”①。在类比推理的过程中,须进行积极确定与消极确定两次判断,以确定相比较者具有足够的相似性,以至于适用规定时可以忽略其间的歧异。② 实际上,类推适用是对同等对待原则的适用,也反映出类推适用方法的僵化性及其一体性适用的目的导向。若以类推适用方法处理非典型契约,尤其是其中的混合契约,混合契约会被归入某类典型契约,消除歧异的目的导向将减弱甚至消除混合契约与该类典型契约间的异质性,③导致削足适履式的法适用结果。例如,将混合赠与合同强行归入买卖契约,将忽视缔约人的赠与意图,导致混合赠与契约与买卖契约间的异质性被消除,因为体现赠与契约在风险转移、瑕疵担保责任等方面特质性的规定将无法适用。同时,在类推适用方法的实践运用中,法官对类推适用的论证推理过程展开不够重视,④“增加了类推适用过程的神秘程度,人们或许会怀疑类推适用不过是法官对于个案结果的粉饰”⑤。常见的方式是,法官在使用“参照”一词后直接援引相应的法律规定。例如,在“温州市博爱出租汽车服务有限公司与金梁辉挂靠经营合同纠纷上诉案”中,法院认为:“鉴于《中华人民共和国合同法》分则并未明文规定挂靠经营合同,根据《中华人民共和国合同法》第 124 条的规定,应适用该法总则的规定,并可以参照该法分则有

---

① [德]齐佩利乌斯:《法学方法论》,金振豹译,法律出版社 2009 年版,第 99 页。

② 参见[德]卡尔·拉伦茨:《法学方法论》,陈爱娥译,商务印书馆 2003 年版,第 258 页;杨仁寿:《法学方法论》,中国政法大学出版社 1999 年版,第 146 页。

③ See Paul H. Rubin, *The Theory of the Firm and the Structure of the Franchise Contract*, The Journal and Law & Economics, Vol. 21:1, p. 224 – 226(1978).

④ 参见王雷:《民法典中参照适用条款的方法论意义》,载《现代法学》2023 年第 2 期。

⑤ 张弓长:《中国法官运用类推适用方法的现状剖析与完善建议——以三项重要的合同法制度为例》,载《中国政法大学学报》2018 年第 6 期。

关委托合同的规定。”[①]其三，非典型契约的内部法律关系往往具有复合性，附带具有规避适用关于典型契约规定的意图，[②]与传统类推适用方法及其目的导向存在冲突。缔约人在典型契约类型之外另创复合交易模式而非订立数个单项典型契约，是其有意识的特别选择。无论是对构成混合契约的各类典型契约分别类推适用关于该类典型契约的规定，还是对混合契约整体类推适用关于与其最相类似的典型契约的规定，均不可取。原因如下：一是缔约人意图实现综合性的交易目的，或意在创设特殊的交易机制等，始终带有规避直接适用关于该类典型契约的规定的主观意图，简单化地类推适用关于与混合契约最相类似的典型契约的规定，将陷入对复合性质单一化处理的误区。例如，保理合同内部涉及的法律关系呈现复合形态，表现为“应收账款债权转让＋应收账款管理或催收服务”，或是“应收账款债权转让＋保理人提供资金融通服务”，或是“应收账款债权转让＋应收账款债务人付款担保服务”，或应收账款债权转让与以上几种服务的叠加，在价款构成、债务人地位、债之关系的持续性等方面较普通的债权转让关系均具有特殊性。[③] 若对保理合同机械地套用关于债权转让的规定，将导致不当的适用结果。二是将混合契约简单拆解为数个单项典型契约分别进行类推适用的方法亦不可行，因为合同的综合性目的不能通过简单拼接的方法实现。该做法实则是将整体性交易拆解为数个零散的单元，不仅造成交易程序的繁杂化，更会导致权利义务内容错误，最终有违缔约人的真实意思。这尤其体现在缔约双方互负异种典型主给付义务的情形中。例如，A 与 B 约定，由 A 为 B 免费提供住房，但 B 须为 A 免费提供家教辅导，双方的给付处于对待给付地位，但若将该合

① 浙江省温州市中级人民法院民事判决书，(2017)浙 03 民终 2709 号。此外，诸多裁判文书内容均可作印证，如攀枝花市仁和金属材料有限责任公司与攀枝花市攀昆联合带钢厂破产清算组等托管经营合同纠纷案，最高人民法院(2001)民二终字第 72 号民事判决书；王振碰与长春华建房地产开发有限公司股权转让纠纷案，最高人民法院(2016)最高法民申 3544 号民事裁定书等。

② 参见崔建远：《合同解释论：规范、学说与案例的交互思考》，中国人民大学出版社 2020 年版，第 306 页。

③ 参见崔建远：《保理合同探微》，载《法律适用》2021 年第 4 期。

同生硬拆解为单项合同,则只能成立无偿性的借用合同和委托合同,有悖给付间实际构成的对价关系的有偿性。

综上所述,在典型契约制度功能被过分夸大的背景下,非典型契约的制度价值被严重"遮蔽",裁判过程中的"指鹿为马"使非典型契约逐渐丧失"非典型"本身的独特属性,对非典型契约性质认定的"削足适履"致使当事人缔约的真正意图难以得到有效实现,进而违背契约自由的基本原则。然而,与之形成鲜明对比的是非典型契约的野蛮生长态势——互联网高速发展带来网络交易和网上结算方式的普遍运用、经营者营销方式的多元化以及商事交易形态的不断创新、投资类型和种类的急速扩增等带来非典型契约形态数量的急剧增长;虽然非典型契约的法律规制仅有《民法典》第467条的单薄规范,但在实现当事人缔约自由与促进社会经济发展和创新的价值基础上,非典型契约应当与典型契约受到同等对待,由此,非典型契约必须获致作为制度存在的自身独立性,对非典型契约制度的系统化研究应成为合同法领域未来研究的增长点。

(二)界定

1. 法学领域中的"非典型性"

典型与非典型之区分并非专属于合同编分则,而是涉及《民法典》甚至整个法学领域,乃至于成为一种整体的研究范式。典型的最初含义指代旧法、常规,也可当作模范、典范、样板来解读,[①]典型多带有模式化的特征,而非典型多含对主流意识形态的反拨之意,趋近于一种鲜活化的呈现方式。[②] 就法学领域而言,"非典型性"的设定广泛存在于物权法、债权

---

① 参见王蒙、康笑宇:《典型、非典型、反典型》,载《读书》2020年第8期;翁姗姗:《现代汉语非典型"把"字句研究》,北京大学2012年博士学位论文,第32~37页;肖俊:《罗马法中非典型物权形态的解释方法研究——以使用权、居住权的形成史为中心的考察》,载《求是学刊》2012年第1期。

② 参见盛芳:《从典型到非典型——人物报道转型的成因与意义》,载《编辑之友》2013年第7期;傅修海:《典型/非典型:现代中国文学的形象政治与身份焦虑——以〈阿Q正传〉中"吴妈"形象的再解读为中心》,载《文艺评论》2013年第9期;路杨:《"非典型"的革命主体——战时工业视域下的路翎小说》,载《西南民族大学学报(人文社科版)》2019年第11期;刘涵之、宋洁:《典型环境下的非典型人物——李健吾"非典型性"文艺创作观》,载《湘潭大学学报(哲学社会科学版)》2018年第1期。

法、劳动法等诸多领域。概括而言,法学中的非典型性可分为两种产生机理,亦对应着两种不同的研究与规制取向。

第一种类型是基于严格的框架性约束产生的非典型形态,此类非典型形态通常负载制度缓和之功能,例如,非典型物权类型以及罗马法时期的非典型契约。严格的框架性约束虽具有节约成本之优势,却也意味着对其他非典型样态的排斥。具体而言,罗马法实行严格的特定契约制度,在法律所列举的典型契约类型之外的契约形态不具有法律效力,此背景下产生的非典型契约制度承担对特定契约制度的缓和功能;非典型物权类型①的产生乃基于严格的物权法定原则,我国物权法仿照德国民法法系对物权内容和数量进行限定,基本排除了当事人自行创设物权的可能,但基于经济发展与金融创新的需求逐渐打破了传统物权种类框架的约束,创设了非典型物权种类,②由此,非典型物权种类成为缓和物权类型僵化的解释工具并实现对物权法定原则的松绑。③非典型物权种类的规制路径大多借助与之最相类似之物权种类的对比分析,并遵循现有最近似物权类型的规制方式。④ 该类非典型形态的规制路径基本可概括为援用与之最相类似之权利种类的规范,主要研究目的在于非典型形态效力的正当性论证以及突破框架约束的合理性验证。

第二种类型系产生于私法自治原则背景下的非典型形态,反映法律对社会发展之多样化需求的包容性。基于私法自治原则,当事人可在立法者所设定之典型法律关系之外另行创设新的法律关系形态,无须对其正当性效力进行论证。该类非典型形态在性质上与典型形态并无区别,法律对于两种形态所提供的保护是同等的,不会因为某种形态是否被典

---

① 非典型物权类型系现行物权法规定之法定物权之外的物权或具有物权效力的权利类型。

② 参见邸天利:《非典型担保共性解析》,载《政法论坛》2011 年第 1 期;姚辉、李付雷:《非典型担保的裁判规则》,载《社会科学》2019 年第 8 期。

③ 参见张笑滔:《非典型物权类型松绑的功能分析——以昆山纯高案为例》,载《政法论坛》2016 年第 6 期。

④ 主要是遵循现有最相类似之物权种类的公示方式。

型化而区别对待。[①] 此种意义上的“非典型性”主要包含两种形态的非典型类型。

其一,可被典型类型涵盖的非典型形态。法律所列举之典型关系涵摄范围内的非典型形态,并不创设全新的法律关系,如非典型雇佣关系[②]以及由之产生的非典型劳动者、典型契约的非典型形态等。此种形态并不脱离法律关系之典型类型的涵摄范围,但与立法者所预想的典型类型之标准形态不尽相符,而难以适用现有的规范调整,需要在既有规范的基础上结合非典型形态之个性进行法的适用。例如,非典型劳动者是与正式员工相对的概念,是社会发展中出现的新的经济发展形式(如共享经济、互联网专车等)所带来的新的用工形式,该形式具有主体无形性、较弱的从属性、劳动关系多重性以及工作时间与工作地点的不固定性等诸多独特属性,从而区别于传统的雇佣关系,[③]规制方式在于完善劳动法律规范体系,确立非典型劳动者的法律地位并给予特殊化的保护;[④]又如,典型契约的非典型形态只是脱离了立法者为各类典型契约设定的基本达致平衡的利益状态,但并未脱离该典型类型的涵摄范围,法律适用过程应更加尊重当事人的约定。

其二,典型类型涵摄范围外的非典型形态,系指没有被类型化、典型

---

① 参见薛军:《非典型人格利益的民法保护模式研究》,载《暨南学报(哲学社会科学版)》2012 年第 3 期。

② 非典型雇佣(atypical employment)这一概念首先由弗里德曼(Freedman)于 1985 年提出,其含义在现代非典型雇佣关系中发生了扩展,包括派遣、兼职工、独立承揽人、远程工作者、替代性工作制度等多方面的内容。参见陈杰:《非典型雇佣问题文献综述》,载《经济学动态》2003 年第 5 期;魏巍:《非典型雇佣关系的影响因素及优化研究》,首都经济贸易大学 2018 年博士学位论文,第 18 页;褚庆鑫:《非典型雇佣关系下员工组织公民行为形成机制——基于身份视角》,南京大学 2014 年博士学位论文,第 9 页;田思路:《劳动关系非典型化的演变及法律回应》,载《法学》2017 年第 6 期;石超:《自主性视角下的平台经济非典型劳动者保护》,载《河北法学》2020 年第 6 期。

③ 参见张素凤:《“专车”运营中的非典型用工问题及其规范》,载《华东政法大学学报》2016 年第 6 期;弭晶:《“共享经济”时代非典型劳动者权益保护研究》,载《学习与实践》2020 年第 7 期;林志扬、陈致津:《论非典型雇佣制度对组织的影响》,载《厦门大学学报(哲学社会科学版)》2013 年第 4 期。

④ 参见谢增毅:《超越雇佣合同与劳动合同规则——家政工保护的立法理念与制度建构》,载《清华法学》2012 年第 6 期。

化的类型所涵盖的权利类型或法律关系,如非典型之债[①]、非典型契约和非典型人格利益等。法律不可能规范所有的权利类型和法律关系,只能将其中典型的类型归纳提炼予以明定化,以满足精细化调整的法律目标,但由于社会经济的发展以及立法者经验有限,必然存在典型化类型之外的非典型形态,由此,此类非典型形态区别于典型形态的关键在于尚未形成特定的法律规制模式。有学者提出,在该种模式下应摒弃典型与非典型的区分,创设一个涵盖所有类型的上位概念,如创设能够涵盖所有人格利益的统一人格权,如此,民法如何为非典型人格利益提供特殊保护的问题便自动消解。[②] 笔者认为,该种规制模式并不可行,其不仅忽视了非典型形态本身的独特属性,也牺牲了法律适用的基本可预测性。对于非典型契约而言亦是如此,若依该学者所言单纯依靠合同编通则进行调整,将消弭非典型契约的独特属性,也将损害典型契约规范设定带来的结果可预测性。

总体而言,"与其他通过对事物的共通特征进行'提取公因式'所获得的法律概念不同,非典型形态是反面排除的结果,但凡典型类型之外的所有形态,皆可囊括其中,种类庞多、内容繁杂"[③]。但非典型形态也并非容纳立法冗余的"箩筐",也并不代表其重要程度的减弱,相反地,法学领域的"非典型性"基本涵盖以下基本特性,使其成为一个专门的、独立的研究领域:(1)因偏离或脱离"既有的权利菜单"[④],而缺乏法律规范的直接调整;[⑤](2)"非典型性"注重独特性的凸显,由于打破了典型类型的僵化,更符合社会经济交往的效率性、灵活性、多元性等发展需求,而在实践

---

① 参见柳经纬:《论添附中的求偿关系之法律性质——兼谈非典型之债与债法总则的设立问题》,载《法学》2006 年第 12 期。

② 参见薛军:《非典型人格利益的民法保护模式研究》,载《暨南学报(哲学社会科学版)》2012 年第 3 期。

③ 姚辉、李付雷:《非典型担保的裁判规则》,载《社会科学》2019 年第 8 期。

④ 张笑滔:《非典型物权类型松绑的功能分析——以昆山纯高案为例》,载《政法论坛》2016 年第 6 期。

⑤ 参见张素凤:《"专车"运营中的非典型用工问题及其规范》,载《华东政法大学学报》2016 年第 6 期;周赟教授将疑难案件称为"非典型案件",其并不在本书所指"非典型性"的讨论范围内。参见周赟:《非典型与典型案件:术语、成因及其关系》,载《中国法学》2015 年第 5 期。

生活中大放异彩。

2. 非典型契约的概念界定

在上述“非典型性”的分类体系下,非典型契约系属契约自由原则背景下产生的、典型契约类型涵摄范围之外的契约形态。典型契约与非典型契约概念间呈现“对立与融合”的关系,“具体契约因与典型契约的主要类型特征不相符、无法被归类到典型契约中而成为非典型契约”[①],但其作为矛盾的双方固然存在相互排斥与对立的倾向,但同时也保有共存、渗透、统一的方面。[②]

(1)非典型契约的双重构成要件

非典型契约是合同法一面采契约自由原则,一面又列举典型契约的产物;[③]典型契约的制度意义限于设定规范框架,并不强迫当事人以契约的规范类型订立契约。[④] 社会交易形态变化万千、交往关系日趋复杂,当事人不得不在法定的典型契约类型之外另创新形态的交易形式。基于此,有学者主张应将“法律是否设有特别规范并赋予其特定的名称,作为区分典型契约与非典型契约的标准”[⑤]。但《意大利民法典》第 1322 条对非典型契约(atypical contract)作出了独特性的定义,“双方当事人得在法律规定和行业规范的范围内自由地确定契约内容。双方当事人亦得缔结未纳入特别规范类型的契约,但是旨在实现法律(参阅第 1323 条、第 1987 条、第 2249 条)保护的利益(参阅第 1325 条第 2 项、第 1343 条)为限”。根据该条规定,非典型契约是指未设有特别规范并且契约内容必须旨在实现法律保护的利益(directly to the realisation of interests worthy of protection according to the legal order),并未考虑是否赋予特定名称。笔

---

① 陈自强:《民法讲义Ⅱ——契约之内容与消灭》,法律出版社 2004 年版,第 220 页。

② 参见张卫萍、杨宏玲:《非此即彼还是亦此亦彼——走出思维方式变革的一个认识误区》,载《社会科学论坛》2003 年第 12 期。

③ 参见王泽鉴:《债法原理》,北京大学出版社 2009 年版,第 138 页。

④ See Basil S. Markesinis, Hannes Unberath, Angus Johnston, *The German Law of Contract a Comparative Treatise*, Oxford: Hart Publishing, 2006, p. 46.

⑤ 黄茂荣:《买卖法》,中国政法大学出版社 2002 年版,第 3 页;王泽鉴:《债法原理》,北京大学出版社 2009 年版,第 138 页。

者认为,非典型契约需要具备以下双重构成要件:一是法律对之未设有定义性规定;二是未形成固有的规范模式。

首先,典型契约与非典型契约的区分应以是否有法律的"定义性"规定为标准。典型契约虽为类型论所设定之产物,但通常负有"定义性"规定,定义性规定的目的并不在于赋予契约特定之名称,而是出于以下三方面的原因。一是为契约类型设定既定的法律特征,以便契约归类后,自动具备上述法律特征属性。例如,只有明确知晓如何区分动产与不动产,才能确定系争情形应适用的法律规范。① 二是避免多义的危险,或者产生多重解释的可能性。如果没有对术语进行明确的界定和定义,将会导致解释上的混乱和解释空间过大。例如,若法律对"行为"一词的使用未进行准确的分类,将会在法律行为、物理行为、书面行为中产生混淆。② 三是法律分析与法学教育。为保证民法典的可普及性,立法者应当阐明和解释法律的含义、背景和目的。③

其次,更进一步而言,典型契约与非典型契约的区分应以法律是否设定固有的规范模式(Regelungsmuster)为标准。立法者意将生活中的某个契约类型当作规范模式而进行明文规定时,为指称上的便宜,通常会为其设定一个特定的名称,由此形成有名契约或典型契约,如前所述,典型契约需具备定义性规定,而不以是否有特定之名称为标准;而法律尚未或并未设定规范模式的契约类型,即便其在社会交往中已被定型化地应用,也不是学说上所称的典型契约。若从交易观点而论,若干典型契约类型之经济上的重要性,反而无法与许多交易上的非典型契约相提并论。④ 契约之典型与非典型的区分与其是否具有法律效力无关,尽管罗马法时期无名契约因"在诉讼法上无专门之诉权"而不具备法律上的效力,⑤在此

---

① See James Gordley, *The Philosophical Origins of Modern Contract Doctrine*, Oxford: Clarendon Press, 1991, p. 231 – 232.

② See Ronald J. Scalise Jr., *Classifying and Clarifying Contracts*, 4 Louisiana Law Review 1065 – 1066(2016).

③ See Michael McAuley, *The Pedagogical Code*, 4 Louisiana Law Review 63(2003).

④ 参见陈自强:《民法讲义Ⅱ——契约之内容与消灭》,法律出版社 2004 年版,第 114 页。

⑤ 最初罗马法上有名、无名合同之区分,是诉讼法上的分类。

层面，非典型契约系经由主体意思形成而又游离于立法控制之外的交易类型，好比蔓生的野花野草，典型契约则是立法者刻意栽培的花朵。[①] 契约之典型与非典型主要立足于规范层面而言，[②]立法者为典型契约设定特定的规范模式，主要意图在于确认规范的适用效力。契约被有名化的过程相当于立法者将契约定型化的过程，一部分规定被采为强制性规范而不允许当事人任意排除，另一部分被采为任意性规范以供补充适用；但若该契约未被确立为典型契约，则其中之规制约款只能以交易习惯的地位适用之，以供契约解释过程中斟酌参考。[③]

（2）典型契约的范围界定系以“实质意义上的分则”为标准

法学研究的主体内容说明极其重要，在“非此即彼”的类型界定中尤其如此。典型契约的涵盖范围应以“实质意义上的分则”为标准，即包括《民法典》合同编分则与分则外所规范的各类典型契约。首先，典型契约包括《民法典》合同编中规定的 19 种典型契约；其次，特别法规定的有名合同当然属于合同编分则的组成部分，特别法规范的契约类型归入典型契约范围具有体系正当性、法律解释正当性以及现实必要性。具体如下：其一，根据《民法典》第 467 条规定的应有之义，合同编之外的其他法律所规定的典型契约当然属于合同编分则的内容。[④] 合同效力确认应当以全国人民代表大会及其常务委员会制定的法律和国务院制定的行政法规为依据，自然，“合同编之外的其他法律”包括全国人民代表大会及其常务委员会制定的法律和国务院制定的行政法规。其二，以特别法的形式规制某些典型契约是出于特殊的法政策考量，或者是对特殊群体的保护需要，这决定特别法中的典型契约规则设计并非价值中立的，其所贯彻的原则以及体现的价值取向都具有特殊性，如商品房买卖体现国家的管制政策以及对买方的特殊保护，在消费合同中，立法者更倾向于对消费者实行

---

① 参见陈自强：《民法讲义 Ⅱ——契约之内容与消灭》，法律出版社 2004 年版，第 220 页。

② 参见朱广新：《民法典之典型合同类型扩增的体系性思考》，载《交大法学》2017 年第 1 期。

③ 参见黄茂荣：《法学方法与现代民法》，法律出版社 2007 年版，第 280 页。

④ 参见王利明：《合同法分则研究》（上卷），中国人民大学出版社 2012 年版，第 2 页。

倾斜性保护,保险合同和信托合同也体现出强烈的国家干预色彩。其三,《民法典》合同编分则中的典型契约类型基本属于传统的、反映典型交易形态的合同,而特别法规定的契约类型大多是现代社会经济和科学技术发展的产物,属于新型交易形态的反映,如旅游合同、医疗美容合同等,当特别法所规范之交易形态达到普遍应用之程度且具备典型性时,则存在转化为合同编分则中典型契约的可能性,由此,特别法中的有名契约与合同编分则中的典型契约缺乏区隔的现实意义。由此,合同法本质上是由合同编文本以及特别法中相关规定共同组成的完整体系,只有将特别法中的有名契约纳入典型契约类型行列,才能构建完整的合同编分则体系。①

3. 非典型契约的典型化因素

典型与非典型的区分并不是一对截然二分的范畴,②非典型契约的典型化趋势是合同编分则发展的必然结果。面对非典型契约缺失法律规范调整的困境,立法者倾向于将更多的合同在立法上进行详细规定,尽量将非典型契约典型化。③ "法是一个动态的发展过程,在这个过程中,解决问题的方法很少是永久不变的。"④典型契约的立法历程便深刻验证了上述说法,由此可以说,"合同法发展的历史,正是非典型契约不断典型化、不断转换成典型契约的过程"⑤。那么,决定非典型契约典型化的因素为何,以及有名化是否成为非典型契约规制的唯一路径?

首先,探究决定非典型契约典型化的因素。学界对于非典型契约典型化的取舍标准已达成基本共识,认为"法律之所以有选择性地对特定契约予以典型化,主要是出于重要且典型化的考量,即该类契约在生活中经常发生且甚为重要,且具备典型化特征,可为其他类似合同参照适用"。⑥

---

① 参见王利明:《合同法分则研究》(下卷),中国人民大学出版社 2012 年版,第 4 页。

② 参见周赟:《典型案件/非典型案件二分命题的崩塌》,载《江汉论坛》2015 年第 5 期。

③ 参见尹田:《法国现代合同法:契约自由与社会公正的冲突与平衡》(第 2 版),法律出版社 2009 年版,第 13 页。

④ [美]E. A. 霍贝尔:《初民的法律》,周勇译,中国社会科学出版社 1993 年版,第 314 页。

⑤ 王洪宇等:《非典型合同专题研究》,中国民主法制出版社 2012 年版,第 61 页。

⑥ 参见朱广新:《论合同法分则的再法典化》,载《华东政法大学学报》2019 年第 2 期;李建伟:《我国民法典合同法编分则的重大立法问题研究》,载《政治与法律》2017 年第 7 期;周江洪:《典型合同与合同法分则的完善》,载《交大法学》2017 年第 1 期。

笔者赞同以上观点,典型化之非典型契约需满足经验类型的要求,以保障立法者能够从反复实施的缔约行为实践中归纳出该类契约的理论共识,“对于经验类型之方法论认知,乃该项典型契约立法不可或缺者,否则新制定之典型契约法,恐怕将违逆经验”①,但非典型契约的典型化因素不止于此,尚需加入对特殊性的“双重考量”。

第一重考量,系争契约具有区别于现有典型契约类型的异质性,非典型契约越是特殊,将其纳入典型契约范围予以规制的必要性就越高。典型契约数量并非越多越好,相似性质的典型契约数量过多将面临合同性质认定困难,进而难以发挥典型契约应有的分析基准功能。

第二重考量更为重要,要求非典型契约性质不至于太过特殊,使其可以融入现行法体系之中,在既存典型契约规范中取得意义关联。民法上之典型契约,不仅是经验类型,还是规范类型,新形态契约必须融入现行法体系,不与现行法体系发生冲突,如此,方能贯彻平等原则,使相同者受相同之对待,不同者受不同之对待。由此,极为特殊的经验类型亦不适宜典型化,避免与现行法体系发生冲突。此次制定《民法典》将保理合同纳入典型契约行列,原因在于其通过解释可以纳入现行典型契约的类型行列,而未将无偿借贷典型化正是由于无偿属性与合同法促进交易的立法取向违和,过于异质而难以与现行法体系相融。

其次,关于非典型契约实现典型化的方式以及其他规制路径的选择。非典型契约通常通过有名化路径,以将合同事实转换成法律构成的重要依据框架,从而明确相应合同中的权利义务关系,②具体而言,非典型契约的典型化可分为两种路径:一是转化为《民法典》中的典型契约,二是由《民法典》之外的特别法进行规制。合同法呈现由交易法向社会生活的组织法方向转变的趋势,《民法典》合同编中不仅新增了具有主体性协议性质的合伙合同,还将分散在其他分则中的人身性协议等纳入规

---

① 游进发:《无名契约典型化之因素》,载《高大法学论丛》2017 年第 1 期。

② 参见周江洪:《典型合同与合同法分则的完善》,载《交大法学》2017 年第 1 期。

制范围，[①]加上从《民法典》的资讯集中功能考虑，非典型契约的典型化应尽可能地被纳入合同编分则之中，一些特别法规定的有名契约也应尽量地被纳入合同编规制。

但在典型化路径之外，非典型契约尚可通过示范法[②]调整之路径实现参照指引。一方面，非典型契约深植于本土实践，解决本土固有性非典型契约的关键即在于探求该契约之交易习惯。[③] 特定领域或者某些特定的行业领域内形成的示范法，大多源于交易习惯之总结、归纳，在通常情况下，示范法并不具备法律上的强制性，当事人的约定条款具有优先适用的效力。[④] 因此，一方面，由本国判例法或者行政机关、行业协会等推荐的标准示范合同，甚至是法律专家拟定的示范文本，可为非典型契约的规制提供参照指引；[⑤]另一方面，非典型契约多伴随经济发达、贸易频繁、产业兴盛、科技进步、财富积累而有国外移入者，具有国际法之性质，[⑥]随着全球层面的公共治理体系的兴起，有学者将国际上通行的"软法"称为"替代性的规则供给"，主张该类规则虽不具有强制约束力，但具有相当程度的示范和导向作用，似乎应当具备替代《民法典》的功能。[⑦] 如果当事人在涉外经济交往中引入软法作为争端解决规则，即赋予其法律约束力，则可丰富合同法的规则体系，[⑧]如《商事合同通则》和《欧洲合同法原则》等。

---

① 如对于《民法典》第 464 条第 2 款的规定，有学者认为该条规定的目的在于将有关身份关系的协议排除在合同编规范的适用范围外。参见吕春娟：《离婚协议中赠与方不得行使任意撤销权的探讨——兼评〈婚姻法司法解释（三）〉第 6 条》，载《天津法学》2012 年第 4 期。但实际上，该条目的恰在于确认有关身份性协议适用合同编规范的可能性。

② 参见王利明：《典型合同立法的发展趋势》，载《法制与社会发展》2014 年第 2 期。

③ 参见詹森林：《民事法理与判决研究》，中国政法大学出版社 2002 年版，第 111 页。

④ 参见王利明：《典型合同立法的发展趋势》，载《法制与社会发展》2014 年第 2 期。

⑤ 如德国《建设工程合同一般规则》（General Condition for Construction Works）广泛适用于建设工程领域。

⑥ 参见詹森林：《民事法理与判决研究》，中国政法大学出版社 2002 年版，第 112 页。

⑦ 参见王利明：《典型合同立法的发展趋势》，载《法制与社会发展》2014 年第 2 期。

⑧ See Philippe Malaurie & Laurent Aynès, *Les Contrats Spéciaux*, Paris: Defrénois, 2012, p. 217 – 221.

二、研究路径及内容

本书围绕非典型契约制度研究展开论述,主要包括“非典型契约制度在被典型契约制度遮蔽之背景下的独特性实现和法典化构造”与“类型化法学思维更新视角下的契约类型体系重塑”两大问题。

研究思路按照以下内容展开。

第一,以历史溯源和比较分析为基本载体以及问题分析的前提。一是以罗马法为界,德国、法国、荷兰等国均以“简约”或“协议”为契约的概念体系重整的中心概念,导致非典型契约的概念和范围均呈现扩张之势;二是罗马法以后,非典型契约制度不再承担对契约效力正当性来源的补充作用,而是作为契约类型分化与统合的基础,呈现制度功能的转型。由此,非典型契约向典型契约回归的规制路径存在理念上的错位,其本质应当在于向法典化的回归。关于非典型契约制度功能的转向以及体系性回归的路径调整,均是经由比较分析与历史溯源发现的结果,也是本书展开论证的基础性设定。

第二,以“框架性类型序列”之设定为导出基本规则体系的主要方法,以契约性质之“动态化评估机制”为规则体系适用的主要依据,这是本书展开论证的主要方法论。类型论的思维方法是各国合同法分则所普遍选用的构建方法,能够反映契约类型的体系性,但类型论的方法未能在合同编分则构建中得以完全贯彻,呈现统合效应缺失的困境,由此需要依据类型化的方法设定“框架性类型系列”为非典型契约提供体系回归的基本保障,并据此设定非典型契约的基本规则体系。但类型论方法在契约类型的运用中尚且存在“不能充分放活契约特征要素的流动性”的弊端,应以契约性质的“动态化评估机制”为类型论方法的辅助方法,通过确定要素间的序列形式确立基本规则体系的适用原理。

第三,以非典型契约制度与典型契约制度的“对立融合”关系为分析框架,以实现非典型契约向合同编分则的法典化回归为宏观视角。典型契约功能的过分夸大,致使非典型契约制度被遮蔽,以“特征性给付”为中心进行类型设定是重塑契约类型体系性的关键所在,亦是实现契约类型之外在构造(典型契约制度)与隐含体系(非典型契约制度)融合的基础性命题。本书以典型契约与非典型契约制度的关系梳理为基础,典型契约实为契约类型的外在构造体系,非典型契约实为契约类型的隐含体系,外在构造体系与隐含体系呈现对立融合关系。非典型契约的回归应当是向法典化的回归,而非向典型契约的回归,由此,实现典型契约与非典型契约之双层体系的融合是非典型契约回归的前提。

遵循此思路,本书的结构与内容设定如下。

第一部分,历史发展观下非典型契约研究的功能转化,包括第一章"罗马法时代的非典型契约制度及功能"和第二章"法典化时代非典型契约制度在契约类型体系的隐性发展"。非典型契约制度的功能演变需放置于其历史演变的历程中观察。非典型契约的历史溯源可追溯至罗马法时期,"古典法是关于诉权的法",罗马法实行严格的契约效力制度,契约之诉不仅需要证明缔结契约之事实,还必须明确所缔结的是诉讼程式中明确列举的哪种法定类型的契约,[①]这也决定了罗马法上的非典型契约制度负载着独特的功能价值——承担对契约类型强制主义的缓和功能,其与要式口约制度共同补充着特定契约制度中所缺失的一般性的效力成分。但罗马法学家们也已经开始对非典型契约的类型划定、法律规制路径等基础理论内容进行了初步的探讨,甚至发展出"援用与之最相类似的典型契约的准诉权"调整非典型契约的路径。然而,在罗马法之后的契约类型演变历程中,典型契约制度成为立法者讨论和完善的主要方向,非典型契约制度逐渐隐化在典型契约类型分化与统合的双重趋势之下,各国民法学者均针对"契约的类型化方法对契约新形态的统合与规制作用"进行探讨,意图通过典型契约类型的体系化尽可能实现对非典型契约形态的规制,在此基础上,本书认为契约类型外在构造(典型契约制度)的体系性演进被作为契约类型的"明线",契约类型之隐含体系(非典型契约制度)逐渐成为契约类型发展的"暗线",非典型契约在契约类型发展中逐渐隐匿于契约的类型化体系。

---

① 参见[英]巴里·尼古拉斯:《罗马法概论》,黄风译,法律出版社2010年版,第180页。

第二部分,非典型契约制度的功能再定位与契约类型之双重体系融合的方法论,包括第三章“非典型契约制度的功能再定位及与契约类型的体系融合”。契约类型的体系性能够补充并形成总则规范的例外体系、支撑合同编分则的类型建构功能并辅助实现合同法作为市场基本法之地位;但本质上,合同编分则系由契约类型的双方面体系构成。非典型契约应当回归到契约类型的本源体系,即回归至合同编分则体系,而非回归到契约类型的外在构造体系(典型契约制度)。除此之外,典型契约与非典型契约制度也分别作为叙述性的体系和解析性的体系、归纳的体系和演绎的体系,由此确立契约类型双方面体系融合的目的在于获致契约类型层级推演的可解析性,借此获致规则的可得推导性,避免合同编分则陷入单纯依赖典型契约制度的单方面体系所形成的体系僵化与理论发展的终结。为实现此目的,必须探寻契约类型设定及契约规则制定的主导性评价因素,亦即契约类型设定与类型衍生的基础性命题:契约类型的构建系以“特征性给付”为中心。

第三部分,非典型契约制度的规则体系构建与契约类型建构方法论的更新运用,包括第四章“非典型契约规则体系的建构方法论”和第五章“非典型契约制度的基本规则体系”。契约类型的构建必须借助类型化的法律思维方法。类型思维能够降低契约类型的立法难度,类型特征的开放性强化契约类型的容纳力,核心意义的稳定性明确并扩大类型的涵摄范围,由此奠定契约类型制度的体系理性。但目前在契约类型化设定中,类型思维的运用存在统合效应的缺失,难以有效指引非典型契约的类型回归。重构类型化方法在契约类型制度中的体系性构建功能,便要求在发挥统合效应的基础上发展契约的个别性,由此实现类型谱系的关联效果。本书主张建立“框架性类型系列”(类契约+基本性类型=框架性类型系列),借助类契约设定非典型契约的最基本同质性,实现类型的统合效应;依据基本性类型设定给付个别化发展的结构布局,实现非典型契约的独特性。在规则建构上,依靠框架性类型系列作为基本性规则体系的建构支撑,将给付大致区分为永久性让与、一时性让与及服务型给付并以此设定类契约的类型,类契约的共同性规则(本书称为“一般性规则”)构成非典型契约的基本性义务框架;再分别针对“以终局移转财产权为内容之类契约”、“定期限交付类契约”和“提供服务类契约”设定基本性类型及规则。以上共同构成调整非典型契约的基本性规则体系。

第四部分,非典型契约制度的基本性规则适用机制的构建,包括第六章“非典型契约制度的规则适用机制”。单纯依靠类型系列的规制路径难以发挥完全的谱系机能,以类型相似论为中心的类推适用方法将消弭非典型契约的独特性,本书主张将动态系统论导入类型论思维,建立针对混合型及过渡形态的非典型契约性质认定的动态化评估机制。混合型及过渡形态的非典型契约的性质认定是一个“拆分—重组”的过程,对构成契约的内部数项法律关系作整体性审视与衡量。动态系统论恰可为该契约的定性过程引入评价性方法,以此建立混合型及过渡型非典型契约性质动态化评估的说明机制。动态系统论与类型论之间的本质相融性为上述方法论的融合提供可能。首先,借助特征要素间的功能同质性,可以弥补部分类型特征的缺失,使契约性质的认定穿破形式特征,回归本质属性;其次,根据要素间的不同序列形式,确定相应的规则适用机制。混合型非典型契约中特征要素的混合应区分主从牵连样态、“包含的结合”样态、“重叠利用”样态、并向聚合样态和等值对立样态,分别确立相应的规则适用机制。

余论部分,“非典型契约制度研究对典型契约规范的完善”。非典型形态的发展恰好为合同理论提供反思与重构的契机。典型契约与非典型契约的规则联动应当是双方面的,非典型契约系典型契约“本体”之外的发展,可助力完善典型契约的规范体系,成就契约类型的开放性。

三、本书的任务及创新性

学界对合同编分则研究较为薄弱,本书通过建立非典型契约制度基础理论与规则体系将在一定程度上弥补这一不足,使合同法可以担负起作为市场经济基本法的重任。后法典时代的研究范式应当偏离立法中心主义下以功能设计和规范建构为路径的立法论研究范式,而尽可能地转向利用既有体系展开解释论研究的“体系后研究范式”。[①] 本书集中在合同编分则领域，对非典型契约制度基础理论展开研究，试图构建非典型契约的法律规制的规则体系和规则适用原理，通过整合合同编分则的两大体系（典型契约与非典型契约）重构契约类型的体系性。具体来说，本书完成了以下几点创新。

第一，本书完成了一般理论创新。本书创建了非典型契约构建与适用的一般理论，填补了相关理论的空白。当前，学界仅集中于单向发挥《民法典》中典型契约对非典型契约的规范参照效应，未认识到契约类型双重体系的使动效应。本书通过对罗马法至近现代民法的历史梳理与法国、奥地利、意大利、德国、俄罗斯、埃塞俄比亚、埃及和阿尔及利亚等各国法典的比较分析，印证了法典结构内隐含着契约类型制度的双重体系——非典型契约作为典型契约的演绎发展体系，典型契约作为非典型契约调整的规范参照体系，重塑“给付特色”修正契约类型的体系性进而实现双重体系的融合，是使非典型契约回归至民法典的关键。

通过非典型契约的历史溯源，首次系统论证了罗马法中非典型契约承担着独特效力功能和制度价值——非典型契约作为独立的契约效力来源补充机制，依靠“以为之给付”获得双务契约之效力约束，主要通过前书诉（普罗旺斯学派）与援用类似契约之准诉权（萨宾学派）两种途径获致调整。通过法典化的比较分析，本书阐释了契约结构变迁主导非典型契约概念扩张的演进过程：非典型契约 = 裸体简约 + 有原因外衣的简约（罗马法的非典型契约），并通过法学领域中“非典型性”的制度成因与功能分析，确立了非典型契约概念的双重要件：未设有定义性规定且未形成固有的规范模式。合意确立为契约效力一般理论后，各国分别以简约或协议为中心重整契约类型的概念体系，由此，非典型契约由独立的制度隐化到法典“有名化”的背后，并通过契约有名化模式（以总、分之结构递进，容纳非典型契约的有名化）和类型统合模式（路径一：通过抽象归纳确立上位类型及一般规则；路径二：通过准用规范确立特定类型之总括地

① 参见陈甦：《体系前研究到体系后研究的范式转型》，载《法学研究》2011 年第 5 期。

位)调整非典型契约。本书提出,调整非典型契约须借助契约类型整体体系的归位,归位系向《民法典》回归而非向典型契约分编回归,以“给付特色”为确立类型间脉络关联的主导性评价因素,重塑契约的整体类型体系,是双重体系融合的实现路径。

第二,本书完成了方法论上的创新,为《民法典》第467条的参照适用路径提供了理论论证,为非典型契约的法律适用提供了方法论创新。《民法典》典型契约分编的类型结构零散、类型设定未遵循严格的体系性逻辑,典型契约分编规范并非实质意义上的规范参照体系。本书在反思契约类型整体布局的基础上主张设置“统”的类型和规则,并“在统合基础上发展个别化”,创设了框架性类型系列(类契约+基本性类型),构建了实质上调整契约类型的规范参照体系,为非典型契约提供了一套完整的基本性规则体系。

其一,本书重塑了合同编分则在《民法典》整体结构中的功能性,创新并完善了非典型契约法律适用的方法论。典型契约分编在《民法典》结构中应承载市场调整机能,并为社会基础关系发展提供结构支撑,而现行两种有名化模式(现行法框架内的修正和交易上典型之有名化)对体系修正的效果有限。本书证立了给付之特色性对行为属性和行为效力的确认作用,是契约目的之本质性体现,“以给付特色为中心的类型化”可以主导归纳体系(典型契约)和演绎体系(非典型契约)的融贯,为合同编通则一般性规范构建完整的例外性规范体系。

其二,本书设定了类契约及一般性规则发挥统合效应,充实了《民法典》典型合同分编的一般理论,为典型契约具体规则缺失提供上位规则的填补。有学者提出应创设上位类型的主张,但深入论证与一般规则的确立皆属空白。首先,本书论证了物型给付与服务型给付之区分、物型给付区分为永久性与一时性让与、提供服务类契约保持上位类型地位的正当性,以此设立类契约,并根据给付特性的规范需要设定了框架性规则:以终局移转财产权为内容之类契约应设定给付危险转移之负担和瑕疵担保之共同规则,定期限交付类契约应围绕标的物之交付和债务关系持续性设定规则,提供服务类契约根据对他人事务之介入性、给付高度属人性、服务无形性及异质性、“先为给付,报酬后付”、服务瑕疵认定标准之区分的规范需要设定框架性规则。其次,基本性类型在类契约范畴内满足给付特色个别化发展需要,基本性类型及规则体系的设定填补了学界深入论证的领域空白。如学者仅提出服务合同应予类型化,但类型化的论证及规则设定处于空白。本书论证了服务合同应区分为保管型、雇佣型、承揽型和委任型服务合同,并依据功能上的“四分管制法”确立了具体的规则体系。以终局移转财产权为内容之类契约应以“是否为对待给付”为类型设定标准,增加互易合同为基本性类型并确立了具体规则;定期限交付类契约以“有偿与否”为类型设定标准,确立了使用租赁、用益租赁、使用借贷、消费借贷为基本性类型并创设类型规范。最后,本书所提出的理论与现实具有可交互性,对于司法实践具有直接的指导性意义。运用框架性类型系列及基本性规则体系对《民法典》中新增的保理合同、物业服务合同规则进行了解读释义与规则完善,如有追索权之保理本质为消费借贷,应以定期限交付类契约的一般性规范完成规范的正当性解读与完善;无追索权之保理构成纯正债权让与,根据以终局移转财产权为内容之类契约的一般性规范完善其风险分配及费用返还规则等;并运用其论证了司法实践中的疑难案件“南京博喜医药技术有限公司、江苏富科思科技有限公司合同纠纷案”和演艺经纪合同类型中的疑难问题。

第三,本书完成了对类型化方法的创新。本书创设了过渡形态及混合形态之非典型契约定性的动态化评估机制,创新了类型化法学方法。拉伦茨提出,“类型论对法秩序内在关联的认识价值有限……可以将类型特征的要素整体理解为一种——维尔伯格将动态系统论引入法学时所理解的——可变的体系”;动态系统论不再局限于侵权法、人格权法领域而逐渐应用到民法各领域,但动态系统论与类型论之方法论融合的系统性论证,仍属空白领域。本书深入论证了两者在本质上的相融性,借助动态系统论建立契约性质的动态化评估机制,可有效激发类型序列的谱系机能,并实现类型连续性;由此激活框架性类型系列及基本性规则体系的适用灵活性,可使其统摄所有的非典型契约形态。本书对动态系统评估与类型论法学方法的可融合性论证,具有重要的法学方法构建意义,为非典型契约创设了完整的规则适用机制,是一场有益的法学方法创新构想。

单纯依靠类型论的法学方法难以完全发挥框架性类型系列的谱系机能,借助动态系统论对内在原理的评价体系可在合同定性过程中构建一套可视化的说明机制,以激发类型间的意义联结、实现类型连续性。其一,本书确立了类型要素在序列上的位阶关系、要素背后的原理支撑、要素的功能属性及协作关系,展示了纯粹非典型契约应如何穿破类型形式特征,借助类契约及一般性规则实现法律调整;其二,借助法律关系方法分析,在分解过渡形态及混合形态之非典型契约内部法律关系构成的基础上作整体性的审视与衡量,并在"拆分—重组"的契约定性过程中构建了动态化评估机制。本书在概括总结的基础上,将过渡形态及混合形态之非典型契约划分为单项给付的双向利用型、单项给付作为手段实现他种合同意图型、特征要素构成主从牵连样态型、特征要素间等值并列型、特征要素间等值对立型五种序列形式并确立了各自专属的规则适用机制。

第一章　罗马法时代的非典型契约制度及功能

非典型契约制度的功能演变需被放置于历史演变的历程中观察，非典型契约制度恰以罗马法为界呈现功能性转折，此乃缘于罗马法中的非典型契约制度的独特功能属性——承担对契约效力强制的缓和功能。若非单独将罗马法中的非典型契约制度抽离，其独特属性将难免消散在契约类型的体系性发展历程中，甚至难以意识到非典型契约制度在罗马法作为一颗“璀璨的明珠”所具有的特殊研究价值。

第一节　基于制度反思建立的非典型契约制度

一、罗马法实行契约类型强制主义

非典型契约制度起源于罗马法。罗马法奉行严格的契约强制主义，一项契约难以归入典型契约的范畴，则不具备法律上的效力。一直到近代，受到如教会法的契约严守原则与启蒙时代的自然法思想等不同思潮的影响,契约类型强制的束缚才开始逐渐松绑。盖尤斯在《法学阶梯》中把契约的历史发展结构反映在对契约之债的四分法分类之上:

债的缔结或者是通过实物(*re*),或者产生于话语(*verbis*),或者是通过文字(*literis*),或者产生于合意(*consensu*)。①

优士丁尼遵循了盖尤斯的分类,并扩大了实物债的范围,对罗马法上契约种类进行了全部列举,将契约分为实物契约(*conntractus re*)、合意契约(*contractus consensu*)、口头契约(*contractus verbis*)和文书契约(*contractus literis*)。罗马法的契约起源或许存在于两种债的形式之中,一种产生于要式行为,另一种则产生于非要式的给付或转让。② 后者即为实物契约之债,包含消费借贷(*mutuum*)、使用借贷(*commodatum*)、寄托(*depositum*)以及质押(*pignus*)四种类型,其存在的共同之处在于:债之效力并非源于协议本身,乃是基于某物已被给付的客观事实,其效力认定的实质在于使被接受的物得以返还,即"物被借出后,应当原物返还"(*res credita, I'wandem rem recipere*)。③ 口头契约产生于单纯的合意(*nudo consensu*),不要任何形式或任何人的行为,也不必给付某物,④其与实物契约同属于非要式契约。合意契约包括买卖(*emptio venditio*)、赁贷借(*locatio conductio*)、合伙(*soci-etas*)、委任(*mandatum*)。⑤ 罗马法并未抽象出合意的概念,更没有将合意规则一般化、抽象化,而是就各项具体类型展开针对性的探讨,以确认达成合意的要件。例如,唯有当事人就买卖之标的物及其价金达致合意,方能成立买卖契约;若不满足这些条件的一部分或全部不满足(如价金必须表现为货币),则不属于买卖契约。

---

① 参见[古罗马]盖尤斯:《法学阶梯》,黄风译,中国政法大学出版社 1996 年版,第 226 页。

② 参见[英]巴里·尼古拉斯:《罗马法概论》,黄风译,法律出版社 2010 年版,第 171 页。

③ [英]巴里·尼古拉斯:《罗马法概论》,黄风译,法律出版社 2010 年版,第 177 页;[意]彼德罗·彭梵得:《罗马法教科书》,黄风译,中国政法大学出版社 2005 年版,第 307 页。

④ 参见[古罗马]盖尤斯:《法学阶梯》,黄风译,中国政法大学出版社 1996 年版,第 379 页。

⑤ 参见丘汉平:《罗马法》,朱俊勘校,中国方正出版社 2004 年版,第 321 ~ 351 页。

可见,罗马法上的合意契约的形式是特定的、数量是封闭的(*numerus clausus*),合意的要件被具体对待,[①]即使在合意契约中,合意也不足以产生契约,这导致作为古老交易形式的易物(*permutatio*)因不属于买卖而被排除在典型契约的名单之外,[②]口头契约和文书契约为要式契约,基于形式的成就使契约具有债之效力,口头契约包括嫁资口头契约(*dotis dictio*)、自由解放口头契约(*jurata promissio leberti*)、教会团体口头契约(*votum*)与要式口约(*stipulatio*),文书契约主要是指因账簿记载即"过账"(*nomen transcripticium*)而发生的契约。以上所列举的契约类型成为有名契约(典型契约)。

罗马法采取类型法定主义并明确列举所有受法律保护的契约类型,是由其特有的契约效力说明模式决定的。其一,古典法是关于诉权的法,每一个诉因都有其固定的诉讼形式,在选择诉讼形式问题上出现错误将直接导致败诉。除通过特定内容确定的有因行为类型,如买卖、租赁等,和通过要式口约的抽象债权合同形成诉权以外,人们不能以其他方式独立形成诉权。[③] 契约之诉不仅需要证明其缔结契约的事实,还必须明确所缔结的是诉讼程式中明确列举的哪种类型的契约。[④] 其二,尽管类型化契约制度有其消极之处,但法律将各种富有特色的生活交往予以明定化,为生活中最常见的行为提供了一套现成的"权利义务"内容,赋予各交易类型就贸易和其他角度而言最为恰当的结果,如此,只要确定某一交易归属于特定的契约类别,该种契约的法定规则便可运用于合同解释和漏洞补充,法律工作者可据此具体地演绎出每一种契约的"附带权利义务"。虽然类型契约制度莫不使现代各国民法从中受益,但契约类型强制主义原则下罗马法所确立的类型契约制度具有契约效力的说明作用,这

① 参见徐涤宇:《原因理论研究——关于合同(法律行为)效力正当性的一种说明模式》,中国政法大学出版社 2005 年版,第 57 页。

② 参见[英]巴里·尼古拉斯:《罗马法概论》,黄风译,法律出版社 2010 年版,第 184~185 页;[意]彼德罗·彭梵得:《罗马法教科书》,黄风译,中国政法大学出版社 2005 年版,第 373 页。

③ 参见[德]维尔纳·弗卢梅:《法律行为论》,迟颖译,法律出版社 2013 年版,第 189 页。

④ 参见[英]巴里·尼古拉斯:《罗马法概论》,黄风译,法律出版社 2010 年版,第 180 页。

一点奠定了罗马法契约类型制度相对于现代各国民法契约类型制度的独特性。

二、非典型契约制度作为契约效力正当性的补充来源

在古罗马,对契约效力的正当性说明主要起源于神明意志,而神明意志主要反映在形式之中,[①]尤其体现在要式契约中,形式并非附加于合意之上的要素,而是此种契约的单一构成要素。[②] 罗马最早的契约形式是“铜块和秤式”(*per aes et libram*),用于转移所有权的是要式买卖(*mancipium*),用于金钱借贷的为要式现金借贷(*nexum*)。据《十二表法》第 3 表记载,要式现金借贷的效力集中规定于还债的责任和处罚,债务到期后的 30 日宽限期后,又无人作保,债权人可直接拘禁债务人,只需向长官报告而无须经过审判就可拘债务人于牢,罚做苦役。[③] 早期借贷契约中的债务奴隶与因犯罪而被处以劳役刑的人在地位上是相同的,债的关系表现出一定的刑罚特色。起初,现金借贷仅适用于罗马市民之间,自验质计量成为虚拟形式后,现金借贷逐渐扩展为所有可以计量之物的借贷,成为普通的消费借贷。要式现金借贷和要式买卖仍具有要物性,合意与让渡同时完成,而后合意逐渐从让渡中分离,便出现了口头契约形式。[④] 口头契约系单务契约,要求一方当事人用符合规定的语言表示其承担给付的意愿,受到严法诉讼的保护,其中,要式口约是最重要的表现形式,严

---

① 参见徐涤宇:《原因理论研究——关于合同(法律行为)效力正当性的一种说明模式》,中国政法大学出版社 2005 年版,第 288 页。

② See Konard Zweigert, Hein Kotz, *An Introduction to Comparative Law*, trans lated by Tony Weir, Oxford: Clarendon Press, 1998, p. 366; Reinhard Zimmermann, *The Law of Obligations: Roman Foundations of the Civilian Tradition*, Oxford: Oxford University Press, 2005, p. 84 – 85; W. W. Buckland & Arnold D. McNair, *Roman Law & Common Law: A Comparison in Outline*, Cambridge: Cambridge University Press, 1952, p. 229.

③ 也有学者认为债务关系的刑罚特色已延续至口头契约。只要债务人没有清偿债务或者其他人未出面为他清偿并采用相应的“称铜清偿仪式”(solutio per aes et libram)使他摆脱债务,债权人便取得对债务人或其隶属人的人身支配权,把他们当作债务奴隶,强迫他们为自己劳动。参见[意]彼德罗 · 彭梵得:《罗马法教科书》,黄风译,中国政法大学出版社 2005 年版,第 353 ~ 354 页。

④ 参见李中原:《欧陆民法传统的历史解读:以罗马法与自然法的演进为主线》,法律出版社 2009 年版,第 81 页。

格要求当事人使用特定的语言，是经问、答相符始能订立的契约形态。要式口约源于《十二表法》以前的“神前宣誓”，在古典法中，要式口约的达成严格要求提问和回答的环节都按照“誓约”的程式进行，“你答应给我100元吗”（*Spondes mihi dare centum*）？“我答应”（*Spondeo*）。提问的内容应与回答的内容完全吻合，若允诺的给付金额与提问所要求的数额不一致，则无法达成要式口约；若允诺中增加了提问中未出现的条件，也无法达成要式口约。在塞韦鲁斯帝时，由于文字使用的普遍，当事人常将要式口约的内容载入书面，但文书只作为一种合适的证明手段，证明已经达成了要式口约，无异于请见证人参加。[①] 事实上，要式口约的效力来源是形式本身，而非形式内含的合意，由此，合意对于契约效力而言既非充分的，也不是必要的。[②]

就契约制度的发展而言，要式口约本身的重要性并非作为一种契约类型，而是构建了契约缔结的方式。“任何协议都可能通过采用要式口约的形式而在法律上获得效力，从而对契约的类型强制起到一定的缓和作用。”[③]最初要式口约需要采取特定的言辞表达，实行拉丁语和希腊语双语制甚至多语制。如果说要式口约在程式上的严格性限制了其缓和功能的有效发挥，而后受到万民法的影响，要式口约的形式要件强度一直在减弱，经过列奥一世的立法，要式口约的套语要求被废除了，问答的对应形式逐渐简化、问答内容间严格的吻合性也不再被强调，要式口约的形式逐渐地演变为“达成要式口约的意图”（*animus stipulandi*）。[④] 也正因为此缘由，要式口约似乎是典型契约中唯一具有弹性且能适用于任何目的之契约，也为后世的合意即合同的观念打通了道路，要式口约对契约的类型强制发挥一定的缓和作用，以此补充罗马法特定契约制度所缺乏的普遍性

---

① 参见[意]彼德罗·彭梵得：《罗马法教科书》，黄风译，中国政法大学出版社2005年版，第356～357页。

② 参见[英]巴里·尼古拉斯：《罗马法概论》，黄风译，法律出版社2010年版，第170～171页；[意]彼德罗·彭梵得：《罗马法教科书》，黄风译，中国政法大学出版社2005年版，第355～356页。

③ [英]巴里·尼古拉斯：《罗马法概论》，黄风译，法律出版社2010年版，第181页。

④ 参见徐国栋：《优士丁尼〈法学阶梯〉评注》，北京大学出版社2011年版，第401页。

成分。

但“以优士丁尼时代已经不再具有形式要件的要式口约作为构建合同概念体系的工具,似乎不再是中世纪法学家的选择”①。要式口约不要求一个交换物(*quid pro quo*)②而呈现单务契约属性,③这导致要式口约对契约类型强制主义的缓和作用具有局限性。第一,要式口约对于契约强制主义的缓和仅能体现在单务契约的范围。要式口约的单务性质使采取行动和提问的人只能是债权人,负有物之交付义务或负债的一方则只能保持一种被动的允许态度,因为他只能表示接受,④无非一种当事人双方交换允诺的形式,可以说,要式口约并非传统意义上的、典型的协议形式。第二,单务契约之法律效果在于仅使允诺人成为可被强制执行的、负有给付负担的当事人,而受诺人则成为被该强制执行效力保护并有权强制实现给付负担的人;而双务契约的法律效果在于当事人双方相互权利义务关系的实现。由此,要式口约只能用来进行简单交易,对契约类型强制主义弊端之弥补作用甚微。当然,当事人可以订立两个要式口约来完成一项双务契约,⑤但通过两项要式口约达成的双务契约与采用合意契约的形式达成的双务契约中当事人的权利义务是不同的:诚信诉讼更适应双务契约的环境,因为双务契约中当事人一方的义务须以另一方的义务为对应物,而单务契约中仅存在一方的义务。如当事人可以通过订立两项单独的要式口约的形式达成一项买卖契约,若出卖人知道物品有瑕疵,而买受人不知,这足以使通过合意契约达成的买卖契约中的买受人获

---

① 徐涤宇:《原因理论研究——关于合同(法律行为)效力正当性的一种说明模式》,中国政法大学出版社 2005 年版,第 66 页。

② 交换物与不付代价的收益相对立,表达的是一种关于协商成交的以此物与彼物做交换的思想。参见[美]A. L. 科宾:《科宾论合同》(一卷版)(上册),王卫国等译,中国大百科全书出版社 1997 年版,第 226 页。

③ 要式口约为单务契约,仅承诺方负有义务,发问方不负任何责任。但其依然系严法契约,承审员仅以问答的内容作为判断的基准,而不问有无正当理由以及是否公平,这种方式倾向于对债权人利益的保护,故债权人都乐意采用此种方式。参见周枏:《罗马法原论》(下册),商务印书馆 2014 年版,第 739 页。

④ 参见[意]朱塞佩·格罗索:《罗马法史》,黄风译,中国政法大学出版社 2009 年版,第 117 页。

⑤ 参见周枏:《罗马法原论》(下册),商务印书馆 2014 年版,第 735 ~ 740 页。

得一项诉因；然而，若通过订立两项单独的要式口约的形式达成买卖契约，买受人便没有此种救济途径，因为其就具体的物缔结了要式口约而出卖人也将交付该物，出卖人完全按照约定履行了自己的承诺。

相应地，非典型契约以另一种方式补充罗马法特定契约制度的一般性成分，与要式口约配合承担对罗马法契约类型特定的缓和功能。实质上，非典型契约制度是基于罗马法学家们对罗马法始终坚持的特定契约制度的反思而建立起来的。

罗马法对于契约的保护范围是逐渐拓宽的，且这种拓宽是逐个进行的，由此，古典罗马法从来没有一个关于债因的一般标准，相反，债因始终是逐个地、具体地加以确定的，可以说，罗马法的契约制度始终坚持的是一种特定契约制度。[①] 不若典型契约各有其专有诉权，非典型契约只有一个统一的诉权。以要物契约的形成历史为例，在罗马共和国时期，以规定消费借贷为要物契约的开端，继而又有使用借贷、寄存和质权三种契约有名化为要物契约的类型；各享有专门的名称和诉权；直到罗马共和国末期，除这四种要物契约外，并无其他同种类的有名化类型，其他类似的契约，即使达成双方合意，一方也交付了标的物，仍仅属于简约（*pactum*），而不发生市民法债的效力，在对方不为对待给付时，在诉讼程序上并无任何诉权可供救济。[②] 罗马法学家也早已认识到典型契约列举方式的不足，认为其尚且留有空白并且含有一些不确定性。说其留有空白是因为，该种列举排除了一些常见的交易类型，未将现实中大量存在的交换性或互易性的契约纳入其中；说其含有一些不确定性是因为，典型契约之间的边界不清晰，致使某一协议被确定为契约后却可能对其应当归入哪一特定的范畴产生疑问。[③] 典型的如行纪（*aestimatum*），指当事人约定一方（批发商）把货物委托他方（代销商）销售而给予一定利益或报酬的契约，属非典型契约中“我为是为了你给”的类型。代销商以高于或者低于规定

---

① 参见李中原：《欧陆民法传统的历史解读：以罗马法与自然法的演进为主线》，法律出版社 2009 年版，第 83 页。

② 参见周枏：《罗马法原论》（下册），商务印书馆 2014 年版，第 818 ~ 819 页。

③ 参见［英］巴里·尼古拉斯：《罗马法概论》，黄风译，法律出版社 2010 年版，第 204 页。

的价格出卖的,利益和损失均由自己负责;若在一定期限内货物未能出卖或销售有余,可退还批发商。其具有一定的要物性,批发商必须把货物交给代销商后契约才能成立,但其给付与标的却与合意契约极为相似。但因代销商可以把未卖完的货物退还给批发商,而区别于买卖;因代销商之代销行为不受批发商的指挥和监督,且批发商可自负盈亏,而区别于劳务租赁;因代销商的行为有偿,且可从中获利,而区别于委任;因双方合作并共谋经济上的利润,但缺乏共分损益之意思,而区别于合伙。[①] 由此,行纪合同难以归入合意契约的类型,也缺乏合适的诉权可供援用。虽然“要式口约为典型契约类型化存在的列举空白和不确定性提供一种规避的方法”[②],但如前所述,要式口约的单务契约属性极大地限制了可供其救济的空间。在意识到要式口约所提供弥补空间的有限性后,罗马法创设“请求给付之诉”(*condictio*)要求返还原物,以此为非典型契约类型提供有限的救济。其诉因表现在:标的物已为实现某一目的而被给付,如缔约目的并未实现,则接受该物的当事人当然没有正当理由保留它,实际上,这是根据准契约(*quasi ex contractu*)提出的请求,其目的是要求返还已为的给付,而不能像契约的诉讼般要求赔偿因未履约行为而遭受的损失。在此基础上,罗马共和国末期发展起来一种一般的诉讼为非典型契约提供救济,即“根据前书进行的诉讼”。在上例中,行纪契约可归入非典型契约适用前书诉的救济方式,在“请求原因”(*demonstratio*)这一程式中只能代之以简要的叙述,即“诉求前书”(*praescriptio*)。所以说,非典型契约制度的主要功能在于发挥对契约强制主义的缓和作用,“正如一种很偏激的批评所认为的那样,当古典时代日薄西山之时,非典型契约的发展至少有了它的结论(如果不是它的开端的话)”[③]。

---

① 参见周枏:《罗马法原论》(下册),商务印书馆2014年版,第822~823页。

② [英]巴里·尼古拉斯:《罗马法概论》,黄风译,法律出版社2010年版,第204页。

③ [意]彼德罗·彭梵得:《罗马法教科书》,黄风译,中国政法大学出版社2005年版,第385页。

三、非典型契约的性质限定与法律保护模式

中世纪法学家凭借原因学说，构建了契约效力正当性说明的基本体系，明确能够产生债之效力的协议必定具有原因。评注法学家在分析典型契约时指出，典型契约因有名称而存在，亦通过其名称而产生诉权。[①] 非典型契约制度扩大了有因行为的范围，[②]此类债之效力正当性的原因在于"已为的给付"，即必须有一方当事人已为给付，否则，当事人间的协议只为简约，而不是非典型契约，不能产生市民法债之效力。简约仅具有当事人间的合意，缺乏使协议具备债之效力的形式及原因，既不产生要求给付的权利，也不产生履行给付的义务，因而"裸体简约[③]不产生债，仅产生抗辩"(*Nuda pactio obligationem non parit sed parit exceptionem*)，债务人已为自动清偿，则债权人有权保留给付标的物并有权利拒绝返还或对抗基于非债清偿产生的请求给付之诉(*condictio indebiti*)。[④] "有时，一个市民法的根源(*civil root*)被附加在自然法根源上，可为该自然法根源提供功效(*efficacy*)、形式或'衣服'，从而使其产生债"[⑤]，裸体简约"穿衣"后便具有市民法债的效力。由此，注释法学家和评注法学家均认为，除了要式契约和典型契约类型之外，单纯的合意仅产生自然法债的效力，若使其产生市民法债的效力，则需赋予原因或为其"穿衣"。[⑥] 总之，罗马法契约效力正当性的说明模式是建立在原因理论基础上的，只要系争协议的形式具有原因，那些本不属于罗马法上的典型契约类型的协议便可作为非典型契约，由此产生市民法债(*obligationes civiles*)的效力，相反，若不

---

① 参见徐涤宇：《原因理论研究——关于合同(法律行为)效力正当性的一种说明模式》，中国政法大学出版社 2005 年版，第 69 页。

② 参见[德]维尔纳·弗卢梅：《法律行为论》，迟颖译，法律出版社 2013 年版，第 190 页。

③ 英国法史学家梅因总结说："在该简约尚未被披上'债'衣时，它被称为裸体(*nude*)简约。"

④ 参见[意]彼德罗·彭梵得：《罗马法教科书》，黄风译，中国政法大学出版社 2005 年版，第 299 页。

⑤ James Gordley, *The Philosophical Origins of Modern Contract Doctrine*, Oxford: Clarendon Press, 1991, p. 41.

⑥ See James Gordley, *The Philosophical Origins of Modern Contract Doctrine*, Oxford: Clarendon Press, 1991, p. 44.

存在原因,这些协议就是仅产生抗辩而不产生诉权的裸体简约(*nudum pactum*),[①]仅具有自然法债(*obligatio naturalis*)之效力。

罗马法中非典型契约[无名契约(*contratus re innominati*)]的功能与性质均具有独特属性。

其一,罗马法的非典型契约具有双务性,系不具有专门的名称,仅因一方已履行给付义务便生债之效力的契约。其债之效力正当性源于“已为的给付”(已给付某物或已做某事),而不包括后世原因理论中的“待为的给付”。罗马法典型契约作为债的效力正当性是特定化的,与原因根本无关,而“已为的给付”系非典型契约发挥债之效力的必要原因。

非典型契约受到法律保护,主要构成对实物契约制度的突破。契约有两种起源形式:一种是产生于要式行为,另一种产生于非要式的给付或转让。前者构成允诺债,后者为实物(*real*)债;对允诺债的清偿注重债的履行,是对原有状态的改变,而实物债的清偿强调的是恢复至原有状态。[②] 经由实物债发展形成要物契约,与合意契约存在本质不同,却与非典型契约具有债因上的相似性,均可表述为“某一主体为获得商定的回报,而向他主体已履行给付义务”,均可通过“请求给付之诉”(*condictio*)索回给付。若给付为劳务,则只能采用极端的手段——“欺诈诉”获得损害赔偿。由此,彼得罗·彭梵得认为“非典型契约(*contratus re innominati*)看起来像是对实物契约的履行和一般化适用”[③]。但彼德罗·彭梵得基于债因的相似性认定的“非典型契约系对实物契约的履行和一般化适用”的结论有待商榷,至少,实物契约与非典型契约的标的区别是非常明显的:实物契约中的标的表现为返还标的物,非典型契约的标的表现为交换不同的给付。[④] 该区别本质上的原因在于,实物契约效力之正当性不是产生于

---

① See W. W. Buckland & Arnold D. McNair, *Roman Law & Common Law: A Comparison in Outline*, Cambridge: Cambridge University Press, 1952, p. 229.

② 参见[英]巴里·尼古拉斯:《罗马法概论》,黄风译,法律出版社 2010 年版,第 175 页。

③ [意]彼德罗·彭梵得:《罗马法教科书》,黄风译,中国政法大学出版社 2005 年版,第 384 页。

④ 参见徐涤宇:《原因理论研究——关于合同(法律行为)效力正当性的一种说明模式》,中国政法大学出版社 2005 年版,第 54 页。

协议本身,而是产生于对有体物(*res corporalis*)的交付或标的之交付,[①]而非典型契约作为债的效力源于“已为的给付”。消费借贷(*mutuum*)是最早的实物债形式,其债因系所有权的转移,在该债因指引下产生的借贷人的义务也仅限于归还或返还在数量上和质量上与原物同等的物,而不要求支付利息,任何关于利息的协议都应以单独要式口约的形式订立。由此,利息简约同消费借贷是不相容的,消费借贷典型的债因只允许按照交付的数量实行返还。[②] 相同地,为一定的用途转移物构成使用借贷(*commodatum*)中返还义务的根据,将物交付照管作为寄托(*depositum*)契约中返还义务的根据,两者皆为无偿契约,若借用人要为借贷而支付报酬,或者寄托人要为寄托而支付报酬,则该交易属于租赁或者非典型契约。

总而言之,非典型契约具有双务性,法律将“已为的给付”作为契约强制执行力根源的原因在于促成契约的交换目的。非典型契约区别于实物契约的关键在于,作为债之标的的商定回报,可在实质上与债因相悖离。换言之,非典型契约是双务契约,要物契约却为单务契约[③]。由此,保路斯将罗马法上非典型契约归纳为四种类型:第一,互易(*do ut des*),给付某物是为了对方给付另一物,债因为已执行的对物的给付,标的为对物的转移;第二,物劳互易(*do ut facias*),给付某物是为了对方做某事,债因是对标的物的转移,标的是提供一项劳作或劳务;第三,劳物互易(*facio ut facias*),做某事的目的是对方给付某物,其中债因是劳务,标的则是物的给付;第四,换工(*facio ut facias*),做某事是为了对方也为自己做某事,债因和标的均是单纯的劳务。[④] 或者,采“我给则你给”“我为则你为”

---

① 参见[英]巴里·尼古拉斯:《罗马法概论》,黄风译,法律出版社 2010 年版,第 181 页;[意]彼德罗·彭梵得:《罗马法教科书》,黄风译,中国政法大学出版社 2005 年版,第 363 页。

② 参见[意]彼德罗·彭梵得:《罗马法教科书》,黄风译,中国政法大学出版社 2005 年版,第 365 页。

③ 要式口约和实物债均系属单务契约,单务契约通过严法(*stricti iuris*)诉讼强制执行。参见[英]巴里·尼古拉斯:《罗马法概论》,黄风译,法律出版社 2010 年版,第 178 页。

④ 参见[意]彼德罗·彭梵得:《罗马法教科书》,黄风译,中国政法大学出版社 2005 年版,第 384 页。

“我为则你给”“我为则你为”“我不为则你不为”的表达方式,更能够表现各类非典型契约间债因与标的之区别。由于非典型契约的内容与类型随着社会的发展而日益丰富,有关不作为的债在该分类时并非出现,亦应纳入非典型契约行列。如甲与乙约定,如今年乙不妨碍甲通光,甲则不妨碍乙的瞭望,此即为不作为与不作为的互换。

其二,罗马法中非典型契约的产生,是诉讼法进一步发展的结果。① 非典型契约获得法律承认与保护,历经了三个阶段。第一阶段,不受法律保护阶段。罗马共和国早期和中期奉行严格的契约类型强制主义,法定合同类型之外的其他类似合同,即使达成双方合意,一方也交付了标的物,也仅具有简约(*pactum*)的效力,不产生诉权,在诉讼程序上也无任何诉权可资救济。② 第二阶段,交付物返还诉(*condictio ob dati*)阶段。在罗马共和国末期,根据“任何人不得损人利己”的公平正义原则授权履约方提起交付物返还诉,但契约类型的发展依旧受到严格限制,债之效力仅限于返还特定物或特定的金额,不适用于作为、不作为以及不确定的给付,即不能要求违约方因未履约而遭受的损失,以及要求违约当事人继续履行协议。③ 公元前66年,大法官咖路斯创设欺诈诉(*Aquilius Gallns*),将保护范围扩充为“对待给付未履行的返还诉”(*condictio causa data causa non secuta*),不仅可以追回原物,还可以诉请损害赔偿。第三阶段,解约诉(*condictio propter poenitentiam*)阶段,有谓始于优帝,有谓经拉贝奥发明,但学者一般倾向于自拉贝奥时确定其效力,④并由此衍生契约自由原则。非典型契约和买卖、租赁等双务契约一样,已为给付的一方,在对方给付未履行前享有“解约权”(*jus poenitendi*)。⑤ 针对非典型契约获

---

① 有学者认为,罗马法上对于典型契约与非典型契约的区分,只是作为诉讼法上的分类形式。笔者认为,在此需要作出进一步的说明,罗马法上的无名契约不若有名契约般有各自专属的诉权,但其拥有统一的诉权保护,即前书诉。

② 参见[英]巴里·尼古拉斯:《罗马法概论》,黄风译,法律出版社2010年版,第180~181页。

③ 参见[英]巴里·尼古拉斯:《罗马法概论》,黄风译,法律出版社2010年版,第204~205页。

④ 参见陈朝璧:《罗马法原理》,法律出版社2006年版,第119页。

⑤ 参见周枏:《罗马法原论》(下册),商务印书馆2014年版,第820页。

得法律保护的溯源,学界有两种主张。

第一种,经由“前书诉”的效力确认产生。[①] 遇到不属于法定契约类型的新出现的法律关系,根据具体事实制定程式的诉讼,谓之事实诉,与前书诉共同调整非典型契约关系。[②] 英国学者巴里·尼古拉斯认为,根据前书进行的诉讼(*actio praescripits verbis*)是在优士丁尼时期发展而来,适用于协议一方已经履行了自己的义务,而另一方却未能履行义务的情况。其诉讼程式的附录部分设有“前书”,大法官将在此部分阐述“在受理案件时,并不存在此类交易纠纷”的情况,并授权承审员按照诚信原则审理案件,因而前书诉属于诚信诉讼。[③] 经由此诉,不仅揭示了诚信诉讼调整非典型契约的功能,亦确认了“已经由一方执行的协议就是契约”的基本原则,赋予其法定契约类型之外的契约效力,弥补了契约类型化制度的缺陷,但优士丁尼法的编纂者并没有修改契约的传统分类,因而非典型契约并未获得明确的承认。[④]

第二种,援用与各典型契约相类似的“准诉权”。萨比努斯派反对另创新诉的做法,主张“在类似关系中存在债之契约属性”,援用与各典型契约相类似的准诉权,根据易物与买卖在经济上的相似性,要求把易物视为买卖,并根据当事人表示同意承担的相互义务认定该债的有效性。[⑤] 在此基础上,周枏先生承继了萨比努斯派的学说,并总结形成典型契约与非典型契约的区分意义,即典型契约直接适用法律为该类契约作出的特

---

① 据近代学者考证,帝政以后,“前书诉”的诉讼程序原本仅适用于代销契约领域,对于其他的非典型契约,则由大法官以事实诉解决之。直到优士丁尼一世时,方才将前书诉的程式运用到所有的非典型契约纠纷。参见周枏:《罗马法原论》(下册),商务印书馆 2014 年版,第 820 页。而后,优士丁尼将专属于行纪契约的“行纪之诉”(*actio de aestimato*)归纳在“依诉求前书之诉”的概念之下。参见[意]彼德罗·彭梵得:《罗马法教科书》,黄风译,中国政法大学出版社 2005 年版,第 388 页。

② 后来,前书诉被固定化为行纪之诉的形式,而非典型契约关系的调整则由事实诉单独承揽。参见徐国栋:《客观诚信与主观诚信的对立统一问题——以罗马法为中心》,载《中国社会科学》2001 年第 6 期。

③ 参见周枏:《罗马法原论》(下册),商务印书馆 2014 年版,第 819 ~ 820 页。

④ “无名契约”一词最早出现在迪奥菲尔的论述中。参见[英]巴里·尼古拉斯:《罗马法概论》,黄风译,法律出版社 2010 年版,第 205 页。

⑤ 参见周枏:《罗马法原论》(下册),商务印书馆 2014 年版,第 820 页;[意]彼德罗·彭梵得:《罗马法教科书》,黄风译,中国政法大学出版社 2005 年版,第 385 页。

别规定，非典型契约则适用类似性质的典型契约的规定，如互易适用买卖的规定以及一般的契约通则，而统受事实诉（*actio in factum*）或口约诉（*actio praescriptis verbis*）的保护。① 对于非典型契约与典型契约基于相似关系而准用诉权的探讨，开始于对作为非典型契约之典型领域的易物（*permutatio*）所进行的探讨，最先出现的是互易行为（*do ut des*）。萨宾学派根据易物与买卖在经济上的相似性，要求把易物视为买卖，并根据当事人表示同意承担的相互义务认定债的有效性；而普罗库勒学派认为买卖是一种独立的特别契约，应区别于易物，买卖中某一标的物具有商品的功能，另一标的物具有一般、统一的价金功用，最重要的是罗马买卖具有让渡与合意分离的特殊结构，而易物则体现为让渡与合意的一体性，两者不加区分的情况将使法律无法发挥效力。②

据考证，上述两种观点分别由普罗库勒学派和萨宾学派所主张。但值得特别说明的是，萨宾学派最初的观点并未总结出“非典型契约援用与典型契约相似的准诉权”的结论，当实践和迫切的公平要求不断呼吁确定有关法律规定时，其建议裁判官进行事实诉讼（*actio in factum*），由此，其最终主张依旧可以呈现与普罗库勒学派结论的相似性。但萨宾学派已经基于某些同样受到承认的与典型契约相类似的基础，主张将易物视为买卖并准用买卖契约之规定，如有关追夺、被转移物的瑕疵以及风险的规则即从买卖扩大适用到易物。有学者认为最终形成“以同典型契约相似性为基础”的非典型契约的法律调整模式，似乎产生于后古典法，但萨宾学派的前述主张依旧为该调整模式的兴起奠定了基础。③ 虽然上述两种主张并未掌握非典型契约与典型契约间的实质性关联，但至少证明了典型契约与非典型契约在规范适用上的关联性自罗马法已有。

---

① 参见周枏：《罗马法原论》（下册），商务印书馆2014年版，第730页。

② 参见[意]彼德罗·彭梵得：《罗马法教科书》，黄风译，中国政法大学出版社2005年版，第385页；[英]巴里·尼古拉斯：《罗马法概论》，黄风译，法律出版社2010年版，第188页。关于易物性质认定的争论，一直持续到盖尤斯时，到公元3世纪时才确定它为无名契约。参见周枏：《罗马法原论》（下册），商务印书馆2014年版，第821页。

③ 参见[意]彼德罗·彭梵得：《罗马法教科书》，黄风译，中国政法大学出版社2005年版，第385～386页。

第二节　罗马法中非典型契约的制度功能

一、合同结构对非典型契约概念的限缩

罗马合同法的结构极具独特性，基本可以概括为：一种形式、一个原则和数种法定契约，[①]并由此区分契约、协议与简约（见图1－1）。

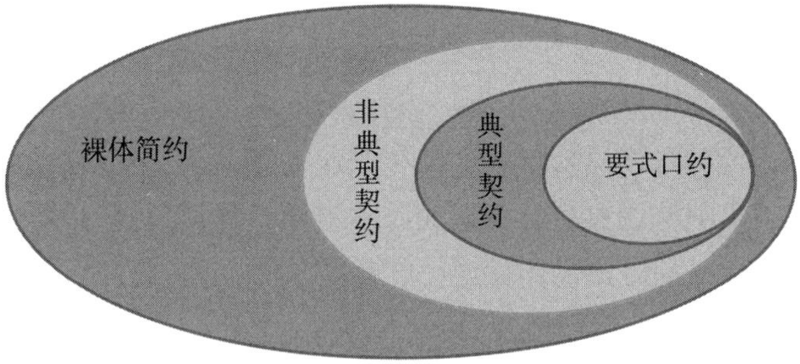

图1－1　罗马法中的合同结构

所谓“一种形式”强调的是罗马法契约制度奉行形式主义，“数种契约”旨在明确罗马法上合同法采类型强制主义，“一个原则”指的是“裸体简约不产生债，仅产生抗辩”。[②] 罗马法上的契约本身就是债，若系争事实是契约，则其本身就是可以强制执行的债，由此可得知，罗马法上的契约不是符合特定的形式或者是具有原因外衣的协议，就是符合法定契约类型的协议，除此之外，即无契约可生债之效力。契约的要素分为三类。一是针对典型契约而言的法定化契约要件，即满足构成各类契约之基本特征的各种条件。不符合任何一部或全部条件，即使达成契约合意，且已完成交付，也不是契约。二是存在“已为的给付”，构成契约效力的产生原因，这是使协议变成契约的一般模式中的一种。三是形式要件，即在类

① See Tony Weir, *Contracts in Roma and England*, 66 Tulane Law Review 1638（1992）.

② 参见徐涤宇：《原因理论研究——关于合同（法律行为）效力正当性的一种说明模式》，中国政法大学出版社2005年版，第56页。

型化契约之外采用某种口头形式或书面形式的协议。在罗马法上,合意并非所有契约的一般构成要素,形式要件的满足才是契约效力的实质性要素,可以说,罗马契约制度中的形式是"效果性形式",而非"保护性形式"。[①] 在要式契约中,形式要件并不是简单地附加于合意之上的要素,而是使契约发生债之效力的单一构成要素;在非要式契约中,实物之债的效力原因在于某物已被交付的事实,实质在于返还所接受的物,而非基于合意,正因如此,罗马法存在把与协议无关的事实状态称为"契约"的倾向,盖尤斯甚至把因错误给付而产生的金钱返还之债归入契约名下;[②]即便在合意之债中,合意要件也受到极大限制、被具体地对待,而一般的、抽象的合意概念并未形成。[③]

由此,一方面,罗马法的契约效力受到"一种形式、一个原则和数种法定契约"合同结构的约束,合意达成并不当然产生债的效力,契约概念的范围受到根本性的限缩;另一方面,只有存在"已为的给付"之原因时,方使简约产生债之效力,而裸体简约不产生债,仅产生抗辩。非典型契约概念被限定在"有原因外衣的简约"范围内。最终,罗马法上独特的合同结构及契约效力的限定性说明模式,使非典型契约的概念被严重限缩。

二、罗马法中非典型契约的独特制度功能

从非典型契约制度的产生原因来看,非典型契约制度是为应对类型化契约制度的弊端而产生的。契约类型化的列举方式难以对契约种类进行全部列举,此种列举留有空白并且含有不确定性,难以将现实中大量存

---

① See Konard Zweigert, Hein Kotz, *An Introduction to Comparative Law*, translated by Tony Weir, Oxford: Clarendon Press, 1998, p. 366.

② See W. W. Buckland & Arnold D. McNair, *Roman Law & Common Law: A Comparison in Outline*, Cambridge: Cambridge University Press, 1952, p. 196.

③ 因为真正与合意意思最为接近的术语应是"协议"或者"简约"。有意大利学者总结道:"虽然每个不同的法学家对于合同这个范畴的定义都有不同,罗马法上的'contractus'只是一个产生债的行为。法学家们从来没有将合同作为产生具有物权效力的行为,比如说要式买卖、拟诉弃权和让渡。"英国法史学家梅因对此总结为:简约是当事人已达成相互间合意的极端性产物,但其显然还不够成为契约,也难以产生债之效力。它最终是否构成契约,需要看法律是否把一个"债"附加上去。

在的交换性契约纳入其中，且使契约性质认定存疑而难以归入特定法定契约类型，影响契约效力的认定。[①] 罗马法缺乏合同的一般理论，虽然要式口约能在一定程度上填补效力要件的空缺，但要式口约的单务性使其在以双务性契约为主的契约体系中的作用受到极大限制，故而创设体现契约“交换性”的非典型契约制度，对于和某些典型契约相类似却又很难确定究竟属于何种契约形式的非典型契约，市民法就可以通过“前书诉”或援用典型契约的“准诉权”获得救济。类型化契约制度虽有其弊端，但不能否认其对近现代典型契约制度的重要影响。类型化契约制度毕竟为各种法定契约提供了一套相对确定的架构，为缔约双方当事人提供了一套现成的“权利义务”方案，对合同解释和漏洞补充起到积极作用，使法律工作者可以具体地演绎出每一种契约的“附带权利义务”，避免因给付关系与对待给付关系的复杂性而陷入法官的主观臆断。[②]

正是基于罗马法采取的类型化契约的制度背景，非典型契约制度承担对契约效力正当性来源的补充作用。古典罗马法的契约类型强制建立在协议与契约相区别的基础上，即不属于法定类型的契约只能是协议，由此，要式口约与非典型契约制度能够发挥对契约类型强制主义的缓和功能，进而作为契约效力正当性的补充来源。由此，罗马法非典型契约制度可缓和特定契约制度之弊端，旨在弥补特定契约制度所缺失的一般性成分，是一种契约效力性补充制度。由于要式口约的衰退演变以及简约制度的成长，古典罗马契约制度事实上已土崩瓦解。[③] 形式主义在合同效力之根源的解释力上逐渐衰弱，19 世纪的法学家们不再解释契约为什么具有约束力，而只是根据意志或合意来界定有约束力的契约，“合同之所以具有拘束力，仅仅因为它是合同”[④]，非典型契约制度难以在近现代各

---

① 参见［英］巴里·尼古拉斯：《罗马法概论》，黄风译，法律出版社 2010 年版，第 204 页。

② 参见［德］维尔纳·弗卢梅：《法律行为论》，迟颖译，法律出版社 2013 年版，第 193 页；［英］巴里·尼古拉斯：《罗马法概论》，黄风译，法律出版社 2010 年版，第 180 页。

③ 参见徐涤宇：《原因理论研究——关于合同（法律行为）效力正当性的一种说明模式》，中国政法大学出版社 2005 年版，第 66 页。

④ 唯心主义哲学观认为意志具有绝对的支配性效力，也是契约效力的根源，构成意志决定论的基石。李永军：《契约效力的根源及其正当化说明理论》，载《比较法研究》1998 年第 3 期。

国合同法中承担对契约效力正当性的补充功能。

三、非典型契约乃典型契约类型的原初样态

从契约类型化的发展历程角度来看,非典型契约与简约制度是为应对契约效力来源特定化而生的救济性机制,典型契约类型系由非典型契约发展而来。罗马古代的法律行为过于注重形式而轻意思表示,以“铜块和秤式”(*per aes et libram*)为代表的“要式买卖”和“要式现金借贷”系契约类型发展的最初形态,[①]此后,从“出借人转移标的物所有权于借用人,借用人承担日后将同等的物交换出借人”的借贷理念发展出寄存、借用和质权的契约形式,成为罗马法上的“要物契约”制度,此为典型契约类型的雏形。基于典型契约体系周延性的简单考量,构建形成要物契约的对立面,即以买卖、租赁、合伙和委任为类型组成的“诺成契约”制度。帝政之初,各种重要契约即已定型成为典型契约,各有专用的名称和诉权,除此之外的双务契约,如互易或换工等,若一方已履行其义务,即因具备契约效力之原因而受法律的保护,但其没有特别的名称,受非典型契约制度的调整;若缺失作为债之效力正当性的原因要件的“已为的给付”,则不产生诉权,仅产生抗辩,称为“简约”。由此,罗马法中契约制度的发展限定在以发生债的关系为目的之协议范畴内,即债的协议(*obligationes ex contractus*),其中债的协议受市民法保护的称契约,不受市民法保护的称“简约”(*pactum*)。[②]

在以要物性和诺成性为区分的债体系内发展形成最初的典型契约制度,其目的在于确定特定类型契约之债的效力。罗马法以要物性和诺成性为契约分类标准具有历史正当性,能够体现罗马法对形式主义的特别注重以及形式主义的逐渐衰落。非典型契约制度的主要功能,在于缓和特定契约制度的弊端,作为契约之效力正当性来源的补充。在

---

① 特别说明:口头契约亦为契约最初发展的重要形式,但基于相关性考量,在正文中不作叙述。

② 参见周枏:《罗马法原论》(下册),商务印书馆 2014 年版,第 723 页。

典型契约类型的形成过程中,非典型契约制度可以作为典型契约形成的土壤与基础,举例来说,在要物契约制度发展之前,仅金钱消费借贷拥有专属名称与诉权,寄存、借用和质权契约只能以非典型契约的形式获得法律保护。因而,虽然就典型契约与非典型契约名称出现的历史顺序而言,典型契约的确立在前,非典型契约为对典型契约类型化列举方式呈现的空白和不确定性的弊端的补充;但典型契约均系由非典型契约发展而来,从中挑选具有代表性、典型性的契约类型予以特别化、具体化规定形成典型契约。在典型契约基于实践需求从非典型契约类型中分离并独立前,各类协议保有其"一般协议"的名字,当某些协议转为有自己名称的合同、享有专门的诉权后,便不再以一般协议概括之,就此,非典型契约即用于指称那些没有自己名字但能够产生债的任何协议。

四、准诉权援引路径存在理念错位

"有些万民法协议产生诉权,有些则产生抗辩。(*iuris gentium conventiones quaedam actiones pariunt, quaedam exceptiones.*)

"产生诉权的那些协议没有其自己的名称,而是采用了诸如买卖、租赁、合伙、使用借贷、寄托以及其他类似契约的特有名称。(*Quae pariunt actiones, in suo nomine non stant, sed transeunt in proprium nomen contractus: ut emptio venditio, Locatio conductio, societas, commodatum, depositum et ceteri similes contractus.*)

"然而,即使这些协议没有转为其他契约的名下,但只要存在原因,阿里斯多对杰尔苏的答复是:那么就产生债。比如,我给你一件物品是为了让你给我另一件物品或是为了让你为我制作一件物品,也就是说是一种交换,但是,这同样也是一种契约,并由此产生市民法之债。(*Sed et si in alium contractum res non transeat, subsit tamen causa, eleganter Aristo Celso respondit esse obligationem. ut puta dedi tibi rem ut mihi aliam dares, dedi ut aliquid facias*：*hoc sunallagma esse et hinc nasci civilem obligationem.*）”①

根据徐涤宇教授的整理，产生诉权的万民法协议可区分为诸如买卖之类的典型契约和没有为之设定特别制度的协议，这些协议一般被归入与之相类似的典型契约类型的名下，在此类万民法协议没有与之相类似的契约类型或者事实尚未被归入某类契约名下时，只要存在作为债之效力原因的“已为的给付”，便可成就债的交换性，根据该交换目的分别归入非典型契约中“以物换物、以物换做、以做换物、以做换做”四种类型之中。② 非典型契约以债的原因（或债因）为分类标准，③基本涵盖了双务契约的所有情形。可以发现，罗马法中非典型契约的法律调整主要采取了“回归典型契约”的做法，在缺失与之相类似的典型契约或因性质不清而难以归入某类契约名下时，则借助交换目的之认定回归到非典型契约制度的基本类型划分。

由此，在相似关系中承认存在债的契约效力，并可援用与之相类似之典型契约的准诉权，适用与之相类似之典型契约的规定。以互易适用买卖之规定的路径为例，提出“基于相似性适用典型契约规则”主张的萨比努斯派认为，“互易只是买卖的一种，因此，可以完全适用买卖的规定，无须另行调整”④。该主张将互易回归至买卖契约的类型项下，由此实现对互易契约的法律调整。笔者认为，在互易契约未实现有名化规制的法典环境下，借助作为典型契约的买卖契约的规范实现法律调整，具有目的上的正当性，这是法律便捷性的要求，典型契约规范为合同当事人设定了一套具体的、现成的“权利义务”内容，可以作为非典型契约的规范参照；但

---

① 此处主要引用徐涤宇教授对“The Digest of Justinian, Vol. I.”的翻译。徐涤宇：《原因理论研究——关于合同（法律行为）效力正当性的一种说明模式》，中国政法大学出版社 2005 年版，第 69 ~ 71 页。

② 参见徐涤宇：《原因理论研究——关于合同（法律行为）效力正当性的一种说明模式》，中国政法大学出版社 2005 年版，第 69 ~ 71 页。

③ 正如乌尔比安在《告示评注》中所言：“正如我给你一个物是为了你给我另一个，我给是为了你做某事：这描述了一个‘sinallagma’，从而产生一个民法债。”

④ 周枏：《罗马法原论》（下册），商务印书馆 2014 年版，第 821 页。

上述参照适用的正当性在于典型契约与非典型契约的类型相似性，而非基于“非典型契约向典型契约类型回归”的理念指引，实际上，该归位理念存在错位。例如，互易作为物物交换的典型形态，其在罗马古代便已出现，只是在很长一段时期内此种协议并无法律上的效力，因此，“买卖源于互易”。[①] 互易产生的通常情形是，某些人缺乏的东西正是另一些人所富余的，因此，每个人根据自己的需要，以已有之物换取所需之物。但是，以物为交换目的之情形需要相应的供求关系存在，而在供求不对等的情况下则难以成立互易交易。为此，人们创建并使用货币来克服互易的困难，遂产生买卖之形式。由此，互易是买卖的发源形式，而不能说互易是买卖的一种；虽然两种契约形态间存在规范类推适用的正当性，但其前提并非将互易作为买卖的具体形态。

对于非典型契约而言，无论其与典型契约形态如何相似，终究是“相类而有不同”，最根本的规制方法在于向契约类型体系回归。以此为视角解读准诉权援引路径的合理性，应在于“借由与典型契约的相似性，实现非典型契约在契约类型体系中的归位”，因为立法仅在大量非典型契约中选取了极为有限的契约类型进行规范，在未规定非典型契约的一般规范时，只能借由与典型契约的相似关系大致确立其在契约类型体系中的位置。

① 参见［古罗马］优士丁尼：《买卖契约》，刘家安译，中国政法大学出版社 2001 年版，第 3 页。

第二章　法典化时代非典型契约制度在契约类型体系的隐性发展

罗马法缺乏契约一般性理论，只能在需要的场合设定特定类型的可执行契约（enforceable contracts）。[①]如彼得·伯克斯（Peter Birks）所言，“罗马法的八种典型契约，就像海上漂浮着的散乱的群岛，而难以构成整体的大陆”[②]。随着近代合同基础理论的重构，罗马法上的形式要件以及中世纪的原因理论不再成为契约概念的本质要素，取而代之的是合意（consensus）。法国人文主义法学派认为“‘协议’一词真正在契约与简约之间建立了一种联系”，由此，协议成为整合契约和简约的工具，而协议概念被引入合同的一般理论本身就意味着单纯合意主义的可能。因为“‘协议’一词是包括所有种类的、一切性质的契约、约定和简约在内的一般名称。协议是两人或数人为了能在相互之

---

① See Ronald J. Scalise Jr., *Classifying and Clarifying Contracts*, 4 Louisiana Law Review 1068(2016).

② Peter Birks, *The Roman Law of Obligations*, Oxford: Oxford University Press, 2014, p. 30.

间成立某一允诺（engagements），或者为了能消灭或改变一个先前的允诺，而做出的同意”[①]。

由此带来的变化：一方面，后世民商法典不再采纳罗马法的合同效力认定标准，[②]非典型契约在罗马法中作为契约效力性来源的补充功能消亡；另一方面，合意作为契约概念的本质要素，契约效力事由不再采取特定化的模式，各国对于契约典型化的需求急速增长，导致法学研究者对于典型契约研究的热情高涨，非典型契约制度逐渐被遗落在契约类型化的进程中。而合同的类型化发展总是与其本身所处的时代需求密切对应的，两者具有表里相依的关系，[③]笔者将从第二次以及第三次民法法典化浪潮中选取《法国民法典》、《德国民法典》以及《俄罗斯联邦民法典》作为代表，并主要兼顾法国、德国法典体例的现代化发展，分析契约类型的体系化演变进程、非典型契约制度在契约类型体系化进程中的角色承担以及罗马法后对非典型契约制度规制路径的理念更新。

第一节　法学阶梯体系：《法国民法典》中的非典型契约制度[④]

《法国民法典》是以优士丁尼《法学阶梯》为蓝本的第一代法典，承继

① 徐涤宇：《原因理论研究——关于合同（法律行为）效力正当性的一种说明模式》，中国政法大学出版社2005年版，第104～106页。

② 罗马契约法从形式到合意的理念转变，导致以签订方式对契约进行分类的重要性彻底丧失。后世民商法典对合同类型的发展主要是以罗马法所确定的“通过物而产生的契约”和“通过合意而产生的契约”为基础，亦即以要物契约和合意契约为原型。参见方新军：《现代社会中的新合同研究》，中国人民大学出版社2005年版，第6～7页。

③ Rudolf von Jherig，Der Zweck im Recht，5. Aufl. 1916，SS. 209－226. 转引自［日］我妻荣：《债权在近代法中的优越地位》，王书江、张雷译，中国大百科全书出版社1999年版，第374页。

④ 《法国民法典》在世界上的影响在其编纂时期乃至整个19世纪都是极其强大的，它成为《荷兰民法典》（1838年10月1日）、《意大利民法典》（1865年6月25日）、《罗马尼亚民法典》（1864年12月4日）、《葡萄牙民法典》（1867年7月1日）、《西班牙民法典》（1889年7月24日）的典范，而后还超越欧洲范围成为《埃及民法典》的典范。参见张建文：《俄罗斯民法典编纂史研究》，中国政法大学出版社2012年版，第139页。

了法学阶梯体系。[1] 虽然由于《德国民法典》和《瑞士民法典》颁行，法国法在德国和瑞士的影响逐渐减小，但不影响意大利、西班牙和葡萄牙的法律秩序仍归属于罗马法系，[2]尤其是在债法领域。[3]《法国民法典》未设有债编，在其第三卷“取得财产的各种方式”中规定了各种合同类型，原初有买卖、互易、租赁、合伙、借贷、寄托与诉争物的寄托、射幸、委托、保证、和解、仲裁、质押、优先权与抵押权 13 类合同，后又修正增加了不动产推销契约、关于行使共有权的协议 2 种类型；其商法典为体现对商人特权地位的尊重，设有代理商、居间商、证券经纪人、质押和行纪商、海商 5 种合同类型。法国民商法典在罗马法合同类型体系的基础上进行了继承与流变。

首先，法国法继受罗马法对于典型契约与非典型契约的分类，即由法律特别加以规定成立条件、法律效果的合同为典型契约，法律未加以规定的合同为非典型契约，《法国民法典》第 1107 条即规定：“契约，无论是否有名称，均受本编所定的一般规则的约束。”解决非典型契约的法律适用问题，首先应确定契约纠纷的性质，将法定的典型契约类型与非典型契约进行类比，以确定具体适用的法律规则；但非典型契约内容往往较为复杂，导致其在性质上很难归于某种或者某几种典型契约的类型，因而法国现代的立法者倾向于将更多合同在立法上作出明确的规定，即尽可能地实现非典型契约的典型化，颁布了一系列有关“不动产在建筑过程中的买卖合同”“不动产推销合同”“租赁—买卖合同”等的规定。[4]

其次，法国法对罗马法的特定契约制度进行了体系性扩张，但“法国

---

① 参见徐国栋：《〈法国民法典〉模式的传播与变形小史》，载《法学家》2004 年第 2 期。

② 参见[德]K. 茨威格特、H. 克茨：《比较法总论》，潘汉典、米健、高鸿钧等译，法律出版社 2003 年版，第 160 页。

③ 在债法方面，意大利和法国的法典编纂有较为明显的共享准则，而《西班牙民法典》则体现出对《法国民法典》的契约类型体系的特别依赖，甚至满足于对法国法条文的翻译。参见[德]K. 茨威格特、H. 克茨：《比较法总论》，潘汉典、米健、高鸿钧等译，法律出版社 2003 年版，第 163 ~ 164 页。

④ 参见尹田：《法国现代合同法：契约自由与社会公正的冲突与平衡》（第 2 版），法律出版社 2009 年版，第 13 页。

民法典中几乎全部合同种类来自于成文法，事实上也就是罗马法”①，新生合同类型大多在罗马法时期已寄生于所确立的典型契约类型项下，其他合同类型或从非典型契约类型转变而来，或从简约制度所含合同类型而来。这是合意主义作为合同一般理论的必然结果。

第一，“罗马法上作为契约效力因素的原因和形式主义联系在一起，然而，自合意主义成为契约效力的一般原则后，它就开始变得毫无意义”②。取而代之，合意主义成为契约效力认定的主要标准，简约是当事人所达成的意思之合致，只因缺乏“原因”而不具有债之效力，合意主义对形式主义的解放赋予了合意行为以债之效力，不再需要为简约“穿衣”，必将释放作为简约的典型形式，和解协议（transazione）和仲裁协议（compromesso）即为此例。③

第二，对于非典型契约而言，原因不再是已履行的事实（已为的给付），而是缔约人所做的履行允诺（待为的给付）。④ 非典型契约作为债之效力正当性不再源于“已为的给付”，而是源于契约自由原则下达成的合意，如双务契约中当事人各方的义务乃以他方的义务为原因，而不至于陷入“传统原因理论所构建的一种荒唐的逻辑”⑤——按照传统原因理论的逻辑，原因必然产生于结果之前，故事实上不应当存在“一方的义务是对方义务产生的原因”的逻辑可能，倘若双方中各方义务均作为对方义务的结果，则根本不存在合同的履行问题。由此，其也为非典型契约向典型契约的转化打开了大门。

---

① ［德］K. 茨威格特、H. 克茨：《比较法总论》，潘汉典、米健、高鸿钧等译，法律出版社 2003 年版，第 136 页。

② 徐涤宇：《原因理论研究——关于合同（法律行为）效力正当性的一种说明模式》，中国政法大学出版社 2005 年版，第 120 页。

③ 参见［意］彼德罗·彭梵得：《罗马法教科书》，黄风译，中国政法大学出版社 2005 年版，第 392～293 页。

④ Henri Capitant, De la cause des obligations, p. 166－167, nota(1). 转引自徐涤宇：《原因理论研究——关于合同（法律行为）效力正当性的一种说明模式》，中国政法大学出版社 2005 年版，第 110 页。

⑤ V. Laurent Aynes et Philippe Malaurie, Cours de droit civil, les obligations, n°504, p. 275. 转引自徐涤宇：《原因理论研究——关于合同（法律行为）效力正当性的一种说明模式》，中国政法大学出版社 2005 年版，第 120 页。

第三,典型契约呈现体系化的发展与分化是必然的,这是非典型契约向典型契约转化的必然结果。罗马法中并不存在一般的合同理论,合同之债的效力根源也应被分别考察,对于类型化契约而言,其债的效力是特定的,当事人的约定必须满足典型契约的全部要件,才被承认为契约,否则只能采用要式口约的方式赋予其债的效力,而未采取要式口约形式的,市民法可以通过非典型契约理论给予有限的救济,目的是要求返还已为的给付。近代合同理论重构将合意作为债之效力正当性的根源,主要是对罗马法中非典型契约制度的解放,传统原因理论的衰落解除了非典型契约效力的限制性条件,因此可以说,契约类型制度的体系化最本质上是实现非典型契约的法律规制,而不仅仅是典型契约类型的增加。

上述结果均在法国民商法典中有呈现,具体而言如下。

一是呈现买卖合同的次级类型的扩张。罗马法上买卖的客体分为有体物和权利,但对债权的让与是非常消极的,因为债是"法锁","债权不能买卖,只能继承",但为了适应经济发展后的需要,帝政后罗马人创设"对债的诉权"的转让以达到债权让与的效果。[①] 法国民法一改罗马法半推半就的做法,在买卖合同中单辟一章规定"债权与其他无形权利的让与"。债权让与合同增设的举措亦影响了之后的法典化,如在《智利民法典》中"权利让与"甚至从买卖合同中分离出来成为独立的典型契约类型。

二是互易从非典型契约转变为典型契约。在罗马法中,互易只是作为非典型契约中的一种典型形态,但物物交换仍然在18世纪的地中海东岸地区商业活动中占据核心地位,《法国民法典》遂顺应趋势将其从非典型契约转变为独立于买卖合同的典型契约。

三是租赁契约完成类型再分化,并依照罗马法模式将雇佣并入租赁契约(*contrat de louage*)。罗马法上的租赁形式包括提供物件给对方使用、收益的行为,也包括提供劳务,或者是完成一定工作的行为,具体分为物的租赁(*locatio conductio*)、雇佣租赁(*locatio conductio operam*)、承揽

① 参见周枏:《罗马法原论》(下册),商务印书馆2014年版,第764页。

租赁(*locatio conductio operis*)。[①] 在罗马古代,由于自给自足的经济状态使得租赁的适用范围很窄,后来随着牲畜等生产资料的租赁发展出物件租赁、土地租赁、房屋租赁等,由奴隶的租赁发展成劳务租赁,又进一步发展出以获得成果为目的之劳务成果租赁。[②]《法国民法典》基本承继了罗马法对于租赁契约的分类,将租赁契约分为物的租赁、雇工与劳务雇佣、牲畜租养三种类型,同时,雇工与劳务租赁又分为家庭佣人与工人的雇佣、水路运输者的雇佣、包工与承揽。与罗马法相比,《法国民法典》只是将物的租赁分解成以房屋、土地租赁为主的物的租赁(不动产的租赁)和牲畜的租养(动产的租赁),而承揽契约发展出了水路运输承揽的子类型。

四是将消费借贷和使用借贷[③]整合到借贷契约项下,同时为规避罗马法上关于两种契约之无偿属性,特增加"有息借贷"契约。

五是关于质押契约,《法国民法典》形成了动产质押、不动产质押、不动产抵押和保证契约的担保体系。[④]

六是《法国民法典》首次规定射幸契约,包括保险契约、航海方面的高风险借贷、赌博性游戏与赌注、终身定期金契约。此时,终身定期金契约的目的在于生息获利,而后其功能逐渐演变为一项实现养老育幼、扶贫济困的制度,而从"射幸契约"中分离出来。[⑤]

七是和解和仲裁协议脱胎于罗马法非典型契约并实现有名化。和解在罗马法上属于"我为则你为"形式的非典型契约,"其目的不在于创立契约,而是为了消灭一个契约,因此是作为契约的消灭方式还是典型契

---

① 参见[英]巴里·尼古拉斯:《罗马法概论》,黄风译,法律出版社2010年版,第197页。

② 参见周枏:《罗马法原论》(下册),商务印书馆2014年版,第788~790页。

③ 罗马法上的消费借贷和使用借贷均具有无偿性。参见周枏:《罗马法原论》(下册),商务印书馆2014年版,第747页。

④ 可以形象地说,不动产质押注定存活不久,因为不动产抵押的生命力太过于强大。而保证合同,其实并非《法国民法典》创设,而只是罗马法上要式口约意义消亡后独立出来的合同。

⑤ 参见[英]约翰·F.乔恩:《货币史:从公元800年起》,李广乾译,商务印书馆2002年版,第197~198页。

约,是后世民法典犹豫不决的关键”[①]。

《奥地利普通民法典》在体例上也基本上沿袭了法学阶梯体系,但“人、物、诉讼”的三编制体例在《奥地利普通民法典》中被适度修整为“人法、财产法、人法和财产法的共同规定”的体例结构,此外还增加了一个序编。可以说,罗马法对于奥地利民法的影响是十分深远的,尤其体现在债权法领域,[②]契约类型的设定基本继受了罗马法所列举的八种典型契约类型,但同时进行了现代的类型演绎。

第一,买卖契约不再居于典型契约类型的首位,而代之以赠与契约;第二,互易契约设定在买卖契约类型序位之前,不仅实现了互易契约的典型化,而且遵循并确定了互易契约作为买卖契约原初发展样态的演进顺序;第三,保留了保管契约和使用借贷契约的要物属性,“物未交付的”不能构成保管契约或使用借贷契约,而该类契约的要物属性已逐渐被合同理论的现代化发展所抛弃;第四,虽然设定了“提供劳务的契约”的契约类型形态,却未能为服务契约设定一般性规定,而依旧将服务契约区分为雇佣契约、承揽契约和委托契约三种主要形态,但也通过其第1151 条第 2 款的规定将委托契约确立为服务契约的基础性类型或“母合同”。

第二节 潘德克顿体系:《德国民法典》中的非典型契约制度

德国法采潘德克顿体系,以罗马法《学说汇纂》作为其理论体系和概念术语的历史基础,[③]其以完美的体系理论影响了后世民法体系的发展。通说认为,德国民商法典在罗马法的继受方面要远远胜于法国,它不仅使罗马法律制度和概念被广泛接受,还促进了法律思想的科学化、系统化,

---

① 方新军:《现代社会中的新合同研究》,中国人民大学出版社 2005 年版,第 11 页。

② 参见《奥地利普通民法典》,周友军、杨垠红译,清华大学出版社 2013 年版,“序言”第 5、14 页。

③ 参见何勤华:《西方法学史》,中国政法大学出版社 1996 年版,第 246 页。

此般规模宏大的继受是其他国家所未曾经历的。[①]

一、法律行为概念对合同结构的重塑

在非典型契约的典型化发展过程中，或者说在合同类型化发展的过程中，德国债法中以下发展趋势或者说是研究重点尤其值得特别重视。

第一，德国法对于法律行为概念的抽象，不仅使德国合同概念与罗马法、法国法中的合同概念发生历史性断裂，更重整了契约法本身的体系性，使非典型契约效力完全摆脱原因理论的拘束。严密的潘德克顿逻辑体系，要求在合同类型制度内创设一个封闭的、抽象的概念体系，非典型契约向典型契约转化也需要遵循其体系性要求，也正缘于此，德国合同类型的发展主要是对原有类型体系的检讨与新类型体系发展的证成。

首先，德国法真正以"简约"为契约法体系修正之努力的核心类型。从欧洲学者开始发掘《学说汇纂》之后，各国对于如何选用罗马法的术语，并将之作为对合同概念的一般表述，是存在分歧的。法国学者选定"协议"作为构建的中心概念，而德国和荷兰则选择将"简约"作为罗马法现代应用（*usus modernus pandeclarum*，也称潘德克顿运动）的解决方案。[②] 实际上，德国法选择以"简约"为罗马法现代应用的解决方案，经过了一个迂回的理论演变过程——格劳秀斯的自然法体系成功结合了经院道德神学的信义伦理和自然法的责任概念，他强调允诺，无论是双方相互的允诺还是单一的允诺，均因宣誓而具有约束力，其正当性的根源是正直或信义之训诫；这种有拘束力的允诺具有"让渡我们某种特定自由"（*alienatio particulae cuiusdam nostrae libertatis*）的效果，但其形成具有约束力的允诺，需要允诺人作出承诺（*acceptatio*），且这种有拘束力的意思

① 参见［德］K. 茨威格特、H. 克茨：《比较法总论》，潘汉典、米健、高鸿钧等译，法律出版社2003年版，第205页。

② See M. W. Hesselink & G. J. P. de Vries, *Principles of European Contract Law*, Boston: Kluwer, 2001, p. 113 – 128.

具有外部的表示，即“意思的表示”（*signum volendi*）。① 只有经过外部表示的意思才能被意思表示的收受者充分理解和信任，而成为意志的实现工具。虽然格劳秀斯以信义和意思表示理论论证了合同效力的正当性，但其依旧强调合同的交换关系，认为适当的对待给付是对合同正义的保障，②因而其论证范围仅限于双务合同和不完全双务合同。在格劳秀斯的自然法体系中，简约不具有合同效力，甚至是没有意义的概念。而后，德国法学家普芬道夫在遵循“以经院道德神学的信义伦理和近代自然法理论中的责任概念为合同效力的支撑”的分析路径上，进而主张契约本就是明确表示了的意思合致，或者是通过缔约形式表示了的意思合致，并依照自然法上的诚信伦理承认了简约的强制执行力，并把作为意思合致的“简约”作为自然法学派体系化之努力中的核心类型，③明确了合意作为合同效力根源的基础性定位。这实质上为德国历史法学派抽象出法律行为的概念体系提前做好了铺垫，正是在此种意义上，普芬道夫被誉为“总则之父”，因为总则的核心就是包括合同和简约等基本类型在内的法律行为理论。④

其次，法律行为概念的抽象真正使合同跳脱出“债—契约”的分析模式，合同类型制度更加专注于自身的体系性建设与发展。古罗马对合同有其特有的想象方式，其普遍认为“债权合同是唯一存在的合同类型，且将其作为唯一的合同类型纳入到整个体系中去”，⑤因而罗马法上契约的研究都是局限在“债—契约”的分析模式之下的。虽然18、19世纪法国法的理论和立法实践深受自然法的影响，奉行合意主义原则，利用“协议”的概念突破了罗马合同制度上的形式主义和契约类型法定主义，但合同

---

① See Reinhard Zimmermann, *The Law of Obligations*: *Roman Foundations of the Civilian Tradition*, Oxford: Oxford University Press, 2005, p. 567 – 568.

② 参见朱朝晖：《潜伏于双务合同中的等价性》，载《中外法学》2020年第1期。

③ 普芬道夫认为“合同的本质是两个意思表示的合致”“允诺的生效，不仅需要允诺人的同意，且需得到受诺人的同意”。参见徐涤宇：《原因理论研究——关于合同（法律行为）效力正当性的一种说明模式》，中国政法大学出版社2005年版，第179页。

④ 参见徐涤宇：《原因理论研究——关于合同（法律行为）效力正当性的一种说明模式》，中国政法大学出版社2005年版，第179～181页。

⑤ 参见［德］维尔纳·弗卢梅：《法律行为论》，迟颖译，法律出版社2013年版，第717页。

始终局限在债的范畴，合同制度局限于"债—契约"模式。将合同的概念从债法中剥离出来的做法主要可以追溯到萨维尼，其认为"所有法律制度中都可以产生契约"，交付也构成一个契约，因为它包含了当事人关于占有移转与所有权移转的意思表示一致，[①]由此，"所有权转移基于独立于债权合同的物权合同来完成"[②]。萨维尼理论的提出，导致一般性合同概念形成，抽象出"古典合同理论的法律行为概念，使法律行为制度成为一个抽象的概念体系"[③]，真正使契约跳脱出债的体系，使德国法和此前其他法律制度中的合同概念发生根本性断裂，[④]超越债之范围的法律行为概念，能够说明一切财产给予行为（或财产性法律后果行为）的正当性，这不仅体现在债法范畴，也体现在物权变动领域。

二、借助典型契约亲缘关系实现非典型契约的回归

第一，德国法注重合同类型的体系性发展，特别注重典型契约的体系性发展与扩张。德国合同类型制度更加注重合同类型内部以及合同类型间的异质性区分，进而或者分解为独立的合同类型或者内化为合同类型项下的子类型（次级类型），无论分解或者内化都使合同类型的体系性更为丰富，而合同类型的体系性有助于解释非典型契约法律调整与法律适用的规则。

《德国民法典》在其第二编"债务关系法"第七章"具体债务关系"中规定了如下合同种类："买卖和互易""部分时间居住权合同""贷款合同；经营者和消费者之间的融资援助和分期供应合同""赠与""使用租赁合同、用益租赁合同""使用借贷""物的消费借贷合同""雇佣合同""承揽合同和类似的合同""居间合同""委托、事务处理合同和付款服务""寄

---

① 参见田士永：《物权行为理论研究——以中国法和德国法中所有权变动的比较为中心》，中国政法大学出版社 2002 年版，第 57 页；徐涤宇：《原因理论研究——关于合同（法律行为）效力正当性的一种说明模式》，中国政法大学出版社 2005 年版，第 194 页。

② ［德］维尔纳·弗卢梅：《法律行为论》，迟颖译，法律出版社 2013 年版，第 718 ~ 719 页。

③ 梁慧星：《民法解释学》，中国政法大学出版社 1995 年版，第 54 页。

④ 参见徐涤宇：《原因理论研究——关于合同（法律行为）效力正当性的一种说明模式》，中国政法大学出版社 2005 年版，第 195 页。

托”“旅店主人处物的携入”“合伙”“终身定期金”“保证”“和解”“债务约定、债务承认”“指示证券”“无记名债券”等;《德国商法典》从主体角度规定了代理商和商业居间人,从商行为角度规定了行纪营业、货运营业、承揽运送营业和仓库营业等。

可见,德国典型契约类型体系具有区别于罗马法的契约分类体系,德国典型契约体系可以进一步分化为“权益永久性移转契约”(*the permanent “transfer” of a right or corporeal thing*)、“固定期限或未限定期限的使用租赁类契约”(*contracts enabling the other party to make a particular “use” of a right or thing for a limited or unspecified period of time*)、“提供服务的契约”(*contracts for the provision of “services”*)三大类别,[①]德国合同类型体系相较于罗马法上特定契约制度中的契约类型而言,合同族群内部异质化逐渐凸显,带来诸多合同类型的分离解体。如从消费借贷合同中分离出金钱消费借贷合同;从委任合同中分离出“有偿事务处理合同”,并进一步细分为汇兑合同、支付合同、转账合同;仓储合同从寄托合同中分离成为一个独立的合同类型;罗马式租赁合同逐渐解体,原本囊括在租赁合同项下的物的租赁、雇佣租赁、承揽租赁彼此间个性大于共性,而被规定为各自独立的合同。[②] 罗马法上的租赁包括物的租赁和劳务的租赁,劳务的租赁是由奴隶的租赁发展而来的,因为奴隶被认为是物,但奴隶的租赁存在各种组织上、指挥上、监督上的麻烦,为省去上述麻烦,雇主将工作直接交给他人完成并约定给付劳务成果,自己仅需支付一定的报酬,便产生了劳务成果的租赁,即承揽租赁。[③] 到了《德国民法典》制定之时,将人视作物进行租赁的概念明显与伦理不符,遂产生租赁合同的分解,这种立法例也直接影响随后的《瑞士债法典》;[④]委任与

---

① See Basil S. Markesinis, Hannes Unberath, Angus Johnston, *The German Law of Contract: A Comparative Treatise*, Oxford: Hart Publishing, 2006, p. 145.

② See Basil S. Markesinis, Hannes Unberath, Angus Johnston, *The German Law of Contract: A Comparative Treatise*, Oxford: Hart Publishing, 2006, p. 145.

③ 参见周枏:《罗马法原论》(下册),商务印书馆2014年版,第789页。

④ 《瑞士债法典》将租赁合同解体分化为租赁合同(包括使用租赁、用益租赁)、劳动合同、加工承揽合同三类独立的典型合同。

代理呈现区分态势，由德国法学家保罗·拉班德提出的委任与代理的区分，主张直接抽象出代理的一般性规则放置于在民法典总则的民事法律行为部分，并且根据是否可以代理人的名义从事民事法律行为，将代理区别于行纪。①

第二，典型契约是合同类型制度实现自身调整的体系性工具，德国法特别注重对于具体典型契约的亲缘关系研究，借助典型契约实现非典型契约在合同类型体系中的归位，也可借助典型契约规范来弥补非典型契约法律规范的缺失。

在实践中，比较常用的合同并非出自民法典，而是所谓的未依赖法律的发展而在典型契约类型之外发展出的合同类型，此为非典型契约。在合同自由的框架内，当事人可自由“发明”在民法典中未规定的债务合同，德国法对于合同自由的限制极为有限，如维尔纳·弗卢梅（Werner Flume）所言：“合同约定具有当然效力，因为当事人双方在缔约时已同意根据约定确定双方的权利义务关系。”②这类合同不符合任何一种法定合同类型，但当事人很难对“自己发明的”合同作出包罗万象的调整和规范，而总能找到与法定合同类型的相似之处，加上民法典中的典型契约几乎已经包含了所有的生活关系，故很难想象一种全然新型的、与民法典规定的典型契约没有丝毫相似之处的合同。③ 典型契约不仅是对现实生活中需要法律调整的生活关系的反映，更是合同类型制度实现自身调整的体系性工具。由此，德国民法学界特别注重研究具体典型契约的亲缘关系，借助与典型契约存在的亲缘关系或者相似之处，实现自身在合同类型体系中的归位，并以典型契约的相关规范来填补法律漏洞，以达到非典型契约的法律规制的目的。在《德国民法典》中，主要是以“准用条款”实现

---

① 参见范健：《德国商法：传统框架与新规则》，法律出版社2003年版，第173～174页。

② Basil S. Markesinis, Hannes Unberath, Angus Johnston, *The German Law of Contract: A Comparative Treatise*, Oxford: Hart Publishing, 2006, p. 145.

③ 参见［德］迪特尔·梅迪库斯：《德国债法分论》，杜景林、卢谌译，法律出版社2007年版，第468～478页。

非典型契约的法律规制,如在《智利民法典》实现权利让与与买卖合同的短暂分离后,《德国民法典》通过第413条"关于债权转让的规定,准用于其他权利的转让,但法律另有规定的除外"之准用性条款,实现了债权转让合同向"权益永久性移转契约"的回归(具体而言,是实现了债权转让合同向买卖合同的回归),只是《德国民法典》将债权让与纳入了债法总则;又如,随着货币对社会生活影响的不断加深,互易合同逐渐萎缩,《德国民法典》通过第480条规定"关于买卖的规定,准用于互易",实现了互易合同向"权益永久性移转契约"的回归;《德国民法典》新设赠与合同,通过赠与合同的类型排放暗示其归属于"权益永久性移转契约"——赠与在罗马法上一直未被规定为要物契约,只是作为简约的一种,[①]在《法国民法典》中,赠与和遗嘱一起被规定为财产的处分方式,并未将其作为一种合同类型,而《德国民法典》将赠与规定为典型契约并与买卖合同相邻,该位置意在将其归为移转权利的一种方式。

三、非典型契约的类型回归牵动体系架构与价值变动

"一个法律体系安排的结构性差异,亦能牵动实质内容之变动"[②],合同类型的更新亦会致使合同类型体系发生结构性变化,不可说不为非典型契约的转化奠定了体系性基础,体现尤为明显的是,2001年10月11日德国众议院通过《债法现代化法》(Gesetz zur Modernisierung des Schuldrechts,SMG)大刀阔斧展开的债法大改革,[③]其主要任务有两方面:一是将大量的特别法进行整理与法典化并整合到《德国民法典》之中,改变"分散调整,各自为政"的局面,保证民法典作为核心民法法典的地位

---

① 参见周枏:《罗马法原论》(下册),商务印书馆2014年版,第834页。

② 陈自强:《整合中之契约法》,北京大学出版社2012年版,第2页。

③ 德国2002年债法修正主要是对欧盟指令内容的转化,其中重要的一部分内容是特别法中有名合同的法典化,如《分时居住法》现整合于第481条以下、《消费者信用法》等,也包括直接将欧盟指令转化至民法典的部分,如为整合《旅游指令》即直接在《德国民法典》债编第八章第九节第2款增订关于旅游契约之规定;为转化《跨国汇款指令》于《德国民法典》债之关系法第八章第十二节"委任及其他契约"增订第2款"汇款契约"等。

并加强债法的统一；[1]二是借助对欧盟指令的转化彻底实现德国债法的现代化，完成对民法债编体系，尤其是合同类型体系的翻修。[2] 可以说，此次债法现代化改革不仅涉及内容上的整合，更是对合同类型制度的体系性重塑，也是审视非典型契约向典型契约转化的大型试验场，尤其是德国债法现代化中的消费借贷契约制度的更新，不仅涉及买卖瑕疵担保及与给付障碍一般规定的适用关系问题，还牵涉是否构建信用契约族群体系等相关问题，可谓“牵一发而动全身，动摇合同类型体系之核心架构”的关键性举措。笔者将在下文对德国债法现代化改革中消费借贷契约的制度性更新展开阐述，以理解合同类型体系的结构性变动背后的价值驱动以及为非典型契约向典型契约进行类型转变的路径提供证成。

第一，消费借贷契约外在体系的重构。债编修正前，消费借贷契约位于第二编“债之关系”第七章“各种债之关系”之第五节（第 607 ~ 610 条），位处“使用借贷（第四节）”和“雇佣契约（第六节）”之间，体系上属于“固定期限或无固定期限的使用租赁类契约”。消费借贷（Darlehen）仅有 4 个条文规范，其中第 607 条第 1 项规定，“受领金钱或其他代替物作为消费借贷者，负有以种类、品质和数量相同之物返还的义务”，其中，“Darlehen”的概念含义系指包含金钱及其他替代物在内的消费借贷。债编修正中立法者将消费借贷的标的物一分为二，即以金钱为标的之消费借贷（Gelddarlehensvertrag）和物的消费借贷（Schdarlehensvertrag），“物的消费借贷”继续盘踞修正前消费借贷所处之位置，将“金钱消费借贷”迁移至同章第三节并更名为“Darlehensvertrag”。可见，“Darlehensvertrag”一词在德国债法修正前后的含义具有本质不同，修正后的“Darlehensvertrag”仅指“金钱的消费借贷”，德国立法者将金钱消费借贷与修正前的消费借

---

① 特别法自身价值与规则独立性的增强，导致民法典中的债务合同法的适用空间被严重侵占，梅迪库斯称此现象为特别法对民法典的侵蚀。参见陈自强：《整合中之契约法》，北京大学出版社 2012 年版，第 5 页。

② See Reinhard Zimmermann, *The Law of Obligations: Roman Foundations of the Civilian Tradition*, Oxford: Oxford University Press, 2005, p. 1 – 6.

贷等量齐观,也足可见金钱消费借贷在现代经济生活已成为最重要的消费借贷形式。①

债编修正将金钱消费借贷前移至第八章“各种之债”的第三节中,并改名为“金钱借贷契约;融资协助及企业经营者与消费者间之分期交付契约”,在体系位置上位于“权益永久性移转契约”范畴内,意在将金钱消费借贷归入永久让与类的合同族群。此项举措有一定道理,借贷与使用租赁和借用具有本质区别,借贷的客体为金钱或者其他的代替物,标的物并非仅是为借用人直接占有,亦为其所有,因而借贷契约产生的偿还请求权指向的是所有权移转,而非单纯指向交付占有物,②因而将借贷归入“权益永久性移转契约”似乎并无不妥。但债编修正仅将金钱的消费借贷划入永久让与类契约族群,物的借贷继续保留在“固定期限或无固定期限的使用租赁类契约”的安排,有违体系合理性。有学者意图将金钱的消费借贷与第二节“部分时间居住权合同”(当事人一方负有移转居住权之义务,他方负有支付价金之义务,故为民法权利买卖之特殊情形)相关联,认为两种合同类型均系特别法整合而生,或都多少与销售有关,③以此证明两者体系位置相连的合理性。但笔者认为,德国学理上区分“权益永久性移转契约”和“固定期限或无固定期限的使用租赁类契约”的本质用意在于,凸显固定期限或无固定期限的使用租赁类契约的继续性之契约属性,而非仅在所有权转移还是占有权转移层面上探究其区分价值。因此,虽然消费借贷契约表现为所有权的转移,但其本质目的在于使借贷人在限定时间之内占有该物并成为该物的所有人,交付人的给付同交付持续的时间一样长,对待给付亦依据交付使用的时间长短来决定,④通常表现为

① 参见《德国民法典》(第5版),陈卫佐译注,法律出版社2020年版,第168页;陈自强:《整合中之契约法》,北京大学出版社2012年版,第21～22页。

② 参见[德]迪特尔·梅迪库斯:《德国债法分论》,杜景林、卢谌译,法律出版社2007年版,第229页。

③ 分时居住权契约中“居住权移转与价金”交换,可将其归属为买卖契约的特殊形态;消费者的金钱借贷通常是为了取得更高价值的商品,而融资协助与分期交付契约及货物的销售关系极为密切。参见陈自强:《整合中之契约法》,北京大学出版社2012年版,第23页。

④ 参见王文军:《继续性合同及其类型论》,载《北方法学》2013年第5期。

交付虽然不是继续性的,却是定期地履行,即借贷的利息往往按季度支付,呈现继续性合同的本质特征。因此,“在买卖与赠与两种显然以财产权终局移转为内容的契约类型中穿插金钱借贷等契约,可谓是在破坏各种之债编排上的内在逻辑”①。

第二,借贷合同外在体系上的重构背后实为价值驱动。消费借贷契约类型的体系性发展也是要物契约理论逐渐衰落的过程。德国实施近百年的消费借贷规定大多是罗马法之遗迹,将借贷契约作为要物契约的类型实则为继受罗马法之产物,在制定当时已经陈旧落伍。② 古代罗马法遵循契约类型强制,受诉讼保护之契约均须以特定方式成立,或因物之交付而产生返还义务,或法务官所认许之特定种类的诺成契约,罗马法上赋予借贷契约要物机能的主要目的仅在于赋予贷与人以返还借用物之诉权。故借用人仅负有返还借用物之义务,借贷契约则为单务、无偿契约,关于利息之约定须以另定口头契约(stipulation)的方式为之,方具有诉求力。德国旧债法第607条规定对于贷与人的义务完全避而不谈,似乎只有受领人负有偿还义务,其在付息借贷的情形中还负有支付报酬的义务,这与罗马法中赋予借贷契约要物性的机能是一致的,借贷契约并不因所表示出来的意思合致而告成立,而是因物的交付而成立。以此,作为意思合致的借贷预约(第610条)③仅作为预约(vorvertrag)出现,④若仅有单纯的消费借贷约定,而未实际交付借用物,则欠缺物之交付的成立要件,不成立借贷契约,当事人也不受此合意约束。

罗马法认定消费借贷契约的要物性质的目的仅在于使借用人负有返还借用物之义务,唯当贷与人交付借用物于借用人后,方产生借用物返还请求权,故消费借贷之要物机能仅在于赋予贷与人以返还借用物之诉权。但赋予借贷契约要物机能并不等同于认为“要物性是消费借贷的本质属

---

① 陈自强:《整合中之契约法》,北京大学出版社2012年版,第23页。

② 借贷契约的要物性和无偿性均是罗马法之遗迹。

③ 债法现代化改革后该条被废止。

④ 参见[德]迪特尔·梅迪库斯:《德国债法分论》,杜景林、卢谌译,法律出版社2007年版,第228页。

性”,其要物性的赋予是基于立法者价值判断之结果,正如有学者主张,“理性的立法者将某契约明文规定为要物契约时,事实上是通过这一立法技术表现其价值判断。换言之,要物契约之概念,无关契约之本质,其建立有一定之目的性,以使贷与人、寄托人得有审慎评估利害关系之机会,使得贷与人等不因意思表示一致而受约束,相对人无任何得以强制其交付标的物之机会”①。实质上,现代消费借贷契约的概念已经涵盖了罗马法上的消费借贷和单纯的消费借贷约定(或借贷预约)。消费借贷契约不再具有要物属性,具有正当性:一方面,在借用物交付前常有担保物权之设定或保证契约之成立作为交付物返还义务履行的担保,若继续赋予消费借贷以要物属性,则消费借贷未成立,抵押权与保证契约亦不生效力,将有碍交易安全;另一方面,当事人并非因欲获得借用物之返还请求权而成立借贷契约,而是以取得在借用期内使用借用物之用益权能为缔约目的。换言之,贷与人负有借用期内让借用人使用借用物之义务,此乃借贷契约的典型特征,无关契约是否具有要物属性。

消费借贷契约在“固定期限或无固定期限的使用租赁类契约”范畴内,将借用物的交付规定为借贷契约的成立要件,是将原本仅约束“物之返还义务”的要物性理论不当地延伸到单纯消费借贷约定的内容,系“德国普通法学错误之发展”②,可谓本末倒置。此次德国债编修正参照《消费者信用法》第1条第2项关于信用契约的定义性规定,于第488条第1项对消费借贷契约作出了定义性规定,即“基于消费借贷契约,贷与人负有提供借用人一定约定金钱数额之义务。借用人负有支付利息给予返还期限返还借用金额之义务”。其旧法第607条欠缺对消费借贷契约类型特征的描述,意在将无偿、单务的消费借贷作为消费借贷的一般形态,但无偿使用他人金钱之契约类型的设置多为救急而非救穷,且多为小额借款,借用人与贷与人之间多有特殊联系,并非资本融通的常态;债编修正将有偿、双务性作为消费借贷契约的类型特征,无非是为了切合实际,意

① 陈自强:《债权法之现代化》,北京大学出版社2013年版,第49~51页。

② 陈自强:《债权法之现代化》,北京大学出版社2013年版,第49页。

在将有偿金钱借贷作为消费借贷的一般形态。

第三,典型契约类型体系的更新为非典型契约的类型回归提供便利,德国消费借贷契约的体系重塑为信用类契约提供了体系回归的基础。德国债法在现代化改革中将金钱消费借贷从消费借贷契约中分离并进行单独规制的根本原因在于:只有金钱借贷以及其包含的信用要素才能与《消费者信贷法》相联系,实现欧盟指令转化及特别法转化的改革目标。自1986年《消费者信用指令》第1条第1款揭示"信用契约"(*credit agreements*)为该指令的适用对象后,信用契约即成为法律上的契约概念,根据该指令第1条第2款第3项,"信用契约指债权人以缓期清偿、消费借贷或其他类似的融资协助方式,授予信用会承诺授予信用之契约"。信用契约并非独立的契约类型,而是描述消费者支付对价而获得融资协助之契约族群,任何买卖、承揽、雇佣等契约均可能含有信用之要素,[①]《德国民法典》债权编第八章第三节"贷款合同;经营者和消费者之间的融资援助和分期供应合同"的前身是债编修正稿第七章第四节的"信用契约(Kreditvertrag)信用媒介契约(Kreditvermittlungsvertrag)",立法者试图将信用契约典型化并建立信用契约的一般规则,将完整的信用契约的族群体系纳入民法典,但最终债编修正稿并未建立信用契约的族群体系,甚至扬弃了"信用契约"的法律概念,这一做法也是可以理解的:信用契约是消费者支付对价而获得融资协助的庞大契约族群,对其进行概念描述并抽象出一般性规则,需要的体系工程极为浩大,也是极为困难的。

但此次债编修正,至少为信用类的非典型契约奠定了其在契约类型体系中的定位基础,也能为信用类的非典型契约提供可参照适用的规范条款。

首先,金钱借贷作为信用契约中最为典型且最为重要的类型,通过一般条款及准用条款的设置能够为消费者金钱借贷之外的其他信用契约提供规范基础。适用于企业经营者与消费者所缔结之有偿金钱借贷契约规定属于金钱借贷的特别规定(第491条至第498条),不属于该消费者金

---

① 参见陈自强:《整合中之契约法》,北京大学出版社2012年版,第24页。

钱借贷契约的规范对象可适用金钱借贷之一般规定(第488条至第490条)。金钱借贷之一般规定,至少确立了金钱借贷契约的诺成契约属性,并赋予借用人在契约终止方面的优先保障。

其次,消费者金钱借贷的法律发展必定为金钱借贷关系的重心,对于其他信用契约亦具有标志或典型意义。《消费者信用法》的适用对象并不仅以消费者金钱借贷为限,而扩及其他消费者信用契约及信用媒介契约,①债法修正采取的是将《消费者信用法》所规范的对象拆解为三大部分:一是包括消费者金钱借贷在内的金钱借贷(转化为《德国民法典》第488~498条);二是企业经营者与消费者间之融资协助(转化为《德国民法典》第499~504条);三是企业经营者与消费者间之分期交付契约(转化为《德国民法典》第505条),并以消费者金钱借贷为典型。后两类契约规定中均明文规定准用金钱借贷之规定,可以说,借由信用契约之典型形态(消费者金钱借贷)的规范,实质上仍能维持信用契约作为独立性的法学概念地位。有学者提出,德国债法修正中消费者金钱借贷契约的规范设置可作为授信行为之一般原则的法律规范,甚至对于银行契约法治理一般理论的建立都具有参考价值。债编修正前,由于消费借贷契约的规定简陋落伍而自顾不暇,根本无法处理或引导其他授信行为,只能将保证、承兑等广义上的授信行为置于特别法或作为独立的契约类型进行规制,②其他授信行为只能以非典型契约的形式存在。消费者金钱借贷的特别规定,不仅在体系上完善了金钱借贷契约的类型制度,其作为《消费者信用法》实现民法典转化的成果,也奠定了非典型信用契约形态在民法典的体系性定位的基础,实现民法典对信用债务关系的调整作用。

综上所述,典型契约制度为契约类型制度法典化的实现体系,典型契

---

① 作为《消费者信用法》规范对象的信用媒介契约,并不具有授信行为的类型特征,其性质属于居间契约。因此,债法修正将其作为"企业经营者与消费者间之金钱借贷居间契约"增设在居间节(第655a~655e条)。

② 保证在形式上仍为独立于借贷之契约类型,规定于《德国民法典》债编第二十节,承兑依然由《德国票据法》(Wechselgesetz)所规范。

约的类型更新不仅能够完善契约类型制度的内在价值体系,也能对非典型契约的法律规制产生影响,非典型契约的典型化也可能影响契约类型的整体性结构布局。契约类型的分化与统合,促进了合同类型理念的检验与更新,造就合同类型的体系逻辑与内在机理的和谐统一,这点尤其反映在消费借贷契约的体系性扩展与更新中,不仅引发了要物契约理念的消退,使借贷契约之类型与理念相互融洽,更实现了民法典对于信用债务关系的调整作用,为消费者金钱借贷、保证、承兑之外的授信行为(非典型信用契约关系)提供参照适用的规范基础。典型契约的类型化演进过程,不仅丰富了典型契约的种类,更提供了对契约类型体系内在价值检验与更新的契机,为非典型契约类型化或类型体系的归位奠定了基础。因此,只有合理评估典型契约的类型化发展过程,才能更好地指引非典型契约实现典型化。

第三节　潘德克顿体系特别形态:《俄罗斯联邦民法典》的非典型契约制度

《俄罗斯联邦民法典》虽然在内容上是资本主义的,但并未能割断与苏联社会主义联结的纽带,本质上依旧是一部以生产资料社会主义公有制为基础的民法,由此在意识形态上是一部“后社会主义的民法典”。[①] 但其草案的起草经历了规模宏大的阐释、翻译和注解所有主要的西方民法典的工作,[②]以了解不同国家法律体系调整的私法制度,并由俄罗斯法学家作出系统的规范解释,使之后订立的民法典规定无论与之一致还是不一致都可以知道,在该规则起草时到底依据了哪些外国规范以及在何种程度上依据了外国规范,可以说,《俄罗斯联邦民法典》是在总结、整

---

① 参见魏磊杰、张建文主编:《俄罗斯联邦民法典的过去、现在及其未来》,中国政法大学出版社 2012 年版,第 71 ~ 73 页;鄢一美:《寻找现代〈民法典〉:中国与俄罗斯不同的立法进程》,载《求是学刊》2010 年第 2 期。

② 参见鄢一美:《俄罗斯社会转型与民法法典化》,载《比较法研究》2015 年第 3 期。

理、吸收和借鉴19世纪末、20世纪初的西方各国民法典的基础上形成的。① 由此,《俄罗斯联邦民法典》的体例结构亦设有层级,从一般规定分级至特别规定,可以说,该民法典的体例结构是潘德克顿体系的特别形态。②

《俄罗斯联邦民法典》第二部分第四编“债的种类”规定了如下合同类型:买卖(零售买卖、供应、国家所需商品的供应、订购、电力供应、不动产买卖、企业的出卖)、互易、赠与、年金和终身赡养、租赁(动产租赁、交通工具的租赁、建筑物和构筑物的租赁、企业租赁、融资租赁)、住房租赁、无偿使用、承揽(日常生活承揽、建筑承揽、完成设计和勘查工作的承揽、国家所需的承揽工作)、完成科学研究工作、试验设计和工艺工作、有偿服务、运送、运输代办、借贷和信贷、财务代理、银行存款、银行账户、结算(委托付款结算、信用证结算、托收结算、支票结算)、保管(商品仓储保管、特殊种类的保管)、保险、委托、未受委托为他人利益的行为、行纪、代办、财产的委托管理、商业特许、普通合伙、悬赏、公开竞赛、进行赌博和打赌等。其中,“未受委托为他人利益的行为”实际上不是一种合同,而是无因管理;若采单独行为说,“悬赏”应置于债法总则而不作为独立的合同类型。后工业社会发展带来服务合同等新兴领域和类型的发展,集中在承揽合同和委任合同范畴,且多以提供脑力服务和成果为主,如广告合同群和以勘察设计、完成科学研究等为目的之合同;又以银行业和休闲业领域为服务类合同类型新增之场域,涌现了大量以银行业为中心的合同群、旅游合同、分时使用度假设施合同等,同时,电子科技的革命扩大了信用交易的范围和广度,支付手段发生重大变化,表现为“物物交换—以货币支付—以票据支付—以信用证支付—通过保理和福费廷(forfaiting)支付—通过信用卡支付”的演变过程。

---

① 参见张建文:《俄罗斯民法典编纂史研究》,中国政法大学出版社2012年版,第135~136页;翟羽艳:《〈俄罗斯联邦民法典〉的现实性与现代性评析》,载《俄罗斯中亚东欧研究》2011年第5期。

② 参见魏磊杰、张建文主编:《俄罗斯联邦民法典的过去、现在及其未来》,中国政法大学出版社2012年版,第181页。其之所以是潘德克顿体系的特别形态是因为其结构已经发生了变化,如总则并不直接适用于亲属法。

总体而言，若以《德国民法典》为参照，《俄罗斯联邦民法典》大体上承继了其合同类型的外在体系，并进行了进一步的细化与拓展，如买卖合同、租赁合同、承揽合同、消费借贷合同、运送合同等均分化出次级契约类型；另外，《俄罗斯联邦民法典》对原有典型契约类型进行了体系性反思与重构，从而增强合同类型之外在体系的容纳力，主要体现在其创设了"有偿服务合同"的"口袋合同"形式，由此，和解合同及居间合同看似从民法典中消失了，实际上是通过口袋合同的形式将邮电、医疗、兽医、审计、咨询、信息服务、培训服务、旅游服务和其他服务类合同均涵盖在内，①为各类非典型服务类合同创设了一般性规则。《俄罗斯联邦民法典》的发展对于合同类型制度的构建具有重大的体系性参考价值，主要体现为以下两大方面。

一、契约类型制度承载着特殊的政治色彩

合同类型制度主要反映的是现实需求，因此，各国民商法典的合同类型体系的外在表现形态可能相同，但体系结构却呈现差异性。如为维持劳动关系的稳定，《俄罗斯联邦民法典》在住房租赁合同的类型设定中特别注重对劳动人民住房权利的保障，从而在合同类型的构造上呈现强烈的国家特色。② 在私人所有权被极大限制的情况下，如何发挥财产的效用价值成为俄罗斯联邦立法的重点关注对象，于是，1922 年《苏俄民法典》将"财产租赁合同"设定为合同类型之首，足见立法者对财产租赁合同的重视。《俄罗斯联邦民法典》编纂者试图在住宅租赁关系的调整中推行阶级原则，给予劳动者以特别优惠以试图建立一个相对稳定的劳动人民的住宅占有制度，盖奕赫巴尔克在全俄中央执行委员会的发言中指出，"当租赁涉及到国家机构，涉及到工人和军人，则不允许将他们迁出，

---

① 参照《俄罗斯联邦民法典》第 779 条的规定，其大体上确立了服务合同作为典型合同的法律地位，并将承揽、完成科学研究工作、试验设计和工艺工作、运送、运输代办、银行存款、结算、保管、委托、行纪、财产的委托管理等合同类型囊括在服务合同的涵摄范围之内。

② 参见魏磊杰、张建文主编：《俄罗斯联邦民法典的过去、现在及其未来》，中国政法大学出版社 2012 年版，第 8 页。

在合同期限届满时合同自动延长”。[①] 立法者对住房租赁关系予以特别保障的理念始终贯彻并直接影响最终的俄罗斯宪法以及《俄罗斯联邦民法典》的制定:住宅需求是维持每个公民生命活动的客观必需条件,俄罗斯公民的住宅权始终被规定为宪法中公民的重要社会经济权利;[②]保持公民住宅权稳定的核心和基础在于,保持公民取得和使用具体住房关系的稳定性,为此,《俄罗斯联邦民法典》在已经规定了动产租赁、交通工具的租赁、建筑物和构筑物的租赁、企业租赁、融资租赁等类型的基础上,单独设立“住房租赁”的契约类型,这是俄罗斯联邦立法者根据国家的特殊需求对合同类型外在体系作出的调整与安排,体现立法者对住房租赁关系的特别重视,也更有利于对公民住宅权的特别保障。

二、非典型契约规制的新模式:以服务契约的规制为中心

《俄罗斯联邦民法典》的合同类型化制度呈现后工业社会特征,典型者如服务类合同的种类激增。但其并未直接将“服务合同”创设为典型契约类型,而是通过“创设有偿服务合同的口袋合同作为服务合同类型容纳的工具,并在承揽合同中设置准用性规范,以确立承揽合同作为服务合同的母合同地位”的方式,实现服务合同的典型化,能够为非典型服务合同提供外在的体系性支撑,并为其提供一般性规范基础。

在20世纪60～90年代的法律文献中,俄罗斯法学界对是否将提供服务之债设定为独立的契约类型进行过激烈探讨。反对者认为服务合同缺乏作为独立契约类型的区分基础;[③]赞同者认为在债法体系中应当且有必要区分提供服务之债,E. A. 舍尔舍尼对提供服务之债进行了更为深

---

① 张建文:《俄罗斯民法典编纂史研究》,中国政法大学出版社2012年版,第240页。

② 住宅权在《俄罗斯联邦宪法》第40条第1款中规定,还体现在《俄罗斯联邦宪法》第25条、第23条第1款、第40条第2款、第3款的规定之中,宪法保障住房权的目的是向公民提供国家保障的购买新住宅和改善自己居住条件的可能。

③ 该主张由俄罗斯学者A. IO. 卡巴尔金在其《服务环境:民事法律调整》一书中有主张。参见[俄]E. A. 苏哈诺夫主编:《俄罗斯民法》(第4册),付荣译,中国政法大学出版社2011年版,第1279页。

入的研究,认为应将提供服务之债区分为单纯提供劳务的合同和提供劳务成果的合同,前者以能够独立支配自身劳务为标准再区分为雇佣合同和委任合同,后者则为承揽合同,承揽合同的标的是商品汇集的结果,而服务合同的标的是行为的结果,非个别的使用,不是物质的结果。[①] 因此,在民法学理上,合同外在类型体系主要由转让财产所有权类、转让使用权类、完成工作类和提供服务合同构建的大框架作为支撑,以此应对未能在外在构造中呈现的非典型契约类型,且民事立法并未将提供服务之债确立为独立的典型契约类型,而是以“承揽合同与提供服务合同”的组合形式实现对非典型服务合同的规制。不可否认的是,《俄罗斯联邦民法典》采取的服务合同典型化的方式确实为非典型契约的典型化提供了新的思路,但此种新路径是否能够实现服务合同的典型化并为非典型服务合同提供规范指引,仍亟待具体分析。

首先,《俄罗斯联邦民法典》所创设的“提供服务的合同”仅能作为类型容纳的工具,却难以发挥为服务合同提供一般性规范的作用。《俄罗斯联邦民法典》第三十九章“有偿服务合同”的规范的目的在于划定调整范围,而非对服务合同的法律特征进行实质性的规范——根据《俄罗斯联邦民法典》第 779 条第 2 款对有偿服务合同调整范围进行列举性规定,有偿服务合同作为口袋合同所涵盖的类型范围系《俄罗斯联邦民法典》第三十七至三十八章、第四十章、第四十一章、第四十四至四十七章、第四十九章、第五十一章、第五十三章所调整的对象,并未通过口袋合同的设定为其设定一般性的调整范围,因此,也难以借助口袋合同为其他非典型服务合同提供规制可能。同时,俄罗斯民法学界也依据服务者的行为性质对有偿服务合同进行了初步的类型划分:一是事实性质的提供服务的合同,如运输、保管和其他有偿服务;二是法律性质的提供服务的合同,如委托和行纪;三是事实性质与法律性质的提供服务的合同,如运输代办、代办、财产信托;四是提供货币信贷服务的合同,如信用和信贷、商业信贷、银行

---

① 参见[俄]E. A. 苏哈诺夫主编:《俄罗斯民法》(第 4 册),付荣译,中国政法大学出版社 2011 年版,第 1279 页。

结算、银行账户、非现金结算、保险合同。[①] 由此,《俄罗斯联邦民法典》采取的将"有偿服务合同"作为口袋合同的做法,对于非典型服务合同的规范效果是有限的。

其次,将承揽合同设定为服务合同的母合同的方式,仅具有理论上的可行性,实质上泯灭了其他非典型服务合同的独特性。在《俄罗斯联邦民法典》中,基于承揽合同与有偿服务合同标的存在共通性,承揽合同的一般规定可补足有偿服务合同的规范空缺,通过设置准用规范将承揽合同的规定准用于有偿服务合同,将承揽合同上升为服务合同的"母合同",从而为其他非典型服务合同提供规范基础。但此种方式有其必然的局限性,其忽略了承揽合同与有偿服务合同之间的本质差别,泯灭了其他非典型服务合同的独特属性。

承揽合同与提供服务合同的标的具有本质差别,由此将导致两类合同在风险分担等规则上存在差异。[②] 一方面,有偿服务合同的标的是定作人获得由执行人完成一定行为或进行一定的活动而带来的利益,其所获利益效果呈现是非物质性的;承揽合同中定作人所获利益体现为新的物或者是对已经存在的物的消费品质的改变(变得更好),[③]需要借助实体物的形式进行展现。承揽合同并未被有偿服务合同这一"口袋合同"所容纳,而是作为独立的合同类型,这一设置的立法意图在于,使定作人最终获得物质性成果,完成承揽合同本应负担的标的物所有权转移的义务,是承揽合同目的的实现的必需环节。在此层面上,承揽合同与转让财产所有权、转让财产使用权类契约具备可共享的一般条款,而提供服务的合同无须负载交付标的物所有权或使用权的义务,亦不存在与转让财产所有权、转让财产使用权类契约的共同条款。另一方面,基于承揽合同与提

---

① 参见[俄]E. A. 苏哈诺夫主编:《俄罗斯民法》(第4册),付荣译,中国政法大学出版社2011年版,第1280页。

② 《俄罗斯联邦民法典》第779条规定,按照定作人的指定提供服务,是执行人的基本义务。这与承揽契约不同,服务合同的执行人并不承担因提供服务而产生的风险,由此,第705条规定的承揽契约的风险分担规则不适用于有偿服务合同。

③ 参见[俄]E. A. 苏哈诺夫主编:《俄罗斯民法》(第4册),付荣译,中国政法大学出版社2011年版,第1281页。

供服务合同的标的之异质性,有偿服务合同难以直接适用承揽合同的规定,有偿服务本身的规定具有优先适用性。《俄罗斯联邦民法典》第 783 条规定,关于承揽一般规定和关于日常生活的承揽规定可以适用于有偿服务合同,但与《俄罗斯联邦民法典》第 779 ~ 782 条以及有偿服务合同标的之特点相抵触的不适用。根据有偿服务合同与承揽合同之间的本质区别,即有偿服务提供的是非物质性服务,承揽合同提供的是物质性服务,而非物质性服务与提供服务者本人的人身依附性是不可分的,因此,有偿服务合同应由执行人亲自提供服务。但关于所提供有偿服务的质量要求等事项的判断,有偿服务合同并未提供全面的规范指引,通常是比照承揽合同对于服务结果的质量保证所作出的规定来处理。

第四节 罗马法以后非典型契约制度的整体脉络与规制模式

一、非典型契约的概念扩张与制度功能更新

首先需要明确的是,非典型契约的概念和范围在罗马法中存在限缩情形,但其在罗马法后的契约类型体系发展中实现扩张。契约类型体系的功用可能不甚显著,但会随着时间推移而显得越发重要,并会随着合同理论研究的逐步深入发生转变,在罗马法时代,合同分类体系直接关涉契约可执行性问题,若系争案件事实未能被归入某一契约类型,将面临可执行性危机。[①] 如图 2 - 1 所示,罗马法中非典型契约是指"披上原因外衣"的简约形式,亦即一方当事人须存在"已为之给付"情形方可成立具有强制执行力的非典型契约;否则,其只是"裸体简约",不具有强制执行力,仅产生抗辩效力。其与要式口约共同作为契约效力来源的补充机制——要式口约具有单务性,极大限制了其可供救济的空间,而非典型契约是双务契约,其创设之目的在于促成契约的交换目的。而自罗马法后,因奉行

① See Ronald J. Scalise Jr. , *Classifying and Clarifying Contracts*, 76 Louisiana Law Review 1068 - 1070(2016).

契约自由原则使非典型契约不再单独依靠“已为的给付”获得契约的效力正当性，合意主义确立了合同的一般性规则，契约类型体系的重建逐渐呈现以“简约”（德国和荷兰）或“协议”（法国）为中心的概念体系，由此带来非典型契约概念和范围的扩张结果：非典型契约 =“裸体简约”+“有原因外衣的简约”（罗马法的非典型契约）。

可以说，“简约”或“协议”作为契约类型体系重整的中心概念，使非典型契约统合了“罗马法中的非典型契约”和“裸体简约”，成为法律未设特定名称和特有规则的契约形态（见图 2 – 1）。非典型契约制度承载的契约效力性补正功能彻底消失，各国民商法典便不再对非典型契约制度建立专门的制度规范，而是隐化在合同类型制度的体系背后：一方面，通过合同类型外在构造（典型契约制度）的体系性拓展与分化，逐渐实现非典型契约的典型化；另一方面，合同类型的外在体系作为“明线”，非典型契约制度逐渐成为合同类型制度的“暗线”，通过外在体系的类型化布局基本框定合同类型的体系结构，以此指引合同类型之“隐藏体系”（非典型契约制度）的体系性回归，为非典型契约提供分析框架与规范依据。由此，非典型契约的历史研究必须实现功能性替换。

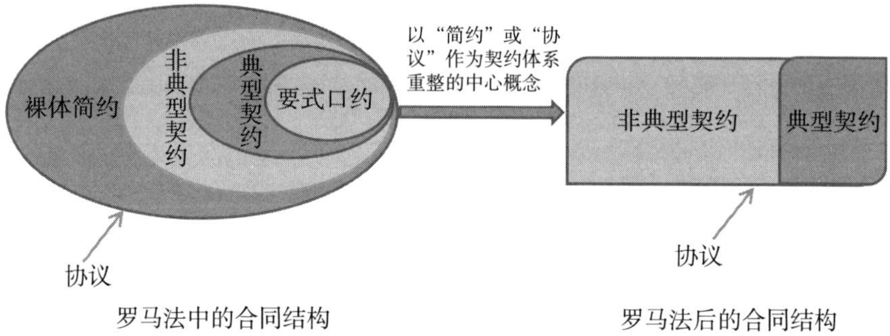

图 2 – 1　罗马法前后的合同结构变化

功能性（Funktionalitat）原则是比较法方法论的基本原则，也是一切比较法的出发点和基础。[①] 如此，即便制度间在理论体系、制度发展以及

① 参见［德］K. 茨威格特、H. 克茨：《比较法总论》，潘汉典、米健、高鸿钧等译，法律出版社 2003 年版，第 56 页。

理论构成等诸多方面大相迥异,并不影响其对同一问题的处理会采取相同甚至十分类似的解决方案,不同法律秩序的比较可能性是基于法律需要的同质性质(Gleichartigkeit der Rechtsbedurfnisse),意即法律对同一制度功能的需求,可能通过不同的具体制度予以实现,但其规范意义的同质性建立了法律间比较的可能性。正如有学者所言,欲探究"外国法如何调整德国法所谓的 Vor-und Nacherbachaft(先位继承和后位继承)?更应当去查明外国法考虑什么方法满足立遗嘱人在死后长期控制其遗产的要求"。[①] 由此,研究比较法中的非典型契约制度,难以像研究罗马法中的非典型契约制度般展开专门的制度性探讨,只能借助典型契约类型体系的指引实现非典型契约类型的体系回归。各国民商法典中典型契约类型体系的形成逻辑,基本可简化为类型分化与统合之双重趋势的并存发展:合同类型的分化与分离使典型契约的类型不断进行次级发展与再分化,契约间的异质性需求使越来越多的非典型契约实现有名化;契约类型的统合发挥使具有同质性因素的契约类型组建形成契约群体系,提炼形成契约群的共有特征与共通性规则,进而统筹该契约群内的各类非典型契约,并为之提供规范依据。这也是非典型契约制度在合同类型化制度发展的进程中逐渐消退,不再作为一项独立的制度体系进行探讨的原因所在。虽然非典型契约的概念和范围发生了转变,但始终不可否认的是,典型契约的数量相较于非典型契约的数量是极为有限的,非典型契约规制的重心应当是回归到契约类型体系的整体层面,而非回归到数量有限的典型契约类型体系中寻找规范依据,这是自罗马法已有的"类型相似性"归引路径难以回避的问题。

二、非典型契约体系性回归的三种模式

受制于契约类型强制主义,罗马法上非典型契约制度所承载的契约效力正当性的补正功能难以为其现代化发展提供助益。自罗马法以来,

---

① 参见[德]K. 茨威格特、H. 克茨:《比较法总论》,潘汉典、米健、高鸿钧等译,法律出版社 2003 年版,第 47 ~ 56 页。

法学家就已经认识到:局限于探究非典型契约与个别的典型契约的类型相似性,以实现非典型契约的法律调整,最终会导致契约性质认定的混乱,前文关于行纪合同的性质探讨即为充分示例。非典型契约的体系回归必须依赖合同类型的体系性构建,依靠体系性逻辑确立各类非典型契约在契约类型制度中的体系定位。由罗马法特定契约制度为基础源源不断地发展出新的合同类型、合同类型的项下扩张与再分化,奠定了传统契约类型的基础性地位;在民法典调整典型交易目的之目标基本达成后,各国民法学者开始对典型契约类型制度进行系统性的整理与体系化,[①]如《俄罗斯联邦民法典》设立"有偿服务合同"作为口袋合同并确立承揽合同作为服务合同的母合同、德国债法现代化改革单独设立消费借贷契约为信用契约提供体系回归的指引并提供规范适用的参照。总结而言,比较法上各国对于如何实现非典型契约在合同类型体系中的归位,方式与路径不一,主要形成下列三种模式。

第一种模式,在合同法分则中创设不断分层递进的"总则—分则"体系模式,为各类非典型契约设立一般性规则,此模式在《意大利民法典》中运用最为典型。在契约类型次级扩张与再分化的演进过程中,不断提炼合同类型中的共有特征,形成可以统辖该类契约群的小分则,以此设定调整相应非典型契约的一般性规范。在《意大利民法典》中,除在7种典型契约中规定了一般性规定外(分别是买卖、租赁契约、运送、委任、寄托、保险、保证),更为突出的是在此基础上进行了"叠床架屋"的构建,即在7种典型契约中设定一般性规定后,在次级合同或者分合同中仍设定一般性规定,例如,在租赁契约群中设定"一般规定"的基础上,在"产生孳息的物品租赁"中亦设定一般规定。

通过"总—分"模式创设的体系性架构方式是最为理想与直观的调整方式,通过设定共通性的一般规则,统辖调整各类合同项下的次级非典型契约形态;"总—分"模式的多层级运用意味着合同类型的次级发展与

① 当然,这一过程并非必然在民法典对各类典型交易目的均制定形成合同类型规范之后形成,有时发展与反省是同时发生的,在对新形态合同进行类型更新的同时便开展了体系性的梳理与协调。

再分化的程度较高，各类次级契约的异质性因素更为凸显，能够更为精准地确定非典型契约的性质，使其特性得以充分发挥，这便是“总—分”模式在合同类型制度构建中应有的体系效应。在契约类型制度中实现完整的层级构建，要求立法者对各类契约具备高程度的把控能力，掌握各类型合同的同质性与异质性因素及其相互联系；但就目前各国的合同法立法而言，该种模式的实践效果并不理想，原因在于立法者及法学家仅对极具典型意义的交易形态具备较为完善的把握，缺少对实践中大量存在的典型交易形态成熟的立法经验，因此，合同法分则中的体系性构建并不完整，难以应对大量的非典型契约的规制需求。

第二种模式，在对现有典型契约抽象归纳的基础上再类型化，抽象出各典型契约的上位类型并以此确立“类合同”形态。一方面，以“类合同”作为契约群的上位类型，是指引非典型契约实现体系回归的重要因素，具有亲缘性关系的合同类型可依据同质性因素归属于同一族群体系并受共通性一般规则约束，是实现非典型契约法律规范的关键环节，系合同法总则与各类典型契约之间的连接桥梁，奠定非典型契约归位的体系基础。另一方面，“类合同”指引其范畴内的契约形态分布，是合同类型制度构建的应然路径。在前文探究非典型契约制度的源起与演进中，已知“非典型契约回归典型契约的规制路径”存在归位理念的错位，典型契约本质上是经立法确认的非典型契约。对现有典型契约进行抽象归纳与再类型化，既是对特定契约制度本身的反思与重构，也是对非典型契约类型的体系性回归。

此模式以《埃塞俄比亚民法典》《埃及民法典》《阿尔及利亚民法典》为代表。《埃塞俄比亚民法典》将合同类型分为“以权利让与为标的之合同（包括买卖、赠与、货币及其他可替代物的借贷、定期支付合同）”“提供服务的合同（包括特定种类工作的合同、承揽合同、脑力工作的雇佣、医疗或住院合同、旅店合同、出版合同）”“动产的保管、适用或占有合同（包括租赁、使用借贷和无息借贷、寄托、仓储、质押合同）”“以不动产为标的之合同（包括不动产的买卖、租赁、以不动产为标的之承揽合同、抵押与不动产抵押)”“行政合同(包括公共事业的特许、公共工程合同、供应合同)”“和解与提交仲裁(包括和解、提交仲裁)”六大类合同类型;《埃及民法典》在合同法分则中规定“转移所有权合同(包括买卖、互易、赠与、合伙、消费借贷和永久年金、和解)”“有关物之使用的合同(包括租赁、使用借贷、完成工作的合同)”“射幸合同(包括赌博和打赌、终身年金、保险单)”“保证”四种类型;《阿尔及利亚民法典》“债与合同”编规定了五种合同类型,即“移转所有权的合同(包括买卖合同、互易合同、合伙合同、消费借贷合同、和解)”“有关物的使用的合同(包括租赁、使用借贷)”“提供服务的合同(包括承揽合同、委托、保管、讼争财产的保管)”“射幸契约(包括赌博和打赌、终身年金、保险合同)”“保证”。

第三种模式,合同法分则并不设定一般性规则,而是通过准用性规范确定特定类型合同的总括性和统辖性地位,是该特定类型合同的相关规范具备基础性或者及一般性地位,非典型契约参照适用其规范获致法律调整,借此实现非典型契约在契约类型体系中的回归。设定特定类型合同以总括性地位的规制模式,对于法律适用者提出了更高的要求:这是因为,典型契约规范是围绕该契约的特性设定,不能直接适用于非典型契约,只能通过参照适用的方式获致调整,要求进行规范内容及法律适用上的调和。

在该模式下最为普遍的做法是,将买卖合同设定为有偿合同的基础样态(几乎各国民法典都将买卖合同置于典型契约首位),并确定买卖合同的相关规定对于其他有偿合同类型的准用意义。《德国民法典》即通过第 413 条“关于债权转让的规定,准用于其他权利的转让,但法律另有规定的除外”之准用性条款,通过买卖合同为债权转让契约提供规范参照。《俄罗斯联邦民法典》对服务合同亦采取了此种规制模式,通过设定“有偿服务合同”为口袋合同的方式来明确有偿服务合同类型的涵括范围,同时,将承揽合同上升为服务合同的母合同地位,有偿服务类的各类非典型契约即可准用承揽合同的相关规定。《德国民法典》与《俄罗斯联邦民法典》采取的做法极为相似,其第 675 条第 1 款规定的功能在于通过构建“委托与处理事务合同”的契约群,将委托合同的某些特定条款也适用于“以处理事务为标的”的雇佣合同或承揽合同，从而确认财产管理、诉讼的实施、处理纳税事务、开立账户和管理账户的银行合同（规定于《德国民法典》第676f条和第676g条的汇划存款合同）、有价证券保管、建筑信托合同以及建筑承担合同等类型的承揽或雇佣合同准用委托合同相关规范的正当性。

第三章　非典型契约制度的功能再定位及与契约类型的体系融合

法律之为“典”，意在实现规范的综合性、体系性和科学性。法律形式的科学化与法典的体系化目标直接相关，法典化并非对现有法律规则的简单汇编，而是要形成一个理性化的体系，[①]“这种体系化要求一切可以想象的事实在逻辑上都必须能够归纳到其准则之一的名下，否则，它们的秩序就失去法的保障”，[②]自此，体系性即被确定为法典的核心特征。在古罗马公元2世纪，罗马法学家已对法律体系化进行系统性整理，形成以“人、物和权利”三要素为核心组建的“人法、物法、权利取得、权利损害及其救济”四编制的法学阶梯体系。而其最终被潘德克顿体系所超越的关键在于，“提取公因式”方法在民法典体系中的贯彻运用，从具体抽象出一般的思维逻辑确立了总则对分则

---

① 参见石佳友：《解码法典化：基于比较法的全景式观察》，载《比较法研究》2020年第4期。

② ［德］马克斯·韦伯：《经济与社会》（下卷），林荣远译，商务印书馆1997年版，第17页。

规范的体系统辖作用，而契约类型的体系性组成了合同编分则的完整体系，应当承载分则的法典化功用。

第一节　契约类型之体系性在合同编分则中的功能承担

一、契约类型制度补充并形成总则规范的例外体系

在总体层面上，民法典始终贯彻"总—分"结构的体系性效力，由此，总则、分则分别承载不同的结构性功能。一方面，总则部分对分则体系承担统辖作用。根据概念的同一性把相同的法律制度归结起来，然后从共同的法律规范、法律概念中间提炼出一些共同性的规则，再把这些共同性的规则按照一个逻辑编纂起来构成总则。[①] 另一方面，分则部分是各项具体行为规则和法律制度的规范群，并已摆脱了总则的高度概括性和极具抽象性的规范色彩，而是从现实性的角度出发设定相对具体化的条文，用来表述和贯彻总则的规范意旨，使总则中的立法目的、基本原则和制度等统领性、抽象性内容得以落实和细化。例如，即便在总则规范中已对胁迫的构成要件、法律效果等进行了较为完整的规定，然而，当事人的行为绝不可能是一个抽象性的法律行为，其只能实施如买卖标的物、签订住房合同、赠与财产等各种具体性行为，若缺乏分则对具体事实与内容的填充，总则规范的适用将无计可施。在此视角下，（1）总则是对分则内容的高度抽象和概括，其内容源于分则却高于分则；在规范内容上，总则部分对根本性内容进行概括和综合，并对基本原则和制度作出总体性、抽象性的概括说明，并不预先假定任何确定的、具体的事实状态，由此缺失确定的、具体的法律后果规定，在法律解释方面具备更为充足的空间。[②] （2）"没

---

① 参见孙宪忠：《论民法典贯彻体系性科学逻辑的几个要点》，载《东方法学》2020 年第 4 期。

② 总则是法典中"一以贯之"的精神格调和指导原则，使法典的内容前后贯通、和谐统一，使法典内容与结构整齐划一。参见封丽霞：《法典编纂论——一个比较法的视角》，清华大学出版社 2002 年版，第 322～323 页。

有分则，总则只能停留在抽象的原始阶段，不能成为人们普遍遵循的具体规则”，[①]缺乏分则具体事实的支撑，总则的规范将无法适用。[②]

然而，分则作为总则基本原则和基本制度的具体化、条文化，却并不等同于其与总则内容间存在机械的一一对应关系，[③]而是承担着民法典整体结构中独特的角色功能——完善总则规范的例外体系，构建合同法的双轨体系，这是合同法未来的发展方向。[④] 具体而言如下。

一方面，合同编分则内容可以超出总则规定的范围，补充总则已经规定的规则和法律命题。[⑤] 在合同法领域发展双轨体系是未来合同法规范完善的发展方向，举例而言，合同编分则为总则设定例外性、变通性规定，如违约救济的特别规范体系（an idiosyncratic system of remedies），其与总则一般规定共同构成违约救济的双轨体系；[⑥]自由磋商缔结的合同以意思自治的正当性为基础，而格式条款的规制则需以消极合法性为前提，且须接受事后的正当性控制；对于违约责任亦实行过错责任和无过错责任并行的双轨体系归责原则，在大多数情况下对于出卖人所负一般的违约责任、技术开发方所负违约责任、技术服务方所负违约责任等，实行过错责任原则，而在特定合同类型和特定领域中，如出卖人对于买卖人所负的瑕疵担保责任、保管人对于保管物毁损灭失的责任、承揽人对于工作成果承担瑕疵担保责任等，实行无过错责任原则具有必要性和合理性；[⑦]再如，合同解除规则的双轨制，合同编总则以根本违约为标准所确立的概括性规定，在某些具体契约形态中将极大损害当事人的权益，由此，需要在分则中设定任意解除权规则，如委托合同中双方当事人的任意解除权。

---

① 封丽霞：《法典编纂论——一个比较法的视角》，清华大学出版社 2002 年版，第 326～327 页。

② 参见朱庆育：《民法总论》，北京大学出版社 2016 年版，第 27 页。

③ 参见封丽霞：《法典编纂论——一个比较法的视角》，清华大学出版社 2002 年版，第 322～323 页。

④ 参见朱岩：《社会基础变迁与民法双重体系建构》，载《中国社会科学》2010 年第 6 期。

⑤ 参见邱聪智：《新订债法各论》（上），中国人民大学出版社 2006 年版，第 33 页。

⑥ See Basil S. Markesinis, Hannes Unberath, Angus Johnston, *The German Law of Contract a Comparative Treatise*, Oxford: Hart Publishing, 2006, p. 144 – 145.

⑦ 参见崔建远：《合同法应当奉行双轨体系的归责原则》，载《广东社会科学》2019 年第 4 期。

这种双轨体系原理在总则中给予充分说明的理论难度颇高——基于合同编“总—分”设置的结构性，总则偏重于合同理论的基础性构建。总则规范基本系针对所有契约形态作出的一般性规定，但其无法兼顾具体交易形态对合同类型提出的特殊要求。而分则重点从各类类型化交易的特殊性出发，对各类具体交易关系中合同的订立、内容、效力和违约责任等的具体问题作出规定，[①]由此弥补总则中抽象性规定的不足，进而形成总则规范的例外性体系。此外，合同编分则对权利、义务关系所设例外性规范体系具有针对性，具有优先适用性。[②]

另一方面，契约实质正义的实现依赖总则与分则规范形成有机团结。合同关涉财货的自由流转，交易结果可能导致经济强权，加之诸多缔约地位的不平等导致当事人间权利义务分配失衡，[③]由此，结合具体的契约形态施以特殊性关照。基于合同法总则规范的抽象性规范，其对合同实质正义的保障只能采取“体制中立”态度，以保证法典的稳定性、普遍性和持续性。对于具体交易形态，尤其对商事交易合同契约正义的保障，需要依赖合同编分则作出个别化调整。总则与分则规范的抽象性与具体性、总括性与例外性的属性配合，能够最大限度地实现规范的稳定性和动态性，以保障在简化交换过程、平衡利益的相互冲突过程中，以较少交易成本实现财产流转，使合同法规范呈现如记流水账般的清晰而被人们所使用。[④] 然而，契约实质正义的实现需要总则与分则在整体层面上配合，仅仅达到在少数几个典型契约类别中加以区分的程度并不周严，也无法适应现实交易的发展，这种本质上的区分是植根于契约类型制度的体系理性中的，而非依靠极为有限的典型契约类型即可实现的。以民商事合同的区分为例，商事交易规则的形成有别于传统的民法规范，其根植于商业交易活动和商品经济、市场经济的环境，完全是社会现实需求的产物，是

---

① 参见邱聪智：《新订债法各论》（上），中国人民大学出版社2006年版，第30页。

② 参见王利明：《合同法研究》（第3卷），中国人民大学出版社2012年版，第6页。

③ 参见谢鸿飞：《民法典合同编总则的立法技术与制度安排》，载《河南社会科学》2017年第6期。

④ 参见[德]罗尔夫·克尼佩尔：《法律与历史——论〈德国民法典〉的形成与变迁》，朱岩译，法律出版社2003年版，第198页。

法律因应和解决社会问题的自然结果。商事合同规范的构建主要是以商人自我发现和创造的商事习惯以及自治规约作为基础,并非单纯地依靠体系建构与逻辑推演产生,[①]换一种角度说,商事交易的独有规则是民法典合同编体系构建和逻辑推演之外衍生的产物,对其规制必然与偏重于"交易面"的民事合同不同,其立法宗旨的考量兼具"管制面"和"交易面",不仅涉及民事交往的合同规则,还涉及经济、贸易、交易安排与金融秩序等综合性层面,因此,商事交易领域的独有规则难以依靠类型有限的典型契约规范充分体现,必须依靠总则与分则整体层面的规范配合。

二、契约类型体系的建构功能

合同编分则受到总则规范结构的限制而呈现自我封闭的特性,忽略了分则作为契约类型外在体系的建构功能。该种限制性主要体现在两个方面。其一,合同法被作为债法或者民法典的下属领域,导致其法律体系和法律制度呈现附属性和封闭性。[②] 债法领域的立法重点与研究重点在于如何实现民法典中债的结构性安排,债法体系本身呈现以合同法为主导的结构,债法体系的核心制度如债务不履行体系、履行不能制度、债务履行瑕疵、延迟履行、债的移转和变更等制度也主要适用于合同领域,由此导致合同法领域的立法重点呈现为发挥对债法总则的替代性功能,甚至很多国家的民法典根本没有合同法总则,只设置了债法总则。[③] 其二,合同法的研究集中于总则领域,学界缺乏对分则如何实现契约类型体系化的关注。其总则部分与民法典总则编中法律行为制度相联结,主要按照合同订立、履行到消灭的过程做结构编排,[④]主要形成了适用于各项交

---

① 参见刘凯湘:《剪不断,理还乱:民法典制定中民法与商法关系的再思考》,载《环球法律评论》2016 年第 6 期;谢鸿飞:《民法典合同编总则的立法技术与制度安排》,载《河南社会科学》2017 年第 6 期。

② 参见刘承韪:《英美契约法的变迁与发展》,北京大学出版社 2014 年版,第 1 页。

③ 参见王利明:《民法典体系研究》,中国人民大学出版社 2008 年版,第 602 ~ 603 页。

④ 参见谢鸿飞:《民法典合同编总则的立法技术与制度安排》,载《河南社会科学》2017 年第 6 期。

易的抽象性、共通性的规范，一切合同问题最终都可以在总则中找到答案，对于合同法总则的研究也已经满足了学者对抽象理论的研究兴趣。加之，提炼出各类合同特别是新型交易合同中的问题并进行理论梳理的难度颇大，①导致学界对合同编分则缺乏整体关注。

实质上，合同编分则本身应是一个自创生的体系，契约类型制度本身亦具有开放性的功能。非典型契约制度作为合同编分则的隐含体系，也是典型契约类型开放性的供给来源，可以说，合同编分则中的契约类型具有"自我生产的能力"。② 这要求契约类型制度的构建，"不应仅以相关交易的普遍性和重要性为唯一的取舍标准，还应考虑能够从体系上弥补现行法的不足，丰富典型契约的具体类型"，③进而保证契约类型体系的逻辑连贯性，由此获致可推演性。

一方面，典型契约作为合同编分则实现契约类型体系性的外在构造，其类型设定应当能够体现非典型契约类型结构的基本架构，这是合同编分则应有的体系担当。体系是民法典的生命，既是合同编分则发挥其类型构建能力的关键，也是契约类型制度重要的演绎工具。合同编分则无法罗列出全部的契约类型，只能挑选生活中若干重要的典型交易类型，但必须保证法典的抽象水平，④使其能够立足于契约类型的体系性框架，借助类推或演绎、扩张解释等法律方法，容纳法律未予规范之各类非典型交易情形。⑤ 合同编分则中的契约类型制度不应单纯集中于契约类型的个体性规范模式，更应当对契约类型间的体系性关联进行梳理与整合。典型契约类型之设定水平并非以数量为判断标准，若相似性质的典型契约类型设定过多，势必陷入契约性质决定的困难，这也是契约类型过度具体化与分化的弊端。例如，医疗服务合同未予明定之事项可参照适用委托

---

① 参见谢鸿飞：《合同法学的新发展》，中国社会科学出版社 2014 年版，第 646 页。

② 参见方新军：《内在体系外显与民法典体系融贯性的实现　对〈民法总则〉基本原则规定的评论》，载《中外法学》2017 年第 3 期。

③ 刘承韪：《民法典合同编的立法取向与体系开放性》，载《环球法律评论》2020 年第 2 期。

④ 参见［德］罗尔夫·克尼佩尔：《法律与历史——论〈德国民法典〉的形成与变迁》，朱岩译，法律出版社 2003 年版，第 211 页。

⑤ 参见聂圣：《论合同编有名合同之增补》，载《社会科学动态》2019 年第 4 期。

合同和承揽合同的相关规则处理,但若参照适用委托合同的相关规则,需首先解决医院是否享有任意解除权的问题;若参照适用承揽合同的相关规则,将面临医院是否负有结果保证义务的难题。由此,"合同数量绝非评价合同编分则甚至整部合同法立法质量的唯一指标,合同类型的体系化方是合同法进步化、科学化的重要标志"。[①]

另一方面,合同编分则应注重构建类型体系间的层级结构,以发挥分则对非典型契约类型的统合效应。各项契约类型间绝非简单的并列结构,也不一定出于同一层次,而是具有一定层级的网状类型结构,如仓储合同系属保管合同的子类型,客运合同是运输合同的项下类型、建设工程合同作为承揽合同的特殊类型,基本契约类型不断衍生产生项下发展的次级类型,或者独立为新的契约类型,彼此之间交织、演绎形成复杂的契约类型体系的网状结构,合同编分则研究应当借助类型间的抽象归纳与具体化发展,形成契约类型间的层级结构,进而通过演绎的方法推演出所有契约形态所需的交易规则。发挥上述类型建构功能的关键在于,需保证各契约类型可借助归纳的方法由下而上找到终极类型,[②]即典型化所有最高抽象性层面的交易类型并提供规范模式,使各类契约形态均能由最基本的同质性指引回归到最高抽象性的交易形态规则,正如学者所言,"民商事的交往实践,往往仅需要法律为其指明方向,由此,仅需将反复出现的、相对稳定的、极具类型化的契约类型明定下来即可"。[③]

三、契约类型体系辅助分则实现市场调整机能

合同作为法律行为的原型,日常发生的法律行为多数是以合同的方

---

① 北京大学法律学系民法教研室:《关于统一合同法草案的修改建议》,载《中外法学》1999 年第 1 期。

② 体系效益的达成需要兼顾综合性、层次性和脉络性三个层面,通过概念之间的层级构建,最终保证:(1)通过归纳的方法可由下而上获致终极概念;(2)通过演绎的方法可向下衍生次级概念。

③ 朱广新:《合同法总则研究》,中国人民大学出版社 2018 年版,第 25 页。

式呈现,[①]且自《学说汇编》开创潘德克顿体系以来,[②]以交易为内容的契约法便作为民法典体系的中心内容,因而合同法应当作为市场交易的基本法,其分则内容应为社会交易状态奠定一般性的规范基础。而一直以来,基于宜粗不宜细的立法思想残留以及理论研究的不足,[③]一些在我国已然长期存在的交易形式,如雇佣合同和特许经营合同,却始终未能被纳入合同编分则的规制范围,处于无法可依的状态。[④] 由此,需要保持合同法的体系开放性,以实现合同编分则对基本类型之扩张形态的包容性。以雇佣合同的典型化为例,有学者主张“由于劳动法已规定了劳动合同,因此民法典似无必要再规定雇佣合同”,[⑤]对此,笔者不予认同,“民法典作为原则法,必须反映交易关系的常态”,[⑥]合同法作为交易法的基本准则,应当努力建立中国社会“正常”“普通”民事交易关系的想象,反映社会交往状态的一般性并为典型类型的社会化发展奠定基础,雇佣合同体现个体之间的劳务往来,其应当比个体与企事业单位之间的劳动合同更具有普遍性和一般性,形象地说,雇佣合同是劳动合同(2.0 版本)的 1.0 版本,合同编分则应当容纳社会交易领域的基本形态,作为社会多元化用工形式发展的支撑。

另外,诚如崔建远教授所言,即便是借鉴迄今为止既有的法律规则、模式、理论,甚至规制如融资租赁、能源供应、旅游、“建设—经营—转让”

---

① 参见刘承韪:《民法典合同编的立法取向与体系开放性》,载《环球法律评论》2020 年第 2 期。

② “潘德克顿”(Pandeketen)一词,源于拉丁文的“Pandecta”,而“Pandecta”是指《罗马法大全》中的《学说汇编》(*Digest*),将此《学说汇编》加以体系化的法学,称为潘德克顿法学,其所创立的体系称为潘德克顿体系(Pandeketen System)。

③ 参见徐国栋:《民法典草案的基本结构——以民法的调整对象理论为中心》,载《法学研究》2000 年第 1 期。

④ 与我国状况恰好相反,《俄罗斯联邦民法典》规定了多达 30 种有名合同,《阿尔肯尼亚民法典》调整范围涉及公寓租赁、财产融资租赁、保险、偿付、银行存款、合作经营等诸多领域。相较于此,一些传统普遍的交易类型,如雇佣、借用、实物借贷等均未在我国合同编分则予以规制,呈现应对现实交易形态的不完全性。

⑤ 此种观点可参见易军教授在文中的阐述。易军:《“中国民法典草案”合同法编分则部分的缺陷及其矫正》,载《浙江社会科学》2007 年第 2 期。

⑥ 易军:《“中国民法典草案”合同法编分则部分的缺陷及其矫正》,载《浙江社会科学》2007 年第 2 期。

(Build-Operate-Transfer,BOT)等合同类型,也只会使合同法沦为21世纪的尾声,真正具有开创性意义的、新时代的合同法必须解决当前及未来普遍存在的,但用现有法律框架难以涵盖的合同类型所产生的问题。随着金融方式和交易形态的不断发展创新,交易形态不再是单纯的交易基础样态,而是多种交易形式的联合、多方主体的参与,交易形式和交易主体均呈现多元化,如在信用卡合同中,当事人双方分别是发卡银行和持卡人,但由于发卡人是在与发卡银行有特约关系的商店刷卡消费,所以三者构成交易链上的三角关系,①多种交易形式的融合以及多方主体利益的参与,使调整这些交易类型的法律规则变得极为复杂,②但由于这些复杂的交易形态体现出强烈的行业性色彩和公法管制色彩,并不一定适宜以典型契约类型的形式规制,而应通过契约类型的隐含体系进行调整,由此,避免契约平等性和意思自治与契约本身浓厚的行业性色彩与管制因素的冲突。

第二节　非典型契约制度系契约类型制度的隐含体系

非典型契约制度发展始于罗马法,其制度的形成、发展均与罗马法上原因理论有着密切联系。罗马法采取以"债因"为中心来构建契约效力说明模式,债因作为控制要式契约以外的契约发生效力的重要工具,能够产生债之效力的协议必定具有原因,由此契约效力呈现特定化。但古典罗马法中的债因始终是逐个地、具体地确定的,由此契约的保护范围呈现逐渐拓宽,且这种拓宽是逐个进行的,却从来没有制定关于债因的一般性标准。由此,罗马法上的契约制度主要建立在典型契约制度的基础上,罗马法学家发现并发展非典型契约理论主要是基于契约效力来源的补充功能、发挥对契约类型强制主义的缓和功能的意图,可以说,罗马法上非典

① See Omri Ben-shahar, *The Foundation of Market Contracts*, Cambridge: Cambridge University Press,2007,p.106-119.

② 参见王利明:《典型合同立法的发展趋势》,载《法制与社会发展》2014年第2期。

型契约制度本身是基于对特定契约制度的反思建立起来的,这是非典型契约制度在罗马法上的独特性。虽然近代合同基础理论发生重构并奉行契约自由原则,但合同编分则甚至债法分则都采取了优先列举典型契约的方式实现立法对社会生活的规制调整,非典型契约逐渐隐退在"契约类型分化与统合之发展趋势"的背后,成为契约类型的隐含体系。

一、非典型契约类型系典型契约类型发展的制度源泉

合同编分则主要是以典型契约类型为中心构建的体系,这是基于理论与现实的双层原因:其一,在现实层面上,立法者并不能将现实生活中所有的交易形态均纳入法典之中,只能挑选其中发展最为成熟的、交易最为典型的特定形态予以典型化,确定各类典型交易情形的主给付义务(除赠与合同之外)并统一将金钱给付设定为一般规制形态,并围绕主给付义务分别确定各方当事人的从义务、附随义务等内容,[①]由此,便以主给付义务的种类为中心塑造了契约类型的体系性,也就是契约类型的外在体系性;其二,在理论层面上,规制在民法典中的契约需以类型化的方式、按照一定的逻辑对各种生活事实进行抽象、构建,需要在对社会生活中各种典型的交易形态作出深刻观察的基础上,将当事人的主给付义务按照转移标的物所有权、转移标的物使用权、提交工作成果、提供劳务等典型的给付义务加以类型化、具体化,尽量实现典型契约制度对社会生活各方面的"辐照",由此,契约类型在合同编分则中形成的外在构造,亦应是民法典实现契约类型体系性调整的中介工具。但"从某种意义上而言,合同法的历史可以概括为非典型契约不断地变成典型契约的过程",[②]这说明,典型契约类型均系从非典型契约类型中发展和演化而来,典型契约的原始形态最终都能回归到非典型契约制度之中;典型契约类型是经由立法从非典型契约制度中确认而来,典型契约体系的分化与发展也是非典型契约典型化发展倾向的必然结果。可以说,典型契约是契约类型制度在

---

① 参见尹飞:《合同编:体系和谐与规则优化》,载《人民法院报》2020年6月11日,第6版。

② 崔建远:《合同法总论》(上卷)(第2版),中国人民大学出版社2011年版,第56页。

民法典中的立法实现，非典型契约是隐含在合同编分则背后的制度源泉——为典型契约的类型分化与发展提供源源不断的交易形态，是合同编分则的“隐含体系”。

二、非典型契约制度乃契约类型的本源体系

合同法在债的整体体系中保有极强的体系性，这决定了合同编可以在民法典内部仍然保持相对独立的体系，然而，其内部体系的进一步完善并逐步实现更高程度的体系化，依旧是合同法研究的未来发展趋势，[①]这要求将研究重心置于合同法自身，更关注其内在体系的构建。笔者认为，虽然合同编分则的研究基础相对薄弱，但分则中契约类型的体系构建将为合同法体系的完善起到关键作用。

一方面，如前所述，典型契约作为契约类型制度在民法典中的实现体系，需要按照一定的逻辑架构设置类型间的层级排列，使外在构造尽可能地反映契约类型的体系理性。外在构造的构建更多的是从现实规范需要的角度出发，对现实中交易频繁的、具备典型性的类型进行规范，是一种现实的体系。[②]

另一方面，非典型契约是典型契约发展的基础制度，典型契约建立在非典型契约的基础之上，非典型契约的典型化将引致原本典型契约制度的类型体系更新与价值理念的转变，由此，非典型契约最能够反映契约类型的体系本源性。可以说，外在构造本身就是为了描述隐含体系而产生的。[③] 由此，隐含体系是一种相对理论的体系，是外在构造进行体系调和的依据——隐含体系的核心意义和价值构成外在构造的体系向导。

三、契约类型的体系融贯是非典型契约制度回归的结果

然而，现实的体系是一种多元化的考量机制，致使其并不必然严格遵

---

① 参见王利明：《民法典体系研究》，中国人民大学出版社 2008 年版，第 622 页。

② See Mario G. Losano, *Sistema e Strutturanel Diritto*, Milano: Giuffre Editore, 2002, p. 15.

③ 参见方新军：《内在体系外显与民法典体系融贯性的实现　对〈民法总则〉基本原则规定的评论》，载《中外法学》2017 年第 3 期。

从理论的体系,其逻辑建构与核心价值都不具有必然的一致性,甚至说,立法者对于现实体系的逻辑架构思想并不以体系性为首要考量,这是民法典体系形成中立法技术的考量与体系逻辑的完整性协调的必然结果。欲完善并彰显合同编分则的体系价值,应当尽可能地抛离立法技术的现实因素考量,回归到契约类型的隐含体系(非典型契约制度)的制度性构建,在此层面上,解构契约类型隐含体系的价值,至少分为三个层面。

第一层面,契约类型的体系性实现至少应承载合同法对社会基础关系发展的支撑与奠基作用。合同法是契约自由原则与契约正义原则冲突与协调的产物,立法者需要就特定的交易形态作出强制性规范并引导当事人正确缔约,以此奠定契约类型体系化的立法价值。合同法具有市场交易的基本法地位,应当发挥对社会经济关系的基本性引导,[①]诸多独立于合同法甚至民法典的法律制度均需要借助合同编分则的契约类型设定构建基础性交易形态或者提供规范参照的模型,以有助于各项独立性法律制度或法律领域归入民法典体系,由此要求合同法必须实现对市场交易关系的调整功能。如劳动关系系从雇佣契约这一原初形态的法律结构发展而来——由个体属性的雇佣契约发展到"劳动基准法"上的劳动契约,由个别劳动契约转向团体协约,最终使劳动关系规范体系逐渐脱离"民法典",[②]这也是特别法精细化发展[③]造成的"解法典化"现象。

即便立法者难以将全部的契约类型典型化,但作为契约类型制度在法典中的实现形式,典型契约制度应当承载对各类市场交易关系的基础性构建作用,从而为各类市场交易关系的深度发展,甚至作为独立性法律制度奠定基础;同时,用以构建形成典型契约类型体系的契约类型本身并非无源之水,均源于非典型契约形态,由此,实现合同编分则对市场交易基本形态的调整亦是非典型契约制度最基本的体系性。

第二层面,典型契约类型体系作为非典型契约制度的具体化实现方

---

① 参见石宏:《合同编的重大发展和创新》,载《中国法学》2020 年第 4 期。

② 参见王泽鉴:《债法原理》,北京大学出版社 2009 年版,第 115 页。

③ 参见谢鸿飞:《民法典的外部体系效益及其扩张》,载《环球法律评论》2018 年第 2 期;方新军:《融贯民法典外在体系和内在体系的编纂技术》,载《法制与社会发展》2019 年第 2 期。

式,应将体系完整性作为首要价值目标,防止因外在构造的过度精细发展造成隐含体系被遮蔽。① 首先,契约类型认定与规范适用之间具有必然的联系,典型契约的类型设定将直接影响非典型契约规制的预期法律效果。合同法主要功能在于促进交易:(1)以设定任意性规范为主要方式,补充当事人约定之不足,减轻其缔约过程的负担;(2)根据契约的规范需要设定强制性规范,保障缔约当事人利益状态的衡平。当然,这些规范并非凭空创设,而是立法者根据既有的生活事实,斟酌当事人的利益状态以及各种冲突的可能性而设定,为该契约关系的当事人提供一个相对公正的客观法制环境。处理契约问题的首要任务便是认定合同所属类型,由此决定可予适用的任意规范或强行规范,由此,契约的类型认定将与法律效果直接相关。非典型契约作为隐含体系而难以在民法典中直接体现,其只能通过设定典型契约类型为当事人提供基本的预判效果,这也说明,典型契约的类型设定也框定了各项非典型契约类型可能实现的法效果。

其次,典型契约作为非典型契约制度的具体化,必须确立体系性为首要价值目标。典型契约类型制度系从抽象性的非典型契约制度中抽离而来,典型契约与非典型契约之间存在某种程度上的"具体—抽象"关系,作为具体部分的典型契约类型意义实则取决于其上位的、超越具体的非典型契约体系化的价值意义,依照"隐含体系指引外在构造形成"的体系化思维,方能"触类旁通"地掌握、厘清各契约类型间的内在关联并合理设定契约类型的体系化标准。然而,典型契约的类型设定极易受到现实因素以及规范成熟度的影响,而与作为隐含体系的非典型契约制度的体系逻辑存在偏差,过分注重现实因素而建立的典型契约类型制度必然难以准确反映契约类型的体系性价值。因而,非典型契约的制度研究必须适度地抛离外在形式(典型契约制度)的藩篱,将体系性作为首要的价值序位。如此,方能避免因典型化原因的多样性造成合同编分则体系忽视宏观类型体系而拘泥于微观的具体制度。

---

① 参见方新军:《内在体系外显与民法典体系融贯性的实现 对〈民法总则〉基本原则规定的评论》,载《中外法学》2017 年第 3 期。

第三层面,促进契约类型之隐含体系与外在构造的体系融贯性,是非典型契约制度回归的最终结果。法典化需要符合融贯性的要求,“我们的知识不是建立在坚固砖块的房屋,它们更像是漂浮在海上的木筏,它们彼此连接在一起以相互支撑”,[①]由此体系呈现内聚性——属于一个融贯整体的陈述必须得到这一整体之内其他陈述的支持。[②] 首先,逻辑融贯性要求达致形式上和体系上的逻辑一致性。典型契约作为合同编分则的外在构造,是经由立法确认的、符合形式逻辑规则的整体,各典型契约类型之间是相互关联地存在的,这一设定的逻辑应与非典型契约的体系逻辑保持一致。其次,体系的完整性是成就体系融贯性的必要条件,这要求更新契约典型化的筛选标准。非典型契约的典型化是合同法研究发展的必然结果,同时,理想化状态的典型契约类型作为契约类型制度的外在构造,应当能够将契约类型的体系性渗透到民法典之中,保证契约类型体系的完整性,由此,在以普遍性、确定性及重要性作为非典型契约典型化的标准外,还需要强调契约类型的异质性——异质程度越高,纳入典型契约予以规范的必要性就越高,[③]越是可以弥补契约类型结构的体系缺位。融贯性理论能够为合同编分则的体系化构建提供良好的理论基础,保持契约类型制度隐含体系与外在构造的融贯性。

第三节　非典型契约制度与契约类型体系融贯的基本脉络

促进典型契约与非典型契约的制度统一,既是实现合同编分则体系融贯性的基本保障,也是非典型契约制度向民法典回归的关键所在。在价值取向上,应保障合同编分则作为市场交易基本法的地位实现,发挥对社会基础关系发展的支撑与奠基作用;在具体构建上,应防止契约类型的

---

① See Paul Thagard, *Coherence in Thought and Action*, Cambridge: MIT Press, 2002, p. 2 – 8.

② 参见方新军:《内在体系外显与民法典体系融贯性的实现　对〈民法总则〉基本原则规定的评论》,载《中外法学》2017 年第 3 期。

③ 参见周江洪:《典型合同与合同法分则的完善》,载《交大法学》2017 年第 1 期。

外在构造过度精细化地独立发展,造成契约类型之隐含体系的价值取向与基本逻辑被遮蔽。客观上,典型契约制度是契约类型体系化的实现载体,[①]由此,合同编分则成为在典型契约的基础上所形成的完整体系,[②]非典型契约与典型契约之间是一种“彼此相关联的整体”,两者共同构建形成契约类型的完整体系,而要实现契约类型的价值统一、体系完整以及制度功能实现的要求,至少应当保障合同编分则隐含体系与外在构造的体系融贯性,或者说是契约类型的外在构造与隐含体系的逻辑与价值的统一。

根据非典型契约的性质认定,非典型契约因与任何一种典型契约的主要类型特征均不相符,而无法归类到典型契约行列。换言之,其与任何一种典型契约的差异已超出相应类型的涵摄范围,方可称为非典型契约。[③] 加之,典型契约的类型设定并非完全基于体系理性,契约类型的体系功能只能由典型契约和非典型契约两项制度共同实现,单纯由外在构造实现的体系性也必定不是完整意义上契约类型的体系性。实现契约类型完整的体系性功能,必须获致其隐含体系(非典型契约制度)与外在构造(典型契约制度)之间脉络关联的根源,笔者将之分为以下三个递进层面。

一、获致体系间脉络关联根源的基本准则

“一切纯粹个别的东西都是非本质的,而达不到科学的地位。”[④]体系化研究在法学中的重要作用不言而喻,每个体系的形成都是“透过研究个别问题所获致认识状态的概括总结”,也只有借助体系研究才能清晰展现事务间的脉络关联,并借此发现新知的根源,这也是实现法秩序持续性发展的关键所在,“只研究个别问题,而没有能力发现较广脉络关联的学问,并不能继续发展出新的原则”。[⑤] 于此层面,获致契约类型之双重体系间的脉络关联,必须谨慎对待并坚持以下两个方面的内容。

---

① 参见黄茂荣:《民法典之债法的编纂》,载《环球法律评论》2018 年第 2 期。

② 参见王利明:《典型合同立法的发展趋势》,载《法制与社会发展》2014 年第 2 期。

③ 参见陈自强:《民法讲义Ⅱ——契约之内容与消灭》,法律出版社 2004 年版,第 220 页。

④ 张浩:《法律体系的自洽性》,中国政法大学出版社 2012 年版,第 47 页。

⑤ [德]卡尔·拉伦茨:《法学方法论》,陈爱娥译,商务印书馆 2003 年版,第 45 页。

第一,体系为一种意旨上的关联(Sinnzusammenhang),体系化的过程是将法律根据其意旨上的关联进行的系统化,[①]重视其间之意旨关联能够使各规定事项所立基之价值判断获得法律思想上的统一,在此过程中应当避免陷入极端的抽象化,因为最高概念极具空洞性,将斩断法律事务间的意义关联,也难以反映根本的意义脉络,因此,“抽象化将导致荒谬的结论”。[②] 唯从类型开始,体系间的意义关联才开始具备比较清楚之体系的外部样态,因此,“当抽象——一般概念及其逻辑体系不足以掌握某生活现象或意义脉络的多样表现形态时,‘类型’应当作为补助思考的形式”。[③] 体系化的类型化方法,区分为叙述性的类型化(deskriptive Klassifi-kation)和解析性的(analysche)类型化,菲力普·黑克(Philipp Heck)则分别以演绎的及归纳的体系(deduktives und induktives System)加以称谓。[④] 合同法作为调整市场交易的基本法,可以说,整个合同法实际上都是围绕交易实践建立起来的,[⑤]立法者对于契约类型的规制并非凭空创设,其类型化的形成过程可以概括为:将既存之个别生活事务的共同特征组成上位的集合,各项集合再以同样的方式组成越来越一般的概念,用以涵盖越来越广的集合,最终实现合同编分则对现实最大限度的关照。可见,在合同编分则中,典型契约类型的形成必然是一个归纳的过程,典型契约类型体系亦呈现叙述性的类型化分布(deskriptive Klassifi-kation)样态,[⑥]但合同编分则欲实现契约类型制度的体系完整性,要求综

---

① 参见黄茂荣:《法学方法与现代民法》,法律出版社 2007 年版,第 642 页。

② 参见[德]卡尔·拉伦茨:《法学方法论》,陈爱娥译,商务印书馆 2003 年版,第 333 页。

③ 参见[德]卡尔·拉伦茨:《法学方法论》,陈爱娥译,商务印书馆 2003 年版,第 337 页。

④ 参见黄茂荣:《法学方法与现代民法》,法律出版社 2007 年版,第 538 页。

⑤ 参见王利明:《合同法分则研究》(上卷),中国人民大学出版社 2012 年版,第 8 页。

⑥ 体系间意义关联的构建,主要有两种类型化的实现方法:第一种,利用枝分(Gliederung)由上而下;第二种,利用总结(Zusammenfssung)由下而上。具体来讲,“枝分”的方法是由最上位的概念逐渐向下推演,将一般性的概念在尽可能的范围内向下枝分,获取下位概念;“总结”的方法主要利用归纳,统合、提炼既存之个别的事务间的共同特征,形成上位概念的集合。再以同样的方法,抽象出越来越一般的概念,最终可以涵盖整个领域的概念处于概念塔的顶端。Wundt 将第一个过程称为解析性的(analysche)类型化,第二个过程为叙述性的类型化(deskriptive Klassifi-kation)。菲力普·黑克则分别以演绎的及归纳的体系(deduktives und induktives System)称呼之。参见黄茂荣:《法学方法与现代民法》,法律出版社 2007 年版,第 538 页。

合运用归纳与演绎两种类型化的方法，因为契约类型体系性的实现绝不是简单的树状系统的外部样态，而是像动物支循系统及神经系统的网络结构般的体系态样，[①]单纯依靠归纳的方法形成的类型体系难以展现各项契约类型间交错复杂的关系，难以实现将各项契约类型组成“规范意旨上的统一体”(Sinnernheit)之规范目的。

真正构建在规范意旨上具有统一性的契约类型制度，必须重视各项契约类型之间意义关联的构建，单纯集中于个别契约类型的阐述是难以获致契约类型间的意义脉络的，只有将个别的契约类型植入较广之法律脉络的关联中，才能实现契约类型设置的体系理性，才能消除契约类型间裁断性的矛盾。在合同编分则体系中，综合归纳与演绎方法实现的契约类型化，真正赋予了立法者通过概念体系的方式对既存之社会交往关系加以说明的机会，契约类型化分布的设立取向于一定之目的，借助契约类型之间存在上的意义关联所构建形成的契约类型制度或体系化(Systema-tisierung)，亦具有实现体系目的之功能。由此，契约类型制度构建过程中体系因素的运用本身便具有目的因素的意义，[②]这也为合同编分则提供了在不同程度上借助外在构造观察隐含体系的机会，而这是仅关注于个别契约类型的制度构建所难以窥见的。

第二，合同编分则中的契约类型制度是一个双方面的体系，制度统一的目标要求达致隐含体系与外在构造的体系融贯性，仅集中于单方面体系层面所形成的合同编分则体系必定是不完整的，难以避免陷入体系僵固。[③] 契约类型在合同编分则中的制度形成，系经由演绎和归纳方法综合运用之结果，具体而言：典型契约制度系契约类型法典化的外在展现形式，主要是对既存生活之事务进行归纳总结的结果，总体来说是一种归纳的体系；而隐含于法典化之内的契约类型体系为非典型契约制度，主要是

---

① 参见黄茂荣：《法学方法与现代民法》，法律出版社2007年版，第630~631页。

② 参见黄茂荣：《法学方法与现代民法》，法律出版社2007年版，第559~561页。

③ 参见雷磊：《融贯性与法律体系的建构——兼论当代中国法律体系的融贯化》，载《法学家》2012年第2期。

利用枝分(Gliederung)由上而下,从最上位的概念向下指引进行发展而形成之演绎的体系。

一直以来,合同编分则都是简单地以典型契约为基础建立起来的体系。在比较法上,合同编分则均以典型契约的逻辑体系展开,主要有两种模式:一是在债法各论中对各种典型契约进行规范,除此之外,债法各论还规定不当得利、无因管理、侵权责任等债的发生原因,以《德国民法典》为代表的德国法系大多采用此种模式;二是作为合同法分论的方式专编对各种典型契约加以规定,其他债的发生原因则规定在其他各编之中。在以上模式中,合同编分则的体系建立均围绕典型契约的逻辑体系展开,立法者对契约的类型化布局并未完全遵循体系化的思维逻辑,契约类型的有名化确认是在综合考虑交易行为之典型性、频繁适用性和规则的成熟性之基础上确定的[①]——在《民法典》合同编编纂之际,诸多学者展开对典型契约增设标准的探讨,并一致认为"重要且必要"系合同编增设典型契约的基本标准,[②]以此标准指导进行的典型契约类型扩增使合同编分则主要追求"大而全"的立法目标。但不可否认的是,建立在归纳基础上的契约类型体系有其固有弊端,即难以满足契约类型间演绎链完整性的需求,其对于典型化类型标准的设定,使其难以应对实践中规则发展尚不成熟、交易行为尚未具备充分典型性和频繁适应性的交易行为的规制需求,该种体系化并非合同编分则作为总则具体化之结果形成的逻辑展现。过于注重典型性的判断标准,使"典型契约的数量甚至成为评价合同编分则乃至整部合同法立法质量的最重要指标"[③],而对于契约类型之体系性构建有填补空缺之重要作用的契约类型却一直未能予以规范,如在1998年8月20日《合同法(草案)》对征求意见稿进行删减的过程中,即

---

① 参见王利明:《合同法研究》(第3卷),中国人民大学出版社2012年版,第5~6页。

② 参见聂圣:《论合同编有名合同之增补》,载《社会科学动态》2019年第4期;李建伟:《我国民法典合同法编分则的重大立法问题研究》,载《政治与法律》2017年第7期。

③ 易军:《"中国民法典草案"合同法编分则部分的缺陷及其矫正》,载《浙江社会科学》2007年第2期。

以缺乏典型性为由，删除了服务合同、雇佣合同等七种合同类型。[①] 可见，学界对于合同编分则的功能定位仍旧停留在对典型交易目的的规制与调整之上，使合同编分则所承载之体系性功能缺失。

利用归纳方法组建的典型契约制度，难以形成主导类型间由上而下进行层级拓展与推演的评价因素，该主导性的评价因素能够指引一般概念在其可能的内容范围内自然地向下枝分以获取下位概念，使类型间的层级推演具备可解析性，而这恰是保持契约类型开放性和合同编分则体系开放性的根本保障。纯粹基于阐述或基于概观的目的而构筑的外部体系，不足以也不适宜掌握类型间"意义一致性"的关联。唯有摒弃契约类型外在形式上的藩篱，才能真正发现由主导性的评价因素所构成的"公理式的或目的性的秩序"，才能真正构建契约类型间的脉络关联。由此，契约类型的法典化实现必须注重双方面体系的融合，仅集中于对既存生活事务的归纳性总结所建立的单一体系，也就是单方面的典型契约类型体系，将不可避免地造成合同编分则体系的僵固和理论上走向终结的后果。卡纳利斯证实各种体系均存在共通之处，即均具有统一及秩序的思想，[②] 这也奠定了达致制度间融贯、统一的可能性，对于典型契约体系与非典型契约体系而言亦是如此，依照该种"统一及秩序的思想"，可达致契约类型制度在隐含体系与外在构造间的制度统一。综上，典型契约与非典型契约制度本身构成一个"彼此相关联的整体"，单纯依靠形式逻辑建立合同编分则体系（也就是目前合同编分则中的典型契约制度）将切断其与非典型契约间真正的意义关联，实现两者制度的统一才是合同编分则体系融贯性的本质。

---

① 参见张广兴：《中华人民共和国合同法的起草》，载《法学研究》1995 年第 5 期；梁慧星：《中国统一合同法的起草》，载梁慧星：《民法学说判例与立法研究（二）》，国家行政学院出版社 1999 年版，第 164 页；杨明仑：《从合同法试拟稿到征求意见稿——〈中华人民共和国合同法（征求意见稿）〉介绍》，载全国人大常委会法制工作委员会民法室编著：《〈中华人民共和国合同法〉及其重要草案介绍》，法律出版社 2000 年版，第 109 ~ 111 页；杜涛：《从合同法征求意见稿到合同法草案——〈中华人民共和国合同法（草案）〉介绍》，载全国人大常委会法制工作委员会民法室编著：《〈中华人民共和国合同法〉及其重要草案介绍》，法律出版社 2000 年版，第 166 页。

② 参见［德］卡尔·拉伦茨：《法学方法论》，陈爱娥译，商务印书馆 2003 年版，第 46 页。

二、"外在构造与隐含体系"融合的表象与本质

典型契约作为类型化的交易形式,其立法深受时代影响,合同编分则所规范的契约类型与内容最终取决于一国的经济社会条件。基于产业结构、城乡格局、社会文化及生态建设等诸多方面的巨大差异,不同时代、不同发展阶段的国家和地区所规范的典型契约的类型和内容都各具特色,即便在同一发展阶段的国家和地区,因交易类型和交易手段的革新,其典型契约的类型和内容也明显不同。[①] 但契约类型的体系性不仅应反映现实的交易需求,更应在剥离现实性因素的条件下回归体系理性。"民法是社会治理的工具,承载实现并维护社会制度和谐的立法目标",[②]合同法作为民法的重要组成部分,应当承载组织市场交易秩序的功能。[③] 此功能的实现主要依靠为特定契约类型设定法律调整规则的方式,即体现在合同编分则对契约的类型化规制,但诸多国家和地区的合同法难谓实现了上述功能,体现为在债权法修正过程中,未能充分发挥契约类型的统合效应,除了做必要的修缮外,仅仅就是"扩建几间契约类型的小房间",[④]也就是典型契约的类型扩增。可以说,债权法修正只能完成对契约类型体系的表面修补,并未触及根本、理解其功能本旨。

虽说合同法是以类型化的方式规制经济生活中的交易类型,但并不需要将所有的交易类型明定化,其仅需要针对特别常见的交易类型制定补充性规范,或于有法律介入必要性时制定强行性规范。但总体而言,合同法所承载之功能基本是通过规范设置之方式实现的,呈现"任意性规范+强行性规范"的规范结构,与此同时,合同法的规范配置结构也制约或者固化了合同法功能的实现渠道。笔者总结发现,结合合同法规范配置的需要,可将契约类型的体系性完善分为两个大类:第一类是"现行

---

① 参见谢鸿飞、涂燕辉:《民法典典型合同的制度创新及意义》,载《人民检察》2020 年第 12 期。

② 王轶:《民法原理与民法学方法》,法律出版社 2009 年版,第 205 页。

③ 参见王轶:《民法原理与民法学方法》,法律出版社 2009 年版,第 208 页。

④ 该种说法可以参见陈自强:《债权法之现代化》,北京大学出版社 2013 年版,第 258 页。

法框架内的修正”,乃即使不修正现行法,通过解释论之操作仍然可以达到相同目的者;第二类是“交易上典型之有名契约化”,此类有名化能够真正实现契约类型体系性的修正,助力合同编分则回归体系理性。具体而言如下。

第一类,即在现行法框架内的类型增补,此种方式能够丰富契约类型,但不具有更多的体系完善价值,在一定程度上还会造成契约性质认定的困难。通过此种方式增补之契约类型,其规范基本为任意性规范,主要目的在于为当事人设定交易提示,并发挥合同法鼓励交易的功能。具体而言:首先,任意性规范系立法者于中立之角度设定的规范,其中所包含的当事人间利益关系的协调策略,可以为交易中的当事人提供指引,“提示该项交易可能遭遇的典型风险何在,如何使其降低”,①以帮助交易者降低交易成本,做出最有利于自己的交易选择;②其次,基于交易实践的必然情形,即“当事人在从事日常生活中的普通行为时,往往无意进行详细的约定,因为商定的过程麻烦且太花时间”,③加之,随着交易活动日趋复杂、交易内容更加专业,而当事人无论是在判断能力以及预见能力方面都具有极大的局限性,由此根本难以对当事人间的权利义务关系作出详尽地、周全的约定,在此层面,任意性规范可起到查漏补缺的作用,能够发挥替代性安排的作用,从而实际上发挥鼓励交易的功能。此外,在一定程度上,任意性规范中的解释性规范还实现着维护交易公平之目标。按照梅迪库斯的分类标准,任意性规定可以依照“从属性程度”高低之标准,分为两类:一类是具有高度从属性的任意性规定,暗示着该类规范应在最后才得以适用;另一类任意性规范从属性程度较低,不仅仅承担“拾遗补阙”的作用,而承载着维护交易公平的目标。④ 任意性规范的从属性将直接影响其法律适用,对于法律设定规范的典型契约,补充性的任意性规范

① 苏永钦:《私法自治中的国家强制——从功能法的角度看民事规范的类型与立法释法方向》,载《中外法学》2001 年第 1 期。

② 参见王轶:《民法原理与民法学方法》,法律出版社 2009 年版,第 211 页。

③ [德]卡尔·拉伦茨:《德国民法通论》(上册),王晓晔、邵建东、程建英、徐国建、谢怀栻译,法律出版社 2003 年版,第 43 页。

④ 参见王轶:《民法原理与民法学方法》,法律出版社 2009 年版,第 218 页。

具有优先适用性；而对于法律未加规定的非典型契约，解释性的任意性规范具有优先适用性，[①]因为解释性任意性规范对于当事人意思进行的补充性解释，主要目的在于探知当事人自身所期待或所表示的法律效果，由此消除意思表示中不清楚或不精确的内容，[②]解释性任意性规范的法律效果归因于根据规则进行解释的意思表示；[③]而补充性任意性规范的目的在于填补当事人约定的空白，是一种以法律规范设定的方式对当事人真意的填补。解释性任意性规范即属于上述“从属性程度”较低的任意性规范，因而其具有优先适用性，且蕴含着交易公平的立法考量，具有成就私法自治的价值取向。

然而，契约类型扩增的主要目的仍旧在于增设任意性规范，是在现行法律框架内进行的体系调整，即使不修正现行法，通过解释论之操作仍然可以达到相同之目的。任意性规范一直被当作意思自治的代名词，无论是补充性的还是解释性的任意性规范都属于意思自治原则的产物，也是实现当事人合意不可缺少的立法技术性的内容，[④]任意性规范往往不对当事人的权利义务的具体内容作出具体规定，允许法律关系的参加者自行确定其权利义务的具体内容。[⑤] 由此可见，无论是补充性任意性规范还是解释性任意性规范，都是在当事人意思自治的范围内应用，是法律尊重当事人选择自由的反映。纯粹以增设任意性规范为目的之契约类型增设，仅可为当事人缔结契约提供指引、节约成本，从而鼓励交易达成，但此目的之实现并不以增设典型契约类型为必然之唯一路径，通过解释论的操作亦可达到相同之目的。

第二类，在“交易上典型之有名契约化”路径中，进行类型增设的目的主要是导入相应的强行性规范，笔者认为，此路径具有体系性完善的作

---

① 补充性任意性规范主要功能在于实现规范意志，法律效果直接产生于法律规定，而非源于意思自治，不能归因于当事人表示出来的意志。参见邵建东编著：《德国民法总则编典型判例17则评析》，南京大学出版社2005年版，第162～165页。

② 参见王轶：《论合同法上的任意性规范》，载《社会科学战线》2006年第5期。

③ 参见王轶：《民法原理与民法学方法》，法律出版社2009年版，第221页。

④ 参见王轶：《论合同法上的任意性规范》，载《社会科学战线》2006年第5期。

⑤ 参见黄茂荣：《法学方法与现代民法》，法律出版社2007年版，第23页。

用。任意性规范仅出于补充当事人意思自治或者探求当事人真意之目的,而强行性规范的设定可确立契约类型设定的规范意旨。“基于契约自由原则,当事人本就可以以契约,特别是定型化契约之形式创设非典型契约,除非立法目的在于导入强行规定,否则,典型契约之增订,严格上来讲,仍然属于现行法框架内的修正。”①任意规定及强行规定构成合同法的规范功能,尤其是强行性规范使合同法呈现强烈的法律政策性格,并寓有经济上弱者之保护目的,由此发挥积极而重要的调整机能。合同法欲实现对市场交易秩序的调整功能,需要针对特定之交易领域设定特别的市场运行秩序,从而在一定程度上限制人们的自由选择——法律制定者之所以制定规范,不只是简单地鼓励人们谨慎地做出选择,而是因为相信毒品有害,性不能商品化,工作条件应该安全等作出的强制性设定。“如果没有一个标准,人们就不知道什么是相关的、被禁止以及被允许的。”②由此,合同法规范需要对冲突的利益关系作出价值判断——安排利益实现的先后序位或作出价值取舍,这一过程主要在强行性规范中完成。

“交易上典型之有名契约化”路径下的类型增设,其目的并不在于增列一种新的契约形态,也并非想取代传统的契约类型,主要是因为该契约类型具有引入强制性规范的意义,此种规范意义大多依据给付的特征性进行设定,具体可以表现为以下三种形式。(1)表现为对契约性质的确认。以设置强制性规范的方式达到对交易当事人主体资格、行为要件等的管理和规制,如立法者将运输契约定性为承揽契约的特殊形式,在类型建构的意义上具有实现交易安全要求的规范意旨,目的在于非难运送劳务之不完全给付,即所谓的“放鸽子”的不当行为。③ (2)表现为一般规则的引入。如立法者设定交易法的最初设想应是以买卖为典型形态的财产权移转契约,且系一时性、双务、有偿契约,由此,在导入继续性本质的租借契约作为规制对象时,必然需要导入契约更新、不发生溯及效力之终止

① 陈自强:《债权法之现代化》,北京大学出版社 2013 年版,第 245 页。

② [加]本森主编:《合同法理论》,易继明译,北京大学出版社 2004 年版,第 318 页。

③ 参见黄茂荣:《法学方法与现代民法》,法律出版社 2007 年版,第 582 ~ 584 页。

或因重大事由终止等相关制度。又如,在日本债权法改革中,民法典新设行纪契约之目的并非在于取代商法典之行纪,而系规定行纪的内部关系,并由此导入间接代理之法则。[①] (3)表现为一般案型的设定。如在日本债权法改革试案中,增设役务提供契约之目的并非增列与承揽、委任、雇佣截然不同的契约类型,其意在将役务提供契约设定为服务类契约的一般类型,形成所有服务契约均可资援用之规则。[②] 同时,在日本债权法改革试案中,在委任章新设特殊委任节,以规范居间契约及行纪契约,虽然其商法典已经对商事居间契约进行了规范(《日本商法典》第543条),但在债权法检讨委员会商讨商行为编后,仍然在民法典中增设居间契约类型,商事居间则继续由商法典规范,同时在民法典中新设媒介契约,作为民事居间及商事居间的上位契约类型。[③]

在合同法演进的过程中,上述两种发展趋势已呈交相辉映之势:一方面,合同法体现出越来越强的法律政策性格,对特定领域当事人权利义务规制的干涉性越发强烈;另一方面,作为补充当事人意思不足之机能方面,功能日益萎缩。[④] 这也是契约类型的体系性发展越来越脱离"表象"层面,不再单纯并一味地寻求契约类型有名化的数量扩增,而逐渐向体系理性及契约类型之规范意旨回归的原因所在。

三、以给付特征性进行类型设定:主导脉络关联的评价因素

非典型契约向典型契约的转化,或者说是典型契约类型的扩容,仅是契约类型之隐含体系与外在构造间融合的"表象",欲获致主导体系间融合的评价因素,必须正视非典型契约与典型契约作为契约类型之双重体系的制度定位,真正获致契约类型之体系因素的应用所承载之目的因素

① 参见陈自强:《债权法之现代化》,北京大学出版社2013年版,第216页。

② 《日本民法典》第529条虽仿《瑞士债务法》将委任契约设定为服务契约的典型形态,但委任规定能否应对种类繁杂的服务契约,以及委任能否胜任服务契约的基础形态,都是有待探讨的。

③ 参见陈自强:《债权法之现代化》,北京大学出版社2013年版,第216页。

④ 参见陈自强:《债权法之现代化》,北京大学出版社2013年版,第253页。

上的意义。①

典型契约与非典型契约作为契约类型的两种表现体系。非典型契约系典型契约的制度源起,非典型契约的初始形态可以容纳完整的契约类型,只是经由有名化过程使契约区分为典型契约与非典型契约,使典型契约与非典型契约成为对极式思维②的结果,两者共同构成契约类型的完整体系。正因如此,无论是单方面的典型契约体系,还是单方面的非典型契约体系,都难以构建完整的契约类型;但是,典型契约与非典型契约之间并非平行不交叉的关系,两者可以统合成为一个"连贯而统一、有序而完整"的合理整体。契约类型之双方面的体系实则相互呈现指向性,制度彼此之间相互支持、互相体现、互相成就。然而,由于立法者过度关注典型契约的类型构建,使非典型契约的制度价值被遮蔽,典型契约制度的现实发展已经脱离了与非典型契约制度的相关性,③由此,契约类型体系的外在构造体系将难以为隐含体系提供价值指引与体系保障。实现契约类型双重体系融合的目的在于成就合同编为"自相关"的体系——因为合同编分则本身就是一个"自相关"的体系,契约类型的完整体系性能够指引契约类型的自我生成,从而构建形成一个自我指涉和自我生成的类型化体系。

寻求典型契约与非典型契约制度融合的前提,在于获致契约类型衍生与推演的基础性命题或基础性规范,笔者称为主导性的评价因素。借助该基础性命题,能够使两个已然相对独立发展的体系整合,促成统一(einheitlich)并贯彻(folgerchtig)法秩序(rechtsordnung)的形成与维

① 参见黄茂荣:《法学方法与现代民法》,法律出版社 2007 年版,第 559 页。

② 对极思考是类型论构建常见的思维方式。对极的构成具有一定之标准,给予其类型设定上的目的,或在于进行区分性的阐述,或在于设定其下位类型的根本性的区分基础。参见 Larenz, Methodenlehre der Rechtswissenschaft, 5. Aufl. 1983, S. 436ff。转引自黄茂荣:《法学方法与现代民法》,法律出版社 2007 年版,第 584 页。

③ 体系化的构成具有两个任务:(1)认识内在体系;(2)利用说明构成外在体系。参见黄茂荣:《法学方法与现代民法》,法律出版社 2007 年版,第 535 页。非典型契约作为契约类型化制度的隐含体系,学界对此体系本身的认识不足,造成其外在构造难以反映契约类型制度的应有体系价值。

持。[①] 在每个法律体系之中,都必然存在一个唯一的、独特的基础性规范,正是这个基础性规范的存在保证了法律体系的统一性。[②] 而基础规范本身就是客观存在的,是体系推演的必然结果和内在指向,我们只是发现它,而非发明它。[③] 此种基础性命题本就客观存在于契约类型的体系化进程之中,它能够使契约类型的外在体系(典型契约制度)和隐含体系(非典型契约制度)相互间并行不悖,使上述两个表现体系不相互矛盾地统合起来,并由此塑造契约类型的完整体系性。这种基础性命题之所以存在,并不在于其内容结构,而在于其对契约类型之体系逻辑构建的有效性,因为该基础性命题系契约类型设置与衍生的最初依据,也是契约类型体系理性形成的出发点[④]——法律体系之构建须以逻辑演绎体系为基础,合同编分则所要确立的契约类型从来都不仅是单纯的形式系统,而是以一定之命题为前提可推演出的整个类型体系。因此,契约类型的双重体系具备体系整合(融合)的该当性。综上所述,获致契约类型外在构造与隐含体系的融贯性,关键在于找到契约类型演绎与发展的基础性命题,也就是寻找主导契约类型衍生与推演的评价因素,并保证该评价因素能够串联并推演出整个契约类型体系。[⑤] 笔者认为,确定以上主导性的评价因素,应分别展开以下两个步骤。

(一)合同法虽自成体系,但须与债法体系融合

我国合同法最初制定之时处于特定的法律制度环境,当时既无民法典也无完整的债法体系,因此,合同法作为相对独立的法律体系,这种体系性足以决定它自身可以在民法典内部保持相对的独立性。通观各国民法典之债法体系通常设立合同法总则,而合同法总则的内在逻辑性、体系

---

① 参见黄茂荣:《法学方法与现代民法》,法律出版社 2007 年版,第 510 页。

② 参见张浩:《法律体系的自洽性》,中国政法大学出版社 2012 年版,第 165 页。

③ 参见黄茂荣:《法学方法与现代民法》,法律出版社 2007 年版,第 512 页。

④ 基础规范作为规范创造的出发点,是所有基础规范的共同结构特征。参见[奥]凯尔森:《法与国家的一般理论》,沈宗灵译,中国大百科全书出版社 1996 年版,第 129 页;[英]约瑟夫·拉兹:《法律的权威:法律与道德论文集》,朱峰译,法律出版社 2005 年版,第 106 ~ 109 页。

⑤ 参见张浩:《法律体系的自洽性》,中国政法大学出版社 2012 年版,第 43 ~ 44 页。

性及价值均具有充足的特殊性，逐渐形成可与债法总则相独立的“微系统”。[①]

然而，合同法是难以脱离债法体系而独立的，合同法的独立性只能是在债法体系内的相对独立。债编体系与合同法不可须臾分离，主要体现如下。一方面，传统债编的规则是以合同法为中心建立起来的。债法总则的相关规定系以合同制度为蓝本，比如，债法总则中的核心制度如债务不履行体系，主要是从违约责任体系中提炼而来；再如，履行不能制度、债务履行瑕疵、迟延履行、债的移转和变更等制度的适用对象也主要是合同制度，立法者甚至倾向于以合同法总则取代债法总则。另一方面，债法体系的结构设计也主要是围绕合同法进行的，整个债法体系表现出强烈的合同法主导性格。由此，难以避免地导致对侵权行为法的异质性扭曲，以致很长一段时间，“债与责任的区分”成为债权法领域的重点探讨问题，[②]主要目的在于强化侵权行为法的地位，使其突破传统债法体系，从而获得与物权、债权的同等地位。如此，形成由债法总则统率合同法的结构，债法体系在保留债法总则的基础上形成三层级结构：一是债法总则，二是合同，并且区分为总则和分则两篇，形成“债法总则—合同总则—合同分则”的三层级架构，并确立了合同法在债法体系中的统领地位，但难以避免地造成体系上多层级建构的烦冗状态。但最终民法典选择轻装上阵——以合同法总则取代债法总则[③]，但这并不意味着合同法可以取代债法，也不意味着合同法总则可以取代债法总则，合同法的独立性只能是在债法体系内的相对独立，在合同法总则替代债法总则功能的当下，[④]合同法应当实现与债法体系的融合。

历史上，学者一直尝试寻找债务关系的一般性前提或构成要件，以致债权与请求权两者总是相互混淆。有学者指出，“债权是典型的请求权这

---

① 参见王利明：《债法总则》，中国人民大学出版社2016年版，第42～43页。

② 参见许中缘、夏沁：《〈合同法〉修改：从合同法典回归民法典合同法编》，载《晋阳学刊》2017年第3期。

③ 在市场交易中，合同之债是常态，不当得利、无因管理和侵权之债是非常态。

④ 有学者主张“合同法不宜被纳入债法总则体系，由此，债法总则只能对合同之债起到指导与补充的作用”。参见王利明：《债法总则》，中国人民大学出版社2016年版，第42～43页。

一观点是导致债权与请求权混淆的罪魁祸首”。[①] 一方面，债权虽然表现为一方对另一方的请求，但该种请求只在救济意义上具有实质性意义，其不能体现债权的根本性价值，“让一个不能体现债权价值的权利表现形式来作为权利的本质，根本不能更好地认识和保护债权”。[②] 另一方面，债权是一种基本权利类型，请求权则是属于动态的技术性权利，两种权利根本不属于同一位阶，并非同一性质，根本不具有可比性。使合同法回归到债法体系，必须从两者功能承载的同质性角度进行探寻——对于债的概念本身而言，其反映的是市场经济的本质，而市场经济本质上就是一种交换经济，是一种买卖经济，[③]而实现交换配置的法律就是债法，[④]由此，债法的主要功能是使商品交换和服务交换在法律意义上成为可能，这与合同法作为市场经济交往的基本法地位具有高度一致性。只有将合同法回归债法体系，才能真正实现债法的社会意义。如前所述，债权与请求权具有权利本质性的差别，因而债法所承载之交换经济的实现，并不在于使某人取得某物的所有权或者获取役权，而是使其他人必须做出给予、做某事或者履行某种义务，[⑤]以此，我们可依据债权使他人履行某种给付义务的法律约束，[⑥]是一种基于人类自愿行为而能够把人或集体结合在一起的“束缚”或“锁链”。[⑦]

（二）以给付之特征性构建类型序列是体系融合的初始命题

非典型契约或者具有全新的内容，或者是典型契约的变体，若简单地

---

① 张素华：《有关债法总则存废的几个基本理论问题》，载《法学评论》2015 年第 2 期。

② 张素华：《有关债法总则存废的几个基本理论问题》，载《法学评论》2015 年第 2 期。

③ 凭借该功能，债法表达的是整个经济体制法律基础设施的动态方面。

④ 正如德国学者柯拉所言：“债权制度的创设打破了时间障碍，使得过去可为将来服务，将来可为过去服务，人类可自由地掌握时间和空间。”Josef kohler, Enzykloplidie der Rechtswissenschaft, 7. Aufl. Bd. i. 1915, S. 38. 转引自张红：《民法典债法体系之建构——兼论我国未来民法典债法结构之设计》，载《私法研究》2010 年第 1 期。

⑤ 参见［意］马西莫·布鲁迪：《债：财产性和债权人利益》，载费安玲、［意］桑德罗·斯奇巴尼主编：《罗马法·中国法与民法法典化（文选）——从罗马法到中国法：权利与救济》，中国政法大学出版社 2016 年版，第 224 页。

⑥ 参见［意］彼德罗·彭梵得：《罗马法教科书》，黄风译，中国政法大学出版社 2005 年版，第 284 页。

⑦ 参见［英］梅因：《古代法》，沈景一译，商务印书馆 1959 年版，第 182 ~ 183 页。

直接适用典型契约的相关规范难免产生“削足适履”式的法适用效果，甚至错失契约类型典型有名化的良机。[①] 因此，非典型契约的研究目的并不在于将其强行归入何种类型的典型契约，而是着眼于非典型契约自身的独特性、寻找其在契约类型整体体系中的定位。由此需要以给付的特征性为依据，实现非典型契约的类型识别并向契约类型体系回归。具体论证如下。

第一，契约类型之双方体系的融合，须以合同本身的事物结构作为分析对象。契约的本质是一种约定给付关系，给付是合同法促进交易之功能实现的主要体现。就契约之本质，学界尚未达成一致意见。如有学者主张“交易关系说”，即契约本质上是自由、自愿的交易，功能在于进行买卖、租赁、雇佣、借贷等各种交易活动，以增加消费者满足及积累社会财富。[②] “合同本质上是商品交换的法律形式，商品交换是合同这种形式的经济内容。”[③]也有学者认为“契约的本质是合意”，“合同在本质上是一种协议”，[④]“是一种旨在产生私法效果的协议”。[⑤] 也有学者从教义学[⑥]的立场出发，认为“契约的本质是法律关系”，合同是平等主体的自然人、法人及其他组织设立、变更、终止民事权利与义务关系的协议，是一种发生民法上效果的合意。[⑦]

以上论述都集中于契约性质的某一侧面，但缺乏对其本质性的探讨，欲探究契约之本质，应当回归到债之关系。债权是“特定人对于特定人得请求为特定给付之权利”，由此，债是债权人得请求债务人给付之法律关系；[⑧]契约须以债之发生为目的，只有“以成立请求给付之法律关系为目的”之合意始为通称之契约，[⑨]由此，在契约关系中，合意仅构成契约的外

---

① 参见谢鸿飞：《合同法学的新发展》，中国社会科学出版社 2014 年版，第 639 页。
② 参见王泽鉴：《债法原理》，北京大学出版社 2009 年版，第 56 页。
③ 王家福主编：《中国民法学 · 民法债权》，法律出版社 1991 年版，第 262 页。
④ 王利明：《合同法研究》（第 1 卷），中国人民大学出版社 2015 年版，第 11 页。
⑤ 朱广新：《合同法总则》，中国人民大学出版社 2008 年版，第 8 页。
⑥ 学者的论述主要是基于原《民法通则》第 85 条与原《合同法》第 2 条的规定展开的。
⑦ 参见王利明：《合同法研究》（第 1 卷），中国人民大学出版社 2015 年版，第 11 页。
⑧ 参见邱聪智：《新订民法债编通则》（上），中国人民大学出版社 2003 年版，第 3 页。
⑨ 参见邱聪智：《新订民法债编通则》（上），中国人民大学出版社 2003 年版，第 21 ~ 22 页。

壳,其约定的给付关系方为契约的实质内容。有法国学者曾言:“给付才是民法典最为直接和真正要考量的唯一对象。”[①]将契约之本质定义为给付,目的在于促进交换,实现合同法的交易法功能。传统合同法的本质是一种交易法,[②]合同法的主要规制对象亦为交易行为,[③]由此,合同法作为市场经济中调节资源配置的法律,始终以基于自愿交往的交换正义作为衡量标准,[④]承载交易法的终极使命。[⑤] 所谓交易,是指平等、独立的市场主体就其各自所有的财产或权益作出的交换行为,[⑥]在社会分工领域,自由交易是满足消费者需求并创造社会财富的重要方式,市场经济正是在持续不断的交易中诞生的,契约的功能便是以给付义务为出发点,设定各种契约类型,主要在于促进买卖、租赁、雇佣、借贷等各种交易活动。[⑦] 例如,买卖契约系当事人约定一方移转财产权于他方,他方支付价款之契约;所谓租赁契约,系指当事人约定一方以物之出租于他方使用收益,他方支付租金之契约。[⑧]

第二,给付特征性的类型分布是体系融合的关键,“特征性”是契约类型设定与规则配置的中心。特征性给付常与金钱给付处于对待关系地位。在契约构成的交换关系中,一方给付财货或者劳务,另一方给付金钱为常态。选定金钱给付作为一般化的对待给付义务乃基于特定因素的考量:一是在货币经济背景下,利用货币作为交易媒介,是交易成本最低,也最为方便的交易方式,[⑨]因而,在有偿契约中,立法者为尽量配合货币经

① Flour J. ,Aubert J. L. ,Savaux E. , *Droit Civil-Les Obligations* (1):*L'acte Juridique*,Seine Saint-Denis:Armand Collin,2014,p. 215.

② 参见王利明:《合同法的目标与鼓励交易》,载《法学研究》1996 年第 3 期。

③ 参见陈自强:《民法讲义Ⅱ——契约之内容与消灭》,法律出版社 2004 年版,第 115 页。

④ 需要特别说明的是,该书将“交换正义”译为“平衡正义”。参见[德]伯恩·魏德士:《法理学》,丁小春、吴越译,法律出版社 2003 年版,第 168 页。

⑤ 参见许中缘、崔雪炜:《论合同中的人格利益损害赔偿》,载《法律科学(西北政法大学学报)》2018 年第 3 期。

⑥ 参见王利明:《合同法的目标与鼓励交易》,载《法学研究》1996 年第 3 期。

⑦ 参见王泽鉴:《债法原理》,北京大学出版社 2009 年版,第 108 页。

⑧ 参见王泽鉴:《债法原理》,北京大学出版社 2009 年版,第 138 页。

⑨ 参见黄茂荣:《买卖法》,中国政法大学出版社 2002 年版,第 14 页。

济的交易背景，将规范模型设计为仅一方负不以金钱为内容的主给付义务，他方的给付义务则通常指向金钱，[①]此时，表现为金钱的对待给付本身不具有任何色彩，主要意义在于界定无偿的法律行为，[②]在无偿契约中，特征性给付指的是所约定的或者是所给予的唯一的给付；二是契约类型的体系构建并不以建立完美而包罗万象的契约类型为目标，如此，将会丢失法典的抽象水平和体系性价值，[③]合同编分则所构建的契约类型体系应负担提供规范模型的功能。如此，契约类型设计以及规范设置应以构建最为基础、一般化及普遍化的交易形态为指引，契约之给付关系亦呈现极简化，由此，常设定金钱给付为对待给付。在契约类型体系中，金钱给付义务并非最具特色，契约性质的差异性亦与金钱给付无关，而取决于金钱所交换的对象，[④]因此，在契约类型体系的构建中，应以规范非金钱的给付为首要职志。[⑤]

第三，给付之特征性赋予了给予行为以“法律上的颜色”，也决定契约目的实现的本质。给付关系决定契约性质的关键不在于给予行为，而在于给付本身的特征性。在非典型契约获得债之效力的最初确认中，原因理论发挥了至关重要的作用，甚至在契约的类型化中发挥了不可忽视的作用。优士丁尼之所以不愿意承认非典型契约能够产生债的效力，是基于此类契约形式的债因是难以得到具体确定的，而后来之所以承认了非典型契约这一称谓形式，正是因为在法学家们根据“债因”为编纂并整理数量庞杂的无名契约时，发现其似乎存在与某些经由立法确认的典型契约类型相似的原因，但其中又有所不同，而难以被归入某一具体类型。也有学者就此认为，罗马法上关于原因的论述仅适用于非典型契约——

---

① 参见［德］迪特尔·梅迪库斯：《德国债法分论》，杜景林、卢谌译，法律出版社 2007 年版，第 140 页；黄茂荣：《买卖法》，中国政法大学出版社 2002 年版，第 13～14 页。

② 参见［德］迪特尔·梅迪库斯：《德国债法分论》，杜景林、卢谌译，法律出版社 2007 年版，第 5 页。

③ 参见［德］罗尔夫·克尼佩尔：《法律与历史——论〈德国民法典〉的形成与变迁》，朱岩译，法律出版社 2003 年版，第 211～212 页。

④ 参见陈自强：《民法讲义Ⅱ——契约之内容与消灭》，法律出版社 2004 年版，第 116 页。

⑤ 参见陈自强：《民法讲义Ⅱ——契约之内容与消灭》，法律出版社 2004 年版，第 213 页。

有原因的非典型契约产生债,[1]原因的作用便在于使非典型契约产生债,作为非典型契约的债权人必须像证明意思那样证明“债因”存在。[2] 这一观点当然不值赞同,但确实推动了原因理论走向更为精细化的发展,其不再仅仅作为契约效力存在的一般伦理基础,[3]亦呈现特定化的趋势,[4]此时契约类型所对应的原因系每项契约基于给付所意图实现的典型交易目的(Typische Verkehrzwecke),或者基于此种交易目的所欲实现的法律效果,这些法律效果决定了给予的法律性质及所应适用之法规。[5] 如在买卖契约中,出卖人之所以承担标的物交付并移转所有权的义务,乃是因为他意图使买受人承担支付价款的义务。罗马法最初承认非典型契约的可执行效力,是基于“物的给付”可作为非典型契约效力的核心要素,亦是债务人承担义务的根源;但“物的给付”仅作为一种给予行为,通常表现为交付,其在法律上乃是一种“透明无色”的行为,仅仅依据交付行为不能确定契约的性质。由此,非典型契约获致其在契约类型中的体系定位与规制的关键在于,依据给付的特征性(或者说是行为实施时的具体情况)确定给予行为法律上的颜色,这也是契约类型间彼此区分的关键。举例来说,买卖需要物的交付、租赁需要交付、寄托也需要交付,仅依据交付行为是难以区分契约所属类型的,必须依据给予行为实施所欲实现的交易目的进行判断,以此,若一方基于买卖契约交付标的物,则他方取得的是对物的所有权;若一方交付标的物是为了提供债务担保,则他方仅取得

---

① D.1,14,7,2.乌尔比安:《告示评注》第4卷。转引自娄爱华:《大陆法系民法中原因理论的应用模式研究》,中国政法大学出版社2012年版,第43页。

② 参见[意]彼德罗·彭梵得:《罗马法教科书》,黄风译,中国政法大学出版社2005年版,第308页。

③ 原因理论在中世纪对于合同概念的重构,以及使合同制度摆脱形式主义与类型法定主义的束缚中发挥了重要的理论作用。参见徐涤宇:《原因理论研究——关于合同(法律行为)效力正当性的一种说明模式》,中国政法大学出版社2005年版,第195页。

④ 依据德国普通法,给予的原因大致可以分为信用原因[(causa credendi)或取得原因(causa acquirendi)]、清偿原因(causa solvendi)和赠与原因(causa donandi)三种。参见徐涤宇:《原因理论研究——关于合同(法律行为)效力正当性的一种说明模式》,中国政法大学出版社2005年版,第210页。这是对原因的概括而粗糙的分类,随着典型契约制度的建立,原因逐渐走向“一对一”的说明模式,每项典型契约都有专属于其之原因。

⑤ 参见王泽鉴:《民法学说与判例研究》(第1册),北京大学出版社2009年版,第259页。

对物的占有;若一方基于租用目的交付标的物,则其转移的仅是对物的持有。[①] 综上,给付的特征性是法律规则的规范色彩,反过来,基于规范之需要也要求给付呈现特征性。

给付的特征性决定合同目的实现的本质,是法规范所需要的规制色彩,反过来,基于规范之需要也要求给付呈现特征性,这也是主给付义务所需承载的功能。给付具有双重属性,即给付行为的(leistungsverhalten)的实现和给付效果(Leistungserfolge)的实现。债之关系的核心在于给付,由此,赋予了给付义务不同的意义和功能。民法并未对给付性质加以定义,但《民法典》相关规定呈现出“给付行为”和“给付效果”并存的规范设置,由此,给付特征性所承载的交易目的实现亦呈现双重意义,即给付行为(leistungsverhalten)的实现和给付效果(Leistungserfolge)的实现。[②] 以雇佣契约为例,其订约目的是取得受雇人劳务的提供,而无论雇用人是否获得了预期利益。若乙为报考大学,雇用甲为其补习功课,甲的给付义务仅为补习本身,而无论乙是否成功考上大学,这并不影响甲的报酬请求权行使。又如,承揽合同的法律效果应以验收为发生根据,而非交付。承揽作为典型的结果债务,唯承揽人达成结果才能主张报酬,定作人支付报酬以其获取承揽工作之利为对价,由此,承揽工作须满足定作人的要求、符合其利益,承揽合同法律效果的发生及承揽合同履行的效果均应以定作人认可工作成果符合合同为前提。《民法典》第 770 条所指“交付工作成果”应理解为“提出给付”,[③]是一种无效果意思的纯粹客观行为或者说是效果发生前行为,并不能发生接受占有转移的意思合意,[④]最终系以验收作为统领合同效果发生的核心概念,亦是承揽合同给付特征性的核心展现。

---

① 参见[英]巴里·尼古拉斯:《罗马法概论》,黄风译,法律出版社 2010 年版,第 129 页。

② 参见王泽鉴:《债法原理》,北京大学出版社 2009 年版,第 26~27 页。

③ 参见黄喆:《〈合同法〉第 261 条(工作成果的交付与验收)评注》,载《法学家》2020 年第 2 期;黄喆:《民法典背景下承揽合同验收制度的教义学展开》,载《苏州大学学报(哲学社会科学版)》2020 年第 4 期。

④ 一般而言,民法上的交付具有服务于所有权变动的效果,也可独立指向实现标的物的占有转移。参见庄加园:《动产所有权变动中的“交付”》,载《环球法律评论》2014 年第 3 期。

第四,特征性给付系契约之主给付义务,承担契约类型的认定功能。特征性给付系契约类型所必备的固有因素,亦为契约类型区分与认定的标准,可以说,特征性给付就是契约的主给付义务。因为主给付义务就是债之关系(尤其是契约)上固有、必备,并用以决定债之关系(契约)类型的基本义务,正如王泽鉴先生所言,"现行'民法'上债之关系乃建立在'主给付义务(Hauptleisungspflicht)'之上"。[①] 现行法上各种典型契约类型也并非立法者的凭空创造,而是就已有的生活事实,以主给付义务为出发点所设立的典型交易形态,遂法律冠以法定名称,因而,主给付义务的内容成为契约类型之规范的构架基础。[②]

首先,主给付义务构成各类契约缔结的必要之点。[③] 原则上,当事人双方必须就所拟缔结之典型契约的主要给付达成一致,契约方始成立。[④] 例如,买卖之主要给付义务为:转移财产权及支付价金,对于"当事人所缔结的不动产买卖之债权契约,固非要式行为,唯对于买卖契约必要之点,即价金与标的物之意思表示必须一致,否则其契约即难谓已成立"[⑤]。有时,主给付义务的履行可使契约缔结脱离当事人的意志,即便当事人未就主给付义务达成意思表示一致,只要主给付义务已履行亦可认定为契约已成立。如在租赁合同或雇佣合同终止时,仍在利用主要给付或提供主要给付,则原先成立的合同继续有效。其最终决定于法律结果而不是决定于法律基础,不是因为存在合同而必须履行,而是因为已履行契约得以成立,无须依赖当事人的意志。但只有在以主给付履行的场合,才会出现脱离意志而缔结合同的问题。[⑥]

其次,债务关系通过主给付义务的履行得以消灭,对于主给付义务的

---

① 王泽鉴:《债法原理》,北京大学出版社 2009 年版,第 84 页。

② 参见黄茂荣:《买卖法》,中国政法大学出版社 2002 年版,第 14 页。

③ 参见游进发:《无名契约典型化之因素》,载《高大法学论丛》2017 年第 1 期。

④ 参见黄茂荣:《债法通则之一:债之概念与债务契约》,厦门大学出版社 2014 年版,第 85 页。

⑤ 参见黄茂荣:《债法通则之一:债之概念与债务契约》,厦门大学出版社 2014 年版,第 85 页。

⑥ 参见[德]罗尔夫·克尼佩尔:《法律与历史——论〈德国民法典〉的形成与变迁》,朱岩译,法律出版社 2003 年版,第 222 页。

违反亦构成根本违约。例如,买卖契约系当事人约定一方转移财产权于他方,并取得对方价金的契约形态;借款契约即借款人向贷款人借款,并约定到期返还本金并支付利息的契约形态;租赁契约系指出租人将租赁物交付承租人使用、收益,并由承租人支付价金的契约形态。对于此类双务契约而言,于他方当事人未为对待给付前,得拒绝给付。① 双务契约以外的契约关系,主给付义务亦扮演类型区分的重要角色,如赠与合同的类型特征在于赠与人与受赠人约定,由赠与人以自己财产无偿给予受赠人,因此赠与约束赠与人负担移转赠与物权利于受赠人的义务,此为赠与契约的主给付义务。

最后,主给付义务决定合同目的并作为目的解释的主要依据。在狭义的债之关系视野中仅存在一个主给付义务,如买卖合同中转移买卖物的占有和所有权的义务,而非典型合同中可能存在数项主给付义务,可以承载合同的多元化交易目的。以保理合同为例,应收账款债权转让、应收账款管理或催收、保理人提供资金融通等服务均为保理合同中的主给付义务,且均居于主要地位,②这使保理合同可以兼顾担保、融资、服务、保付等多种功能,也使保理合同与买卖、租赁、承揽等单项合同得以被清晰地区分。

---

① 参见王泽鉴:《债法原理》,北京大学出版社 2009 年版,第 28 页。

② 参见黄和新:《保理合同:混合合同的首个立法样本》,载《清华法学》2020 年第 3 期。

第四章　非典型契约规则体系的建构方法论

在理论层面上，非典型契约的制度回归并非向典型契约类型回归，而应在契约类型的整体体系中归位。然而，多年来，合同法分则的立法及发展均围绕典型契约为中心，非典型契约的法律调整通常采用“参照适用与之最相类似的典型期契约的相关规定”的方式。然而，合同编分则中典型契约的类型设定却是杂乱无章、未循统一之章法、缺乏一以贯之的序列标准，从而导致典型契约的类型设定难以体现契约的类型架构，由此，典型契约类型难以完全发挥对非典型契约类型的涵摄效应，甚至产生混合型非典型契约法律适用的疑难。因而，实现非典型契约法律规制的首要任务是确立非典型契约在整体的契约类型体系中的定位，借助类型“谱系”[①]机能确定非典型契约的规范适用原理。由此，建构非典型契约规则体系需要依托类型的“谱系”机能，而类型谱系机能的实现机制探究可以为非典型契约规则体系构建提供基本方法。

① “谱系”系拉伦茨所称的“类型谱系”。

第一节　类型论作为建构方法的确立与反思

一、类型化方法奠定契约类型制度的体系理性

学科的自我反省必须与法学方法紧密相关,法学方法的反省也必须与学科本身紧密相关,只有促成法学学科与法学方法的双向交流,方法论才能协助法学达成其实务上的任务。[①] 对于合同编分则而言更是如此,现有典型契约的罗列方式根本无从容纳现实生活中大量存在的非典型契约,只有从根本上对合同编分则所采用的类型化方式进行反思与重构,才能实现非典型契约的体系回归,使其规制有所依托。

(一)类型化方法系契约类型制度构建的方法论

"目的"[②]与"方法"的结合运用才能真正发挥制度的体系价值。类型化思维方式是合同编分则构建契约类型制度之法学方法的应然选择,也是各国合同法的普遍选择。正如拉伦茨所言:"每个学科的方法论都是这个学科对本身进行的情况、思考方式、所利用的认识手段之反省。每个学科都会发展出一些思考方式,以及用以确定其素材及确证其陈述的程序。"[③]法律在面对变幻的自然现象和社会现象时,需要寻求一种规律性的说明,对现象进行解释并预测未来趋势。合同法作为社会经济生活的一般交易法,其采取的方法是将经济生活中极为不同的经济事态统摄于一个适当的抽象概念之下并予以详细规范的做法,此方式自罗马法以来已有,因此,需要选取若干能够对生活事实进行相当概括性描述的抽象概念,因其满足的都是生活的根本性需要,使概念本身呈现非常

---

① 参见[德]卡尔·拉伦茨:《法学方法论》,陈爱娥译,商务印书馆 2003 年版,第 119 ~ 124 页。

② 对于非典型契约制度构建的目的已在前文阐述,即保障合同编分则所承载之结构性功能、体系性功能的实现,融贯契约类型之内在构造与外在体系之间的体系性,最终实现非典型契约的回归。

③ [德]卡尔·拉伦茨:《法学方法论》,陈爱娥译,商务印书馆 2003 年版,第 119 页。

大的弹性,面对社会事实变迁与发展能够展现相当的适应能力,如买卖、互易、使用租赁和雇佣合同等基础性合同类型。虽然在某些方面,对于具体问题的应对已经随着时间推移发生了变化,但总体而言,关于这些基础性契约类型的法律规定表现出来的是高度、公正的立法经验及意旨,甚至可以上升为法律规定的基本思想。[①] 在当今经济和商业分工细化的时代,虽然合同类型的混合极为普遍,并由此催生出诸多新型契约,但这些具有极强抽象性格的基本合同类型一直广泛存在。固然,合同编分则中各典型契约的规定常常以定义的句式描写所规范之生活事实的特征,但其实这些"定义"只是虚有其表,仅具有定义的外观,仅起到描述类型(Der Typus)特征的功能,而未达到描述概念(Der Begriff)所需要的精准程度,由此,单纯依靠涵摄推论显然不能圆满地将一个生活事实归类于特定典型契约。[②] 例如,对于买卖契约、租赁契约和消费借贷契约均有定义性规定,但融资性的分期付款买卖显然兼具买卖、租赁、消费借贷的特征,但不能单纯地涵摄于任何一种契约类型,由此可见,民法就契约之类型并未真正实现定义化,只是将其作为类型加以规范,其"定义性规定"所规范的并非契约成立生效的要件,仅系对类型特征的描述。[③]

(二)类型思维降低了契约类型的立法难度

最初,分类体系在自然科学领域得以广泛应用,而未普遍应用于法学领域。在现实主义法学派的影响下,关注于系争事实内部利益衡平的类型化法学思维逐渐优于严格的概念法学思维。[④] 类型与概念区分,其具有概括的开放性。类型,并非简单地指某类事物,因而可与类别相区分。类别,又称为抽象概念,是指具有相同特征的事物。方法论上的概念是指

---

① 参见[德]迪特尔·梅迪库斯:《德国债法分论》,杜景林、卢谌译,法律出版社2007年版,第7页。

② 参见黄茂荣:《买卖法》,中国政法大学出版社2002年版,第8页。

③ 参见陈自强:《民法讲义Ⅱ——契约之内容与消灭》,法律出版社2004年版,第215页。

④ See Ronald J. Scalise Jr., *Classifying and Clarifying Contracts*, 76 Louisiana Law Review 1064(2016).

法律事实的特征已经被罗列完全,当且仅当其系争事务存在以上列举的所有特征时,该事务方被统摄于该概念的范畴之内,其性质的判定全然排除了法律适用者的评价及主观衡量,[①]使可单纯地通过逻辑推理确定系争法律事实是否涵摄于某一法律概念之下。[②] 概念在民法中体现出明显的缺乏弹性特征,如"成年""结婚"等。又如,民法中的法人,法律规定需满足以下三个要件:依法成立,有必要的财产或经费,有自己的名称、组织机构和住所,符合这些条件便是法人,因其已穷尽该事物的所有特征,缺少任何一种特征,便不属于该事物,此乃民法中的概念。两个概念之间是界限分明的,构成"非此即彼"的关系,而不存在"或多或少"的考量。因而有学者言及"各类生活现象之间都存一个流动的领域,但概念却坚定并强硬地在这些流动领域明确划分出一条界线。生活现象的衡量需要进行'或多或少'的价值取舍,而概念却要求作出'非此即彼'的绝对化判断"。[③] 概念式的思考方式,将民事法律事实划分的壁垒分明,因此,难以掌握生活中彼此交融、要素流动产生的混合体形式存在的生活事实;而"极端的抽象化又将切断意义关联,因最高概念的空洞性,其常不复能表达出根本的意义脉络,因此,抽象化极易导致荒谬的结论"。[④] 极度抽象的概念思维难掩"过度抽象化"的弊端,难以顾及个别正义的实现,而精准的概念思维虽可维护法的安定性,但易使法律本身趋于僵化,不利于具体案件的衡平实现,由此,需借助类型作为补助思考的形式。

类型是建立在一般及特别间的中间高度,它是一种相对具体,一种在事物中的普遍性。由于人们对所欲处理之对象的了解,事实上很难达到将一切重要特征尽数罗列的程度,由此形成的类型定义"虽然有一个确定的核心,但却没有确定的界限,以至于对于一个类型存在的特征'轮廓'

---

① 参见[德]阿图尔·考夫曼:《法律哲学》(第2版),刘幸义等译,法律出版社2011年版,第146页。

② 参见宁红丽:《论合同类型的认定》,载《法商研究》2011年第6期。

③ 吴从周:《论法学上之"类型思维"》,载杨日然教授纪念论文集编辑委员会编辑:《法理学论丛——纪念杨日然教授》,台北,月旦出版社股份有限公司1997年版,第307页。

④ [德]卡尔·拉伦茨:《法学方法论》,陈爱娥译,商务印书馆2003年版,第333页。

或多或少有所缺少”。[①] 类型思维要求准确把握系争事物的根本特征，以达到人们对事物之特征的高度抽象与概括。因而，同一类型之判定，要求具备某些同样的类型特征，但相类而有所不同。[②] 构成类型的要素可分为主要要素和流动要素，只要符合主要要素特征一致即可归为同一类型，如某事物具有 A、B、C、D、E 五种要素，而另一事物具备 A、B、C、F、G 五种要素，其中因 A、B、C 三要素相同，可以将其归入类型论中的同一类型。

（三）类型特征的开放性强化了契约类型的容纳力

综上所述，类型化构建方式在契约类型体系构建中呈现如下优势，具体而言：概念是封闭的，而类型则是开放的。类型特征在规范构建中所扮演的角色、分量并非绝对，某些特征可能较之其他特征更为重要，甚至某类特征在类型判断中可有可无。[③] 类型特征在不同的具体形态中的展现有所差异，能够纳入某契约类型项下的具体合同情形，其内容绝非一成不变，而是具有相当程度的差异性。[④] 如买卖合同的主要特征界定为“标的物所有权转移”和“支付价款”两个特征，但实际上合同成立并非只具备两个要件即可，合同还应当明确是即时买卖还是有期限的合同，价款是一次性付清还是分期付款。就转移标的物所有权而言，可以拟制产生商标和专利的买卖，对商标或者专利的转移虽不同于标的物所有权的移转，却存在诸多类似之处，亦可将其归入买卖契约的类型项下，由此，买卖合同得以容纳样品买卖、附保留所有权的分期付款买卖、试用买卖、拍卖等次级类型。

也由此决定类型容括范围具有开放性，该开放性：一方面，强化了类型自身的可容纳力，丰富了类型项下次类型的演绎空间；另一方面，类型蕴含“中心明确，外延不加固定”的相对包容性思维，[⑤]赋予其应对社会生

---

① 参见［德］阿图尔·考夫曼：《法律哲学》（第 2 版），刘幸义等译，法律出版社 2011 年版，第 190～191 页。

② 参见刘士国：《类型化与民法解释》，载《法学研究》2006 年第 6 期。

③ 参见黄茂荣：《法学方法与现代民法》，法律出版社 2007 年版，第 589 页。

④ 参见陈自强：《民法讲义Ⅱ——契约之内容与消灭》，法律出版社 2004 年版，第 214 页。

⑤ 参见刘士国：《类型化与民法解释》，载《法学研究》2006 年第 6 期。

活的极大包容性。由此,各契约类型的定义均富有较强的抽象性格,使得法律事务家们能够将各种极为不同的经济事态统摄于一个适当的类型之下,如借贷、买卖、委托、保管等概念即具有极大弹性和一般性,[①]而在类型化的具体构建中,主要是通过主要要素的描述维持上述概括性。

(四)核心意义的稳定性明确并扩大类型的涵摄范围

在形形色色的特征要素的组合形式中,基本可以发现其中"散发、营造、体现"出的同类"意义",由此,可组建形成同一上位类型的涵摄范围,因而,类型项下的各项具体形态之间是相互依存的、有机的,且共同形成一个"意义性"。契约的类型构建是以其"整体形态"作基础,类型特征在契约定性中所扮演的角色分量并非绝对,判断契约所属类型,并不要求满足全部的类型特征,而是取决于这些要素在数量上、强度上的结合程度,是否足以使系争事实从"整体上看来"或在"整体形象"上符合该类型的核心特质。[②] 只要该整体面貌与法律所预定之类型相符,则可归属于该契约类型。[③] 如我们言及"典型的中型山脉""典型的荷兰农舍"等时,其中所意指的特征要素可多可少,以其整体足以表现此等山脉特色为决定因素,并不要求所有该类山脉之特征都必须同时存在,于此,要求类型的构成要素能够相互协作以维持"结合的状态",类型所涉及的是"整体要素",是以整体来把握一般性。[④] 唯有如此,方不致"指鹿为马"。"整体形象"的定性方式扩展了类型同质性的内涵,表现在两个层面。

第一个层面,类型特征的整体形态是由主要特征要素组合排布形成的,由此,类型化的判断要求系争案件与规定类型间至少主要特征相同,即类型的认定标准应是两案具有类似的构成要件与共同意义。[⑤] 然而,

---

① 参见[罗马]查士丁尼:《法学总论——法学阶梯》,张企泰译,商务印书馆 1989 年版,第 7 页。

② 参见[德]卡尔·拉伦茨:《法学方法论》,陈爱娥译,商务印书馆 2003 年版,第 95 ~ 101 页。

③ 参见黄茂荣:《买卖法》,中国政法大学出版社 2002 年版,第 9 页。

④ 参见[德]卡尔·拉伦茨:《法学方法论》,陈爱娥译,商务印书馆 2003 年版,第 337 ~ 338 页。

⑤ 参见刘士国:《类型化与民法解释》,载《法学研究》2006 年第 6 期。

类型虽具有一个确定的核心特质,但没有确定的边界,以至于一个类型的“轮廓”或多或少地有所缺失,[①]导致契约类型之间的边界并非壁垒分明,往往具有高度的流动性。[②] 要素间的流动或者增减也使契约类型的混合成为可能,不同契约类型要素的融合,可能以特定的方式结合成一种有意义的、彼此关联的新型规整形式。[③] 由此,允许同一类型下具体形态的特征存在或多或少的差距,这不仅包括契约与典型形态特征的不完全重合情形,也包括其他契约类型特征加入的情形,这可能会引起契约类型的偏移,但并不必然导致脱离该契约类型的涵摄范围。

第二个层面,基于要素之间呈现协动关系,以高强度形式或数量存在的流动要素可以明确并强化契约属性的核心稳定性。主要要素能够限定合同的典型交易目的,进而起到契约定性的作用。在罗马法上,契约之主要要素甚至起限定合同类型的作用,只有具备法定交易目的之契约类型才具有可诉性。所谓主要要素,是指当事人在合同成立过程中必须约定之事项。[④] 在具体案件的判断中,常常需根据诸多要素的协动作用作出整体判断,方能确定契约性质:基于要素间的协动关系,单个要素的缺失并不足以导致契约性质改变,除非引起了契约“整体形象”改变。要素的流动性并不必然对契约的定性产生影响,但在契约性质存在与诸多契约类型相似性而陷入性质决定困难时,要素的强度及数量成为决定契约性质的关键。如在买卖型担保合同的性质认定中,当事人约定了买卖合同的主给付义务(主要要素),也存在担保合同的主要要素,此时需要根据流动要素的状态确定合同性质,“何种要素优势更大,则认定为何种合

---

① 参见[德]亚图·考夫曼:《类推与“事物本质”——兼论类型理论》,吴从周译,台北,学林文化事业有限公司1999年版,第87~128页。

② 契约之特征要素的流动将导致契约类型的变化。举例来说,在当事人一方委托他方处理事务的委托合同中,若约定报酬请求权以受托人是否完成委托之工作并取得一定成果为要件,契约类型则转变为承揽合同;若承揽人所需完成之工作为运输,且其以运输为营业,契约即转变为运输合同;若当事人并未明确说明所付劳务的内容与范围,只是单纯约定一方在一定的期限内为另一方提供有偿服务,则契约类型转变为雇佣合同。

③ 参见[德]卡尔·拉伦茨:《法学方法论》,陈爱娥译,商务印书馆2003年版,第341页。

④ 参见冯洁语:《民法典视野下非典型担保合同的教义学构造——以买卖型担保为例》,载《法学家》2020年第6期。

同”,若买卖契约的要素作用力较强,则越有可能将其认定为买卖合同,而担保合同要素的存在会削弱买卖合同要素存在的效果。

二、类型谱系[①]机能发挥须以统合效应为基础发展个别性

(一)具体性的类型化方式需要重构

传统的类型化方法为何需要进行反思与重构?类型化的构建方式本身具有天然的优势,其虽不能逻辑地控制推论结果,但毕竟类型化的方法“忠实地承认人们对所欲处理对象了解的不完全性”,“不会涉及强不知以为知的虚张假定”,但随着人们认知程度的积累,类型便逐渐具备应对社会变化的规范弹性。[②] 但是,目前合同编分则中类型化思维运用具有局限性,难以有效指引非典型契约的制度回归。

契约类型的体系化构造“方法”必须与其“目的”结合运用,才能发挥出契约类型的体系性价值。具体而言,合同编分则中的类型化方法与契约类型体系性间的悖离,主要表现在两个方面:一方面,在面对社会生活经济交往的变化以及交易形态的日趋复杂之背景下,单纯的类型化构建方式根本难以满足契约类型化制度的建构需求,无法将万千之交易形态有名化,因而,难以应对现实中大量存在的非典型契约的复杂性;另一方面,合同编分则存在过于注重经济实用性的立法取向,导致典型契约的制度发展已经悖离了立法者原本的体系架构要旨,最终呈现分散化的布局样态。

契约类型体系的重构需要重新审视与纠正典型契约的类型化布局,这就需要对传统的类型化思维进行升级。诚然,在典型契约制度最初的构想中,立法者意图通过契约有名化实现契约类型的体系化布局,由此,契约类型的体系布局可从典型契约制度中寻见端倪,其大致遵循以下体例结构:(1)以物或财产权的转移为内容的合同,对于买卖、承揽、物与服

---

① “谱系”系拉伦茨所称的“类型谱系”。

② 或者这种规范弹性降低了法的安定性,但它提高了法律对生活事实的适应能力。参见黄茂荣:《买卖法》,中国政法大学出版社 2002 年版,第 10 页。

务的交换等均赋予同样的法律效果,比如,所有权移转的时间、物的瑕疵担保责任及权利瑕疵担保责任等;(2)以物的返还为前提的使用权移转类合同,对于保管、租赁、委托、承揽、试用买卖等契约类型设定同样的法律效果,如危险负担规则等;(3)以提供服务为内容的合同,诸如承揽、委托和中介合同确立同样的法律制度,如债务履行的替代性问题、报酬费用的变更等。[①] 此前的各种合同法建议稿以及专家草案建议稿对典型契约的类型列举都基本遵循此种结构安排,可见,立法者对于典型契约的类型安排始终承载着契约类型体系化的逻辑构想,只是随着合同法适应现代经济发展的步伐,典型契约类型的取舍标准呈现多元化,契约类型设定的体系价值不再作为决定契约有名化的关键标准,[②]典型化契约的数量甚至成为衡量契约类型之结构完整性的重要标准。典型契约作为契约类型的外在构造,其体系建构价值正在逐渐消退,因此,在以非典型契约为视角对契约类型进行体系性重构的过程中,类型化的思维方式必然需要完成对自我的反思与重构。

(二)统合效应缺失系非典型契约归位困境的主要原因

契约类型的规制缺失统合效应的实现,导致非典型契约缺失向契约类型之整体体系回归的基本保障。对于契约类型的统合效应缺失,主要表现在两个方面。

1. 抽象类型的统合效应在契约类型发展中被淡忘

自罗马法后,非典型契约制度在契约类型的体系性发展中逐渐消解,基本上不再作为独立的、予以专门探讨的制度存在。同时,各国民商法对于契约类型体系性的构建重心在于契约类型的再分化与次级发展,契约间的异质性需求使越来越多的非典型契约实现典型化,试图通过契约典型化路径缩减非典型契约的存在空间,或者至少形成一个较为

---

① 参见周江洪:《服务合同在我国民法典中的定位及其制度构建》,载《法学》2008 年第 1 期。

② 交易的重要程度也并非最重要的标准,而是交易的频发性和典型性、纠纷多发性和规则成熟性的综合性考量。参见王利明:《合同法研究》(第 4 卷),中国人民大学出版社 2017 年版,第 21 页。

完整的契约类型架构,为非典型契约提供规范参照适用的来源。但实际上,“在很长的一段时间内,人类都走不出罗马人概括出来的八种典型契约类型(买卖、租赁、合伙、委任、消费借贷、使用借贷、寄托和质押),所有的努力仅是对类型的进一步细化”,[①]其一直作为母体分娩出源源不断的新型契约。但随着合同法理论的更新升级与契约的类型分化,立法者似乎更加注重契约类型的项下发展,却忽视了对契约类型同质性总结。

若合同法按照“先规定适用于各类合同的总则,然后依据合同的种类、性质分别规定各典型契约”的做法,至少能够形成以总则为树干的垂直式树形结构,但合同编分则对契约类型的设定却并未遵循此演化逻辑,导致典型契约的类型设定几近失去了对同系列契约的结构性支撑。例如,自承揽合同自租赁合同项下脱离成为独立类型[②]之后,便面临自身类型的“解体”。运输合同的迅速崛起使运送合同(运输合同)从承揽合同中独立出来,[③]但立法者对于运输合同的规制并不想实现其向承揽合同的回归,[④]尽管有学者主张应将运输合同定性为一种特别的承揽,[⑤]以完成交易安全当为的要求,目的在于非难运送劳务之不完全给付,规制所谓的承运人“放鸽子”的不当行为,但在立法上并未规定运输合同对承揽合同相关规定的参照适用条款。

2. 法院过度依赖典型契约规则,消弭了非典型契约的独特性

在非典型契约的审判实践中,法院主要依据参照适用的方法适用与之最相类似的典型契约的相关规范。参照适用的基础是非典型契约与典

---

① 方新军:《关于民法典合同法分则的立法建议》,载《交大法学》2017 年第 1 期。

② 在罗马法中,物的租赁、雇佣租赁和承揽租赁均囊括在租赁合同项下,可参见前文。

③ 集装箱运输的高速发展、联合运输、相继运输等推动运输业迎来第二次革命性发展,也使其内容更为复杂,由此,德国法学界有谚语云,“没有运送,就没有经济”。

④ 《民法典》“运输合同”章节中并未规定“对承揽合同的参照适用条款”,但同作为承揽合同表现形式的建设工程合同,却规定了参照适用条款。(《民法典》第 808 条)

⑤ 运输合同和承揽合同均需完成一定之工作,并交付一定之工作成果。在运输合同中,不仅承载货物或旅客的运输,还须将其安全、及时地送到目的地,而呈现结果上的要求,由此,将运输契约定性为一种特殊的承揽合同具有正当性。参见王利明:《合同法分则研究》(上卷),中国人民大学出版社 2012 年版,第 453 页。

型契约的“类型相似性”,但参照适用不能等同于直接适用,关键在于相比较的两者相类而有不同,由此决定非典型契约的规制重点在于其区别于典型契约性质上的独特性。然而,在审判实践中,法院却过度依赖典型契约相关规则产生的便利性,总是倾向于尽可能利用已有规则处理系争契约,过于注重两者间的同质性,而忽略其间之差距,[①]这是与当事人的缔约意图存在严重悖离的。前文已阐述,典型契约规则制定的重要意义在于规范各类典型的交易关系、引导当事人正确缔约、降低交易费用、维护交易公正,而当事人将此诸多便利“弃之不顾”并选择自行拟定契约内容,主要原因在于其所意图实现的交易目的具有独特性,且该种独特性非属于典型契约规范的各类典型交易目的。由此,若具体契约当事人间的主要权利义务与法定契约类型未尽相符,却按照典型契约的相关规定处理非典型契约问题,将不免产生凿枘之讥,消弭了非典型契约的自身独特属性,最终致使当事人的缔约目的无法达成。[②]

综上所述,基于对非典型契约体系回归的考量,类型化方式必须摆脱现有合同编分则所呈现的个别化、独立化发展的趋势,应在获取契约类型间统合效应的基础上发展个别性。为获取类型间触类旁通的网状结构效益或者统合效应,应当建立“框架性类型系列”,具体将在下文阐述。

---

① Larenz, Methodenlehre der rechtswissenschaft, 3. aufl. s. 285ff. 转引自黄茂荣:《买卖法》,中国政法大学出版社 2002 年版,第 10 页。合同法是个开放的体系,无论立法者规定得多么详细,社会交易的发展总是会催生新种类的合同形式。一旦出现纠纷,法官唯一的解决办法就是通过类型化的思考方式进行类推,即将系争契约强行归类为某一典型契约,至少会确定与之最相类似的典型契约类型。而一旦确定了此典型契约类型,该契约类型的规定便会成为处理纠纷的适用规则。

② 参见陈自强:《民法讲义Ⅱ——契约之内容与消灭》,法律出版社 2004 年版,第 219 页。例如,当事人订立混合型非典型契约的目的在于缔结更加复杂的、明细化的权利义务关系,或者达成一种特殊的交易机制,以满足缔约人多元化的交易需求,若将其强行归入任何一种典型契约,将使合同目的难以达成。See Hong Chaoa, Kevin Siqueirab, *A Mixed Contract with Alternative Performance Measures in a Multitask*, 34Managerial and Decision Economics 417 (2013); Alexander K. Koch, Eloïc Peyrache, *Mixed up? That's Good for Motivation*, 1Economic Theory107 – 125 (2008); John J. Honigmann, Irma Honigmann, *Mixed Contracts in Rural Austria*, 4Ethnology 347 – 348 (1976).

第二节 框架性类型系列作为基本规则体系的建构支撑

一、框架性类型系列＝类契约＋基本性类型

为获取类型间触类旁通的网状结构效益，实现类型论在获取统合效应之基础上发展个别化的需要，笔者主张建立“框架性类型系列”：首先，应建立同一契约族群的“类契约”形态，提炼适用于该契约族群的一般性规则——介于现行合同编“通则与分则”之间的、并非能够适用于全部契约形态的一般性规则，借助“类契约”的类型涵括力确立契约类型的统合效应；其次，构建类契约项下的“基本性类型”，要求依据类契约项下各类契约的“给付特征性”进行结构布局，将同一契约族群中能够体现给付共同性特征的契约类型确定为“基本性类型”，并围绕“给付特征性”进行规则设置，以突出基本性类型之间的异质性。基本性类型的设定具有重要作用：一方面，补足契约类型外在构造上的体系性缺失，在一定程度上消解合同性质认定的僵化，使合同类型尽量形成一个网状的结构，对非典型契约形态具有更强的包容性；另一方面，借助基本性类型可以设定混合型非典型契约以及过渡形态的非典型契约的性质评估机制，本部分内容在下一章阐述。

总体而言，类契约和基本性类型构成同一契约族群的“框架性类型系列”，可以辅助非典型契约实现类型回归，围绕“框架性类型系列”可设定适用于非典型契约的基本规则体系：一方面，补足了契约类型的统合效应缺失；另一方面，实现了契约特色的个别化发展。

二、类契约反映非典型契约最基本的同质性

设定合同编分则层面的框架性类型系列之前，应厘清并解答以下基本问题：为什么在设定契约族群“基本性类型”之前，需要首先设定“类契约”？笔者认为存在以下几个方面的原因。

(一)类契约之设定扭转合同编分则的物化倾向

现有合同法"物化"倾向明显,难以为广泛存在的服务类非典型契约提供法律适用空间,需要在抽象层面设定服务类契约的一般性规范,以此扭转合同编立法的物化主义倾向。一方面,合同编通则部分的规则多是以物的交易为中心构建的,服务型合同具有区别于物型合同的明显特征,现有合同类型无法满足服务交易和合同纠纷裁判的需要;另一方面,在提供服务类合同纠纷处理中,法官往往类推适用典型契约的规定,而合同编分则中所规范的各类服务类典型契约尚未完成"脱物化"改造,而难以据此推导出契合服务给付之本质特征的适用规则。例如,承揽合同之规定即呈现一定的物化倾向,体现在承揽合同尚且包含"以物为中心的承揽"和"以服务为内容的承揽"两种类型,"以服务为内容的承揽"很难与委托合同相区分,导致处于委托和承揽中间形态的服务合同在是否适用瑕疵担保责任问题的处理非常模糊。有学者提出建议,采用"分离统合论"的方法,将承揽纯化为"以物为中心的承揽",将以"服务"为内容的"承揽"加以分离,并将承揽与委托两者统合构成全新的"服务合同"范畴,如此,以往在"是否适用瑕疵担保责任"上非常模糊的承揽和委托之间的中间形态,在适用法律问题上将更为明确。①

(二)类契约系非典型契约性质认定与体系回归的基本保障

类契约之设定,能够设定同族群非典型契约形态的基本同质性,给予非典型契约性质认定与类型回归的根本保障。类契约的相关规则可以适用于该契约族群内所有的契约形态,从而为新型契约形态纳入现有契约类型体系提供便捷性。② 基于契约类型间存在"一般与具体"的规范关系,③类契约在相应的交易领域具有基础性地位,其规则设定具有一般

---

① 参见周江洪:《服务合同的类型化及服务瑕疵研究》,载《中外法学》2008年第5期。

② 《民法典》中大量一般性规则的设定,使《民法典》制定之时尚未出现的新型契约形态更为容易地融入契约类型框架。See Basil S. Markesinis, Hannes Unberath, Angus Johnston, *The German Law of Contract a Comparative Treatise*, Oxford: Hart Publishing, 2006, p. 26.

③ 但需注意的是,通过类型统合形成的一般性规则能够实现对其下位类型的调整,但该调整路径仅能涵盖"一般与具体"的规范关系,而非"普通与特别"的规范关系。

性、通则性，给予了不能划归于任何典型契约类型的纯粹非典型契约回归的根本性保障。依照"一般—具体"的逻辑，类契约的给付特征性乃契约族群内最基本的共通特征，基本性类型即在此基础上进行的个别化演绎。由此，在具体契约形态存在性质犹疑时，应回归到作为上位类型的"类契约"。如"为他人处理事务"的义务设定以当事人之间的人身信赖关系为基础，以此，事务之处理通常应由受托人亲力为之；在此种人身信赖关系不复存在时，当事人一般也都享有解除合同的权利。由此，上述规则成为"处理他人事务"之法律关系的通则性规定，①源于此，服务类契约的一般性规则可准用于信托合同。

（三）类契约特征系非典型契约生效的必要因素

契约的本质要素（essentialia negotti）是决定契约类型的主要内容，也是契约发生效力的关键所在，能够反映契约的本质，而缔约人只有在对本质要素达成合意之情形下，方能认定契约成立。由此，契约的本质要素应是当事人合意的最基本范围，除此之外的任何要素的缺失不能影响契约的效力。然而，对于契约效力内容的认定呈现规范目的和裁量目的考量的双重失准：一方面，在司法实践中，对于契约效力之本质要素的认定存在偏差，多数裁判者并不清楚合同中的哪些条款应是契约成立的必要之点，以至于有裁判者认为合同示范条款规则中列明的条款即为契约必要之点，甚至使用主要内容的概念，导致必要之点的范围被不当扩大；②另一方面，基于规范目的之考量，为了尽可能保障合同的成立以及鼓励交易、增进社会财富，最高人民法院将合同的本质要素认定为"名称或者姓名、标的和数量"。

笔者认为，契约的本质要素系属当事人必须达成合意方能生效的内容，依据契约的本质要素应可确立其所应适用的法律规范，由此，决定契约效力的本质内容应当抛离无关事项，至少应反映契约最基本的给付特

① 参见［日］我妻荣：《我妻荣民法讲义 V_3：债权各论》（中卷2），周江洪译，中国法制出版社2008年版，第134～136页；王利明：《信托合同与委托合同的比较》，载《暨南学报（哲学社会科学版）》2019年第4期。

② 参见王洪亮：《论合同的必要之点》，载《清华法学》2019年第6期。

征,如当事人双方负“转移所有权与支付价款”的基本义务,便能确立出卖人、买受人之间成立买卖关系。但也有学者提出以合同分类为标准设定契约的效力规则,例如,“区分单务合同与双务合同,分别确定决定单务契约与双务契约效力的本质特征”,[①]但该种方式具有实务操作上的困难,且实用性不大:在以契约是否具备有偿性的分类基础上建立的契约效力规则过于笼统,难以对司法实践产生真正的指引性意义,契约的本质要素应当明确契约的类型特征。决定契约效力的本质“最终落脚点还是与具体合同类型相适应的本质要素”[②],因此,契约效力规则体系应当在类契约的基础上进行构建——这是因为类契约给付特色的满足,至少代表可以符合该类契约族群内数项具体契约形态的最基本的类型要求,也就是对于契约生效的最低标准。由此,基于类契约的类型统合效应,既能够确立同系列契约之具体形态生效的本质要素,也能够保障非典型契约自身独特性的演绎,因为从较为抽象的契约类型观察其具体下位类型时,可以获得触类旁通的统合效应,该具体契约一方面可适用该契约族群的共通性规则,另一方面也可保留其个别之特色[③]。

（四）类契约的相关规则系契约性质调和的根本参照

在非典型契约与“与之相类似之典型契约”的性质难以明辨时,回归到类契约的本质属性及一般规则是处理当事人关系最好的解决方法。非典型契约具有区别于任何典型契约类型的独特性,但同时具有在该契约族群内数项典型契约类型特征的相似性,例如,混合赠与均存在与买卖契约和赠与契约的相似性,而买卖契约和赠与契约同属于转移所有权类契约项下;这种相似性是由基本性类型之间类型特征的流动性造成的,基本

---

① 将“当事人、给付内容、方式、范围”设定为单务合同的必要之点,将“给付、相互性、给付方式、价格”作为双务合同的必要之点。王洪亮:《论合同的必要之点》,载《清华法学》2019 年第 6 期。

② 王洪亮:《论合同的必要之点》,载《清华法学》2019 年第 6 期。

③ 在《民法典》编纂中,合同编在契约类型的规制方面越来越注重挖掘特性,作出了诸多针对性的规范内容,针对客运合同在近些年出现的问题(如乘客霸座、强抢方向盘等严重干扰运输秩序和危害运输安全的恶劣行为等)于“合同编 · 运输合同”章作出了针对性的规定。笔者认为,类型特色化实现的前提在于类型形态的确定,只有在类型形态已确定的前提下,契约类型的特征性发掘才成为可能,因此,契约类型基本框架的确定对于契约内容的规制十分重要且必要。

性类型是在保持类契约的本质要素不变的基础上，经由类型特征的增添与消退形成。如作为委托和行纪契约之中间形态的居间契约，既具有与委托合同的相似性，又难以摆脱与行纪契约类型特征的相似性。① 作为可以统摄基本性类型特征的类契约，可以作为调和其项下具体契约形态的性质冲突。

三、基本性类型完成给付的特色化发展布局

基本性类型之设定对非典型契约的法律规制具有三个层面的意义。"那些具有极为一般性规定的类型应作为'基本性类型'存在"。②

首先，基本性类型的设定，是出于类契约设定基础上进行给付特色化发展的需要，能够在一定程度上发挥查漏补缺的结构效应，为各类非典型契约提供性质认定的结构支撑。如服务类契约项下应增设"雇佣型契约"作为基本性类型，其与委任型契约与雇佣型契约在劳务给付范围之界定方式、风险负担规则、劳务债务人职责之行使方式以及社会义务的承担等方面均有差异，可以兼顾雇佣型非典型契约的独特属性并为之提供可兹适用的规范体系。

其次，基本性类型的设定是实现非典型契约法律规制路径中"承上启下"、不可或缺的重要环节。依靠基本性类型可以确定非典型契约的基本性质，并推演出双方当事人的主要权利义务内容，形成供契约参照适用的基本规则体系。非典型契约相较于基本性类型依旧呈现给付特征上的"非典型性"，需要进行规范适用上的协调，类契约的相关规则可为规范调和提供基本准则，但具体的性质调和过程以及规范适用上的调整需要借助在基本性类型间建立的"动态化的契约性质评估框架"来解决，以此发挥基本性类型系列的谱系功能，此部分内容将在下一章进行论述。

最后，更为关键的是，设定基本性类型的主要意义在于：以基本性类

---

① 参见王利明：《合同法分则研究》（上卷），中国人民大学出版社 2012 年版，第 685 ~ 687 页。

② ［德］迪特尔·梅迪库斯：《德国债法分论》，杜景林、卢谌译，法律出版社 2007 年版，第 243 页。

型为依据完成非典型契约的基本定性，构建形成适用于非典型契约的基本规则体系。基本性类型之设定，乃遵循类型特征演绎的强弱变化及有无的基本逻辑，能够展现并构建债法体系中契约类型的体系和布局，该结构布局是实现非典型契约向民法典回归的基本保障，也是契约类型特色化演绎的基础形式。实现非典型契约向民法典的回归，需要寻找该契约在结构布局中的定位，完成契约的基本定性，基本性质决定主要内容，由此可确定当事人间基本的权利义务关系。这一过程在基本性类型的结构中即可完成。而非典型契约的给付内容往往具有复杂性、多元混合性，契约中的多元给付可能源于多种基本性类型，此时，基本性类型的相关规则可以作为非典型契约的补充性适用规范。例如，旅游合同中旅行社提供路线安排、提供或者通过履行辅助人提供交通、住宿、餐饮、游览、导游或者带队等两项以上服务项目，旅游者以总价一次性支付旅游费用，[①]旅游举办人所为之给付是一种整体性的服务。若只提供其中的单项服务，如仅负责运送或提供住宿，便构成承揽契约或租赁契约。此时，只能将多元给付作为整体进行合同性质认定，旅游契约应归属于承揽型契约，主要适用承揽型契约的相关规则，但旅游契约中单项给付内容的调整仍应适用与之相对应的契约类型的规定，如在给付瑕疵、风险负担规则、报酬给付规则等方面应以承揽型契约的相关规定为主。

---

① 参见王利明：《合同法分则研究》（下卷），中国人民大学出版社 2012 年版，第 541 页；周江洪：《旅游合同性质决定之局限性探讨——以日本的学说及裁判实践为例》，载《旅游学刊》2009 年第 11 期。

第五章　非典型契约制度的基本规则体系

建立框架性类型系列,可以保障在实现类型统合效应的基础上发展给付的个别化特色,由此:一方面,以最基本之同质性为非典型契约提供回归的根本保障;另一方面,根据给付特色的个别化发展确立的基本性类型布局,基本可以实现非典型契约的独特属性。由此,框架性类型系列的建立辅助非典型契约在契约类型制度中实现体系性的回归。但框架性类型系列的作用机理不止于此,依靠类契约与基本性类型的规则设定,亦可形成非典型契约制度的基本性规则体系,即"基本规则体系=类契约一般性规则+基本性类型规范体系"。

第一节　框架性类型系列的类型标准及设定逻辑

一、类契约的特征标准及设定

(一)契约分类的两种体系效应

合同领域可依不同的标准设置多种分类标准,因而同一合同同时会具有不同合同类型的属性。依据契约分类的体系效应，其分类标准可分为“总则意义上的分类”与“分则建构意义上的分类”两种类型。

1. 总则意义上的分类

此种分类标准促进了合同理论的演进（如要物契约及诺成契约的分类即为要物理论逐渐消退、合意主义逐渐兴起的结果），使合同法共通性规范具有分层化构造的意义。如单务契约与双务契约的区分，其分类的标准在于“双方当事人是否互负具有对价意义的债务”[①]，此处所言之“具有对价意义”并非指双方给付具有客观上相同的价值，而是指双方的给付具有依存关系。此种契约分类之实益主要反映在总则层面的规范设置方面，如同时履行抗辩权问题以及风险负担问题只发生在双务契约的场合，[②]契约的一般法定解除制度主要针对双务契约设定。若以“当事人是否因给付而取得对价”为标准设定有偿契约与无偿契约，其分类意义在于设定无偿契约相关规范中的“可赦免性”：一是为有偿契约设定准用规则，无特别规定时，准用买卖契约的相关规定，而无偿契约则不适用买卖契约中的标的物权利瑕疵担保和品质瑕疵担保责任；二是在无偿契约情形下，给付只对一方有利，债务人只负故意和重大过失责任；三是设定债权人撤销权的区分构造，在无偿契约场合，并不要求受益人主观上具有诈害意思，而在有偿契约的情形中受益人须具有主观上的恶意。

2. 分则建构意义上的分类标准

分则建构意义上的分类标准，即以“所约定给付的种类”进行契约的类型化。契约本质是一种约定给付关系，以约定给付的种类作为类型设定的标准，能够反映并明确界定当事人的缔约目的，进而完成契约类型的确认。如前文所述，当事人所约定的给付依据其“特征性”赋予给予行为以“法律上的颜色”，才能实现合同法促进交换的功能，以此，给付的特征性便排除了金钱给付，因为“通常表现为金钱的对待给付本身不具有任何

---

① 韩世远：《合同法总论》（第4版），法律出版社2018年版，第75页。

② 参见宁红丽：《中国民法典上典型合同风险负担规则研究》，载《中国政法大学学报》2019年第6期。

色彩,其只是用于界定无偿的法律行为”①。

对于约定给付的种类,学界与立法界存在的既有分类主张②存在以下问题。

一方面,分类标准并未充分厘清“债之标的”与“债之标的物”的区别,导致划分标准呈现混乱局面。如《埃及民法典》将契约类型划分为四种,即权利让与为标的之合同(包括买卖合同、与买卖有密切联系的合同、赠与合同、货币及其他可替代物的借贷合同、定期限交付合同)、提供服务的合同(雇佣合同、特征种类的工作合同、承揽合同、脑力工作的雇佣合同、医疗或住院合同、旅店合同、出版合同)、动产的保管使用或占有合同(租赁合同、使用借贷和无息借贷合同、寄托合同、仓储合同、质押合同)、以不动产为标的之合同(不动产的买卖合同、租赁合同、以不动产为标的之承揽合同、抵押与不动产的典质合同)。其中,既以给付的形态作为划分标准,又将给付标的物作为区分标准,由此,在既规定“权利让与类契约”的基础上,又存在与之存在重合的“动产的保管使用或占有类契约”和“以不动产为标的类契约”的契约类型。

另一方面,分类标准并未明确类型化方法的涵摄范围与体系价值,尤其是混淆了“债法分则内部层面”的划分标准与“债法总则与分则间”的划分标准,导致分类标准呈现多元性和复杂性,笔者认为这可能是“债法各论”的属性定位造成的。③ 例如,《阿尔及利亚民法典》将“各种之债”分为转移所有权的合同、有关物的使用的合同、提供服务的合同和射幸合同四种类型。其中,射幸合同与实定合同的分类实为总则意义上的分类,其以“合同的效果在缔约时是否已经确定”作为分类标准,两者区分的法

① [德]迪特尔·梅迪库斯:《德国债法分论》,杜景林、卢谌译,法律出版社2007年版,第5页。

② 在立法方面的总结,笔者仅指立法者对合同法分则或者债法分则的抽象性概括作出了努力的法典经验。

③ 此外,还有诸多类型化划分的主张,因其划分标准的体系性较不完整,而未被纳入本书的讨论范围。如《荷兰民法典》即在多层次的法典结构下设定了延续性的合同分类标准,笔者认为其分类标准存在多元化的问题,如“其他合同”类别中的财产授予与物权转移类合同难以区分。

律意义在于:实定合同一般遵循等价有偿原则,若给付间不等价则可能会被撤销乃至无效,而射幸合同难以从等价与否的角度来衡量合同是否符合公平原则。[①] 有关射幸合同的一般理论,应当在合同法总则中进行规范,在具体的射幸合同类型研究中,其主要对比与参照的对象亦应是合同法共通性的一般规则——对于具体射幸合同类型的法律适用,目光应当流连于总则规定与具体契约内容之间。我国学者邱聪智教授所主张的分类理念亦是如此,其将契约分为财产性契约(买卖、互易、赠与、租赁、使用借贷、消费借贷、终身定期金)、劳务性契约(雇佣、承揽、出版、委托、经理人、代办商、居间、行纪、寄托、仓库、运送、承揽运送)、信用契约(交互计算、保证)四个基础类型,[②]对于信用契约而言亦存在如上问题。[③] 黄茂荣先生所主张的"将债法各论中所规定的27个类型的典型契约,按照其主要给付之客体的特征划分为:让与之债、用益之债、劳务之债、组织之债四种基本类型,前三种属于流通关系,第四种属于组织关系"[④],可谓是目前所有主张中最为全面且无矛盾冲突的类型化整理方式,但笔者认为,该分类标准不能直接用作划定类契约的一般性标准。这主要基于两点原因:其一,黄茂荣先生的该种分类主张主要是对现有类型化的整理与归纳,类契约的建构意义尚在其次;其二,组织之债类型的存在主要是基于法典化衔接的意义,目的在于与《民法典》总则中非法人团体、无限公司、两合公司、有限公司至股份有限公司结合共同组成"人之组织"的完整类型谱系,并为公司之合同治理的引入设定正当化基础。

(二)类契约设定逻辑的确定

"在每一个具体的债的关系,给付都具有不同的内容和表现方式,即债务人应为的行为表现为不同的形态。"[⑤]给付的形态,乃是依据给付行为的具体方式所作的分类。以"所约定给付的形态"作为划分依据,不仅

---

① 参见崔建远主编:《合同法》,法律出版社2016年版,第36~37页。
② 参见邱聪智:《债务之构成及定位》,载《辅仁法学》1992年第11期。
③ 因为保证合同有名化的主要原因尚且在于为各类保证引入或设定民事规范的基础。
④ 黄茂荣:《买卖法》,中国政法大学出版社2002年版,第12页。
⑤ 张广兴:《债法总论》,法律出版社1997年版,第115页。

出于体系理论的需要,更基于规范的需要,不同的给付形态对债务人的履行具有不同的要求,在债务违反的构成要件及责任承担上也有不同。例如,在“以提供劳务和不作为”为标的之债,债务人的履行不需有履行效果;在支付金钱为标的之债,不发生履行不能;瑕疵履行的认定,也仅在以交付财物、提供劳务等为标的之债才能发生等。据此,笔者为类契约的确立设定以下逻辑。

1. 给付区分“物型给付”与“服务型给付”

根据传统的“给之债”和“为之债”的分类,可将给付特色区分为物型给付和服务型给付。若从产品特征的角度来探讨服务的本质,服务呈现无形性(intangbility)、不可分离性(inseperability)或称生产和消费的同时性(simultanaous production and consumption)、异质性(heterogeneity)和易逝性(perishability)四个具有独特性的主要特征,[①]而使服务型给付区别于物型给付的主要原因在于,以物为中心构筑起来的交易规则直接适用于服务型给付行为会产生不协调,[②]由此决定在物型契约之外应构建服务型契约的特有规则。由服务区别于产品特征的独特性产生的规则特性主要体现在几个方面。

一是服务本身具有易逝性和不可分离性,使其具有储存不可能之特征。服务之给付需要一定之时间和空间为发生场域,服务在提供的同时便被消费,不能像商品一样储藏库存,因而具有无可储藏性;且服务通常在提供的过程中已被服务对象所“消费”、“吸收”或“附着”于服务对象,复原、返还已经提供的服务是非常困难甚至不可能的,以此,服务之给付本身无返还的可能性,[③]在证明是否已履行方面存在困难,且因合同解除等引起的恢复原状难以在服务型合同中消解。

二是服务本身具有无形性和识别困难性,不能像有形商品那样被看

---

① 参见[美]K. 道格拉斯·霍夫曼、约翰·E. G. 彼得森、范秀成:《服务营销精要:概念、战略和案例(中文改编版)》(第2版),范秀成译,北京大学出版社2008年版,第6页。

② 参见周江洪:《作为典型合同之服务合同的未来——再论服务合同典型化之必要性和可行性》,载《武汉大学学报(哲学社会科学版)》2020年第1期。

③ 参见黄茂荣:《债法分则之二:劳务之债》,厦门大学出版社2020年版,第1页。

到、感觉到、品尝和触摸到。一方面，引起债务内容确定的困难，这与"给付得为确定"的物型契约规则相异，也正是基于这一点，《法国民法典》第1163条对当前或未来的给付作为债的标的之条件作出规定，给付必须是可能且确定或可确定的；另一方面，服务接受方往往难以提前预知服务本身，尤其涉及专业性领域时，服务人对服务内容掌握更多的信息，由此，服务人在合同缔结阶段的信息说明义务、建议义务等较物型合同而言更为重要。

三是服务本身具有异质性。服务是以人为中心的行业，服务的构成成分及其质量水平经常发生变化，[①]服务的效果与服务提供人自身的特性和服务受领人的协作程度紧密相关。服务的异质性可以分为三个塑造层面。第一层面，服务提供的质量受到服务提供人自身特性的制约，与其自身技能直接相关。这决定有些服务型给付本身具有较强的人身拘束力，尤其体现在方式性服务契约中，只能由服务提供人本人提供服务，"代替给付"就会面临一些问题。第二层面，服务受领人的协作对服务效果的影响尤为明显，其协作程度、自身健康状况、情绪、适应能力等属性是重要的影响因素。第三层面，服务受领人对服务提供人的授权托付与服务提供人对事物的处理及权限相辅相成。一方面，服务受领人进行的授权及其范围的确定，对于服务提供者的行为权限影响极大。在一般情况下，若服务提供人居于从属性地位，其必须依照服务受领人的指令做出给付，其对受领人事务的介入程度在很大程度上受制于服务受领人的意志，对于该种情形，服务人的责任相对减轻，若因其风险支配领域外的风险致使其违约时，服务人也无须承担债务不履行的责任；而处于独立地位之服务提供人，其责任范围不再限于注意义务的违反方面，在特定情形下，其需要确保"发生或不发生一定的利益状态"，而不问是否违反了注意义务，均须对结果的发生或不发生承担责任。另一方面，基于此种"授权托付"行为本身，建立了服务受领人与服务提供人之间的信任关系，此种信任关系可谓是服务契约达成与存续的基础所在，当此种信任关系出现问题时，会

① 参见刘训峰：《服务合同一般规定立法研究》，南京大学2014年博士学位论文，第20页。

涉及是否发动合同解除权的问题。基于此种信任关系，决定服务给付本身具有一定的人身属性，如承揽合同区别于交付标的物合同的重要之点即在于一定的人身属性，定作人选择与某一承揽人订立合同，乃是基于对特定承揽人技术、经验、技能等的信赖，因而承揽人应当按照定作人的要求，凭借其自身的技术、经验、技能提供一定的劳务并完成一定之工作成果，而不能将承揽的主要工作交由第三人完成。若定作人丧失了对承揽人的信赖，定作人应对承揽合同享有任意解除权。①

四是服务之提供具有持续性。为达到服务的效果，服务之提供需要一段时间始可完成，体现出继续性的债务特征。基于该特性，提供服务型契约有关于契约终止的规范需要。在终止之规范上，其约定或法定的终止事由、终止的法律效力皆为重要。②

2. 物型给付区分“永久性让与”和“一时性让与”

依据物型给付的内容性区分为“将物、权利或者其他财产权益永久性地转移”的给付形态和“不以永久性的移转为内容，而只是以一时的让与为内容”的给付形态。这是由取得物之利用方式决定的。所有权的积极权能分为价值权能与用益权能，以所有权移转的方式取得物之所有权，有时在于取得价值权能，如商人间的转售谋利，有时在于取得物的使用收益权能，如消费者购买商品。对于取得物的使用收益权能而言，转移所有权的方式具有终局性，所有权受到物权法的绝对保护，对于使用者而言地位最为稳固。一个物或者一项权利通过转移所有权的方式转移给另外一个人，并保留在该人那里，除非在发生障碍的情形下，才会发生返还的问题，由此，在以所有权终局让与为内容的契约中给付和对待给付的交换可以在短时间内得到清算了结。③ 但在无法或者无须进行终局性的所有权移转以获得物的使用收益时，尚有设定用益物权之方式，用益物权亦受到物权法的绝对保护，地位具有稳固性，但用益物权的设定方式仅限于取得不

---

① 参见王利明：《合同法分则研究》（上卷），中国人民大学出版社 2012 年版，第 357 页。

② 参见黄茂荣：《债法分则之二：劳务之债》，厦门大学出版社 2020 年版，第 1 页。

③ 参见［德］迪特尔·梅迪库斯：《德国债法分论》，杜景林、卢谌译，法律出版社 2007 年版，第 155 页。

动产的使用收益,且其设立或移转,非经登记不能生效,手续繁杂。遂产生以债权契约的方式取得使用收益他人之物的权利,此种用益权利并非对物的直接支配,而是具有相对性,但可适用于动产和不动产,且此种方式简单迅速。[①] 但通过债权契约的方式将一个物或者标的物交付给另外一个人的目的仅在于,使该人在限定的时间之内占有该物或者成为该物的所有人,[②]占有人负有返还该物之义务。

由此,奠定了物型给付契约分类的理论依据,根据物型给付的内容可区分为"物、权利或者其他财产权益永久性的转移"和"物、权利或者其他财产权益一时性的让与"两种类型,其相对应的是"以终局移转财产权为内容之类契约"和"定期限交付类契约"。以终局移转财产权为内容之类契约,是指依契约约定,一方负有移转财产权于他方的义务,此义务成为该类契约特征上不可欠缺的必要之点,成为该类契约共通的主给付义务。[③] 需要注意的是,基于物权行为独立性原则,债权契约本身无法直接使物权发生移转的法律效果,而有待于另外一个契约,即物权移转契约,物权移转行为与"以移转物权为内容的契约"本身并无直接的关联。以此,笔者认为将以终局移转财产权为内容之类契约简称让与之债[④]将不免令人生疑。以终局移转财产权为内容之类契约和定期限交付类契约区分的关键在于,交付的标的物最终是否应当重新回归于交付人。在多数情形下,定期限交付类契约移转的对象为物或者权利,所移转的仅是直接占有,而在以金钱为客体的定期限交付契约中,如消费借贷,由于金钱具有可替代性,故对于交付人而言,应当返还的物品的个体性如何并不重要。[⑤] 因为若要求受领人必须返还所给付之物品,交付的行为对于受领

---

① 参见陈自强:《民法讲义Ⅱ——契约之内容与消灭》,法律出版社2004年版,第130~131页。

② 参见[德]迪特尔·梅迪库斯:《德国债法分论》,杜景林、卢谌译,法律出版社2007年版,第155页。

③ 参见陈自强:《民法讲义Ⅱ——契约之内容与消灭》,法律出版社2004年版,第117页。

④ 黄茂荣先生即在其对债权契约的分类整理中将该类契约称为"让与之债",笔者认为,此种称谓易令人误解,应谨慎对待之。

⑤ 参见[德]迪特尔·梅迪库斯:《德国债法分论》,杜景林、卢谌译,法律出版社2007年版,第157页。

人而言没有任何意义,由此,对于消费借贷而言,应予交付的物品不只是发生了单纯的交付,而是所有权的移转,但借用人借用期满,仅负有返还种类、品质、数量相同的替代物之义务,借用人虽然取得借用物的所有权,但并非终局,应不属于“以终局移转财产权为内容之类契约”而系“定期限交付类契约”的项下类型。

3. “服务型给付”保持服务类契约的上位类型地位

提供服务型给付的契约群中类契约的确立,涉及的是提供服务型契约的规范构架问题。以物的交易为中心建立起来的合同法规则,难以容纳并调整“服务型给付”的独特属性,即便《民法典》合同编新增了物业服务合同,现有规则也难以涵盖现实中大量的非典型服务型契约。

那么,服务型给付的规制能否像物型给付的规制一般,[①]设定某一具体的契约类型作为“提供服务型契约”的基本原型,将该契约类型规范准用于其他非典型服务型契约?从立法成本来看,以某一具体的典型契约类型作为原型的规制路径符合效益性原则。《俄罗斯联邦民法典》即将“承揽合同设定为服务类合同的母合同,并在承揽合同规定中设置准用性规范”,为现实中存在的大量非典型服务契约提供规范基础。我国也有学者建议以承揽合同为中心构筑服务合同,[②]该种主张具有不可行性,因为至少在承揽合同与委托合同的瑕疵判断及法律效果方面,两者差别甚大,仅仅依据承揽契约的规范难以统合所有的服务合同类型。就连以“设定承揽合同为母合同地位的方式构筑服务合同”的俄罗斯民法学界亦承认,承揽合同与提供服务合同的标的具有本质性区分,由此导致两类合同在风险分担等规则上存在差异性,此种服务类合同体系化的方式忽略了承揽合同与有偿服务合同之间的本质性区别,实质上泯灭了其他非典型服务类合同的独特属性,也消弭了俄罗斯民法学界对服务合同类型化区分所做的努力。《俄罗斯联邦民法典》第 779 条即规定,执行人的基本义务

---

① 物型给付类契约设定了买卖契约为基本原型,买卖契约的规则准用于其他有偿契约。

② “承揽合同确立了服务合同的一般性规则,由此,买卖合同和承揽合同所包含的法律规则在合同编分则具有一般法的地位。”参见王利明主编:《中国民法典草案建议稿及说明》,中国法制出版社 2004 年版,第 495 页。

是按照定作人指定的任务提供服务，这与承揽合同不同，服务合同的执行人向定作人提供服务并不承担因此产生的风险，《俄罗斯联邦民法典》第705条关于承揽合同双方当事人间风险的分担并不适用于有偿服务合同。虽然在比较法上存在"以承揽合同为中心构筑服务合同体系"的成功经验，但其成功之处与特定的历史缘由相关——德国法上的委托合同承继了罗马法上委托合同的无偿性，只能以承揽合同为中心，否则难以解决大量有偿服务合同的定位问题。而我国并不拥有这样的体系构造，生硬地将承揽合同设定为服务型合同的基础类型，只能对服务类契约进行泛泛规定、形同虚设，还将造成法律适用的困难。①

日本参照《瑞士债法典》第394条第2款对劳务给付的兜底式规定方式，②赋予委任契约以统括其余的地位，将委托的规定视为"处理他人事务的法律关系的通则性规定"。③ 由此，将难以纳入雇佣、承揽、保管和其他契约类型的大量非典型服务类给付，纳入"准委托"这一托底式契约框架中，同时，准委托合同参照适用委托合同的规定，致使委托合同的规则日渐成为服务类契约的通则性规定。但在长期的司法实践中，被纳入"准委托"处理的非典型服务契约，在准用委托合同规定时都会面临制度供给不足或过度准用的问题，尤其是委托合同的亲自履行义务、任意解除权制度、委托合同的终止等，其在具有独特属性的非典型服务契约中适用并不一定得出妥当的结果。而"我国除了没有规定雇佣合同之外，对于服务类合同的类型配置与日本极为接近，日本对于服务类合同类型配置的大幅度修改与立法重构的挫折历程，应当为我国服务类合同的类型配置提供未来方向"，④以此，委任合同亦难以担负起服务类契约的"原型"地位。

综上所述，确立服务型契约之类契约的方式只能是"保留服务合同作为具体类型服务契约的上位类型"，为服务型契约设定一般性规范。由

---

① 参见周江洪：《服务合同研究》，法律出版社2010年版，第19~20页。

② 参见《瑞士债法典》，于海涌、[瑞士]唐伟玲译，法律出版社2018年版，第189页。

③ 参见[日]我妻荣：《我妻荣民法讲义V_3：债权各论》（中卷2），周江洪译，中国法制出版社2008年版，第134~136页。

④ 周江洪：《日本服务合同立法受挫的经验和教训》，载《上海政法学院学报（法治论丛）》2020年第3期。

此,最终确定的合同编分则中"类契约"为以下三种类型:以终局移转财产权为内容之类契约、定期限交付类契约和提供服务类契约。

二、基本性类型的设定基础与逻辑规律

类契约范畴内的具体契约形态总是在共享同质性因素的基础上发展个别之特色,例如,"以终局移转财产权为内容之类契约"的共通特征在于财产权的移转义务,并根据具体契约特征性的差异延伸出特色化的瑕疵担保责任和风险负担规则的规范需要;"定期限交付类契约"体现出用益之债的共通特征,即"于物、权利和其他不具权利地位之财产之用益权的授予义务",具体契约的个别化发展延伸出差异化的保管、修缮义务及被授权人保护的规范需要;提供服务类契约在处理他人事务方面存在共通性规范,但依据结果之债与方式之债的分类标准呈现差异化的规范需要。[①] 由此,类契约的特征构成其范畴内具体契约形态特色性发展的"核心意义",具体契约类型化的特征演变与发展呈现规律性,即同一范畴内的具体契约的类型特色总是围绕着该"核心意义"的稳定性,并依据具体特征的添加消退、作用的强弱变化形成类契约范畴内部的弹性化空间,这是由类契约作为上位类型的核心范畴稳定性决定的。

类契约与基本性类型的规范作用呈现相辅相成的关系:一方面,类契约设定其范畴内具体契约发展的"核心稳定性",无论具体契约类型特征如何发展与演变都逃不出一般性规范的约束;另一方面,基本性类型的设定可以展示类契约范畴内部之给付特征演变的规律性,通过其中最具典型规范意义的具体形态进行固定化与明定化,设定为基本性类型,可为其余具体契约形态的规范提供参照基础。在此过程中,合同编分则中典型契约的类型设定与规范为之提供了基础,因为在类型演进中具有典型代表意义的契约形态,大多已经被实体法明定化为典型契约,但亦存在"沧海遗珠",基本性类型即在此基础之上补全类型布局中的残缺,为大量存

---

① 参见黄茂荣:《买卖法》,中国政法大学出版社 2002 年版,第 13 页。黄茂荣先生还设置了"组织之债"的契约族群,认为组织之债在当事人只读属性以及事业之营运机能之维护方面存在共通性规范。

在的其余非典型契约提供规范参照。[①]

回归到具体设定环节的具象化角度,需要对类型论进行更为深入的探索。传统类型化的方法更注重的是类型间的同质性,如有学者主张“类型,即尽管有些特征相同,但相类而有所不同,如两类事物的特征分别表现为‘abcdef’和‘abcdhi’,基于‘abcd’特征的相同性,可将之归结为同一类型”[②],可见,传统类型论的方法重心在于掌握类型间的相似性以实现规范的统一性,同质性的回归能够为法律适用提供“简明大义”的方向。然而,真正体现具体契约特殊性的应当是异质性的探索,异质性决定具体类型规范适用的特殊性。由此,框架性类型系列的设定应呈现“双层性”——既要总结并提升类型间的同质性,为具体类型提供统一的规范指引;亦须关注并实现具体类型发展的个别性特征。各类契约范畴内具体类型的特色性发展基本遵循以上共同的规律性,以完成给付特色性发展的结构布局,但不同的类契约范畴内的规律性又不尽相同,因而,必须对各类契约项下基本性类型的设定进行个别化的考量。但需要注意的是,类契约所设定的同质性特征是其范畴内所有契约形态所共享、共通的特征,但这些特征并非完全是必不可少的,具体契约类型往往具有不同于一般特征却又具有重要性的特征。[③]

第二节　类契约:一般性规则的统合效应

一、“以终局移转财产权为内容之类契约”的一般规则

以终局移转财产权为内容之类契约本意在于让与,是指以移转对于

---

① 在类契约的涵摄范围内,所有具体的契约形态均基于给付的特征性演变而形成。学界所言的混合契约,是在默认已经设定基本性类型的基础上,对其中特征演化之中间形态或混合情形的讨论。笔者认为针对此类契约形态应当建立动态化的性质评估机制,具体将在下一章进行探讨。

② 刘士国:《类型化与民法解释》,载《法学研究》2006 年第 6 期。

③ 参见刘士国:《类型化与民法解释》,载《法学研究》2006 年第 6 期。

物、权利或其他具有财产价值之利益于他人为给付义务之内容的债务。根据契约性质，一方负有移转财产权于他方的义务，[①]该义务成为该类契约的类型特征，亦为契约必要之点，构成该类契约的主给付义务。[②] 可得让与之客体应当具有让与性，种类并无限制，物权与债权固不待言，终局性移转之标的物既包含物的买卖，也包含无体之物的权利移转，物体财产权、准物权甚至与客户的关系或者是关于一种秘密方法的知识等均得为让与之客体。在权利之终局移转情形，最常见的形式是（有担保权的或者无担保权的）债权的买卖，但终局移转的标的物也可以是其他可以转让的权利，如公司股份或者专利等，《民法典》中的技术转让合同即以无体财产权之有偿让与为目标，系属"以终局移转财产权为内容之类契约"的涵摄范围；[③]又如，无追索权之保理本质是债权买卖合同，应属此类契约之涵摄范围。[④] 而单纯的所有权移转不在权利终局性移转的范围之内，因为所有权存在于物之上，故其移转可归入物之买卖或赠与。单纯就权利之终局性移转而言，准用关于物之终局性移转的规定是非常微不足道的，在提炼关于"以终局移转财产权为内容之类契约"的一般性规定时，应当兼顾权利之终局性移转的特殊性。

让与性质之契约与用益性质之契约应予区分，用益之债不以移转物、权利或其他具有财产价值之利益于他人为给付义务之内容，而以就一定之物、权利或其他财产授权他人使用收益为给付义务之内容。由此，租赁

① 在买卖契约中，出卖人不仅负有移转标的物所有权的义务，还负有交付的义务。而其他财产权利的转让原则上来说并没有交付的必要，当然，在特殊的情况下，交付权利的凭证如交付提货单据也可以发生所有权移转的效果。参见王利明：《合同法分则研究》（上卷），中国人民大学出版社2012年版，第43页。

② 参见陈自强：《民法讲义Ⅱ——契约之内容与消灭》，法律出版社2004年版，第117页。

③ 所称"技术转让"包括技术权益的转让，应归属于无体财产的买卖契约类型，但《民法典》第862条并未展现技术转让合同的债务契约属性，而是从合同客体与技术的关联性出发，将其规定在技术合同一章。参见崔建远：《技术合同的立法论》，载《广东社会科学》2018年第1期；黄茂荣：《买卖之目标及其〈民法典〉之合同类型的配置》，载《北方法学》2020年第5期。

④ 黄茂荣认为，技术转让合同和无追索权的保理合同的设定都只是《民法典》的立法策略，立法者未将权利之买卖归结为一种基础类型，而是就各种权利之买卖分别设定典型合同。但这一做法本就难以掩盖其本来所属同一上位类型的事实，即同属于权利之买卖。参见黄茂荣：《买卖之目标及其〈民法典〉之合同类型的配置》，载《北方法学》2020年第5期。

或者转租都仅构成用益之债，而以租赁权之让与为主给付义务内容之契约则归属于“以终局移转财产权为内容之类契约”调整。转租与租赁权之让与在契约类型区分上的意义在于，承租人不因转租而脱离原来之租赁关系；而租赁权让与的结果将使原承租人因让与租赁权而脱离原来之租赁关系，这与一般的债权让与具有相同的法律效果，债权人移转债权于他人后，即不再是该债权之债权人。[①] 让与之债的以上特性决定了其当为之规定内容，由此，自“以终局移转财产权为内容之类契约”当然导出的规范内容包括“危险负担之移转”和“瑕疵担保”两个方面。[②]

（一）给付危险转移之负担

危险负担解决的是让与之目标物之利益与危险究竟应在何时移转于受让人的问题。[③] “通常而言，在债务关系中的‘危险’指以下两种情形：一是价金的负担，二是给付的危险。给付危险是指有义务负担此危险者，亦有义务使约定的给付成为可能，若给付未得以履行，则不论是否存在可归责于其自身之原因，均须承担债务不履行的责任；所谓危险负担，是指在不可归责于双方当事人之事由致使标的物毁损灭失时，谁来负担价金危险的问题。”[④]然而，赠与契约亦归属于“以终局移转财产权为内容之类契约”范畴，但其具有无偿性致使其价金之危险负担的移转难以升华为类契约的一般性规则。[⑤] 因此，“以终局移转财产权为内容之类契约”在危险转移的负担方面，仅给付危险转移之负担具有一般性。

1. 原则：利益之所在，危险之所归

给付危险转移之规则具备“以终局移转财产权为内容之类契约”所需的规范一般性，这是由“风险转移”与“所有权转移”之区隔决定的，

---

① 参见黄茂荣：《债法分则之一：让与之债》，厦门大学出版社2020年版，第13页。

② 若让与人并未履行其主给付义务，换言之，未移转所有权，根据合同编通则债务不履行的一般规定处理即可，并无争议；真正与让与之债的给付特色直接相关的，是标的物交付于买受人之后的瑕疵担保与危险转移之负担，这是区别于债务不履行一般规定的特别规定。

③ 参见黄茂荣：《债法分则之一：让与之债》，厦门大学出版社2020年版，第166页。

④ 黄茂荣：《买卖法》，中国政法大学出版社2002年版，第538～539页。

⑤ 赠与契约之无偿属性，亦使得“以终局移转财产权为内容之类契约”对瑕疵担保之规范的重要性下降。参见黄茂荣：《债法分则之一：让与之债》，厦门大学出版社2020年版，第212页。

该项区分仅适用于财产权终局让与之情形。正如英国学者拉贝尔所言,“风险与所有权两者服务于不同的利益,两者是不同的制度。所有权转移的时间确定牵涉的是债权人的利益,而风险转移主要决定买方应在何时无条件地支付价金的事宜”。[①] 对于所有权不发生移转的契约形态,即使发生了标的物的交付行为,但持有人对标的物仅享有占有或使用权,但并不享有所有权,若由该占有人负担标的物灭失的风险,将对其负担过重的风险,造成所获利益与风险承担之间的极度不相称,违反了权利义务相一致的原则。[②] 例如,在租赁、承揽以及运输等合同类型中,风险遵循所有权责任原则。在古代法,就有所谓“天灾归所有人负担”的法律谚语。

由此,针对财产权终局让与之情形,可依据风险转移与所有权转移的区分视角设定风险随交付移转之规则,即以标的物的实际交付时间为标的物风险转移的确定标志,遵循“利益之所在,危险之所归”的交付主义原则,不论标的物所有权是否已经发生终局性移转,均由标的物的实际占有者承担风险。交付即意味着占有移转。所谓交付,是指权利人将自己占有之物或所有权凭证移转给他人占有的行为。[③] 原理在于:财产权发生终局移转之情形,标的物必须先入一个人之事实管领下,他才可能对之使用收益,而谁来用益,就应当由谁来承担危险。况且,该标的物灭失、损毁风险完全可以由某人采取行为避免,也可以说,该物在其事实管领范畴内,其也是最有可能、最有能力对该物的不测风险采取必要性防护措施的人选。[④] 综上,一般而言,在标的物交付与所有权移转分离之情形,占有和所有自有轻重之别,从目标之维护,从防止其毁损或灭失的可能性来看,占有优于所有,与之相关的“与目标物存续有关之危险的防范”最为相干者,亦为目标物的占有情形,而非所有。在此情形下,纵所有权尚未

① [英]施米托夫:《国际贸易法文选》,赵秀文选译,中国大百科全书出版社 1993 年版,第 329 页。

② 参见王利明:《合同法新问题研究》,中国社会科学出版社 2003 年版,第 797 页。

③ 参见王利明:《合同法分则研究》(上卷),中国人民大学出版社 2012 年版,第 81 页。

④ 参见黄茂荣:《债法分则之一:让与之债》,厦门大学出版社 2020 年版,第 168 页。

移转，仅涉及标的物之归属问题而已，受让人既已承受该物之利益，自不宜令出让人承担风险。唯有当事人约定以“占有改定”或者“指示交付”之方式替代“现实交付”之情形，其危险负担是否移转应当视双方关于交付之约定是否含收益权之归属的划分而定，但始终遵循“利之所在，损之所归”的原则。[①]

2. 承揽契约风险负担规则的特殊性

承揽契约作为结果性债务关系，承揽人具有交付工作成果的义务。对于承揽合同而言，其风险负担涉及材料的风险与工作成果毁损灭失的风险。在承揽合同中，风险负担的分配应当根据“工作物供给契约”与“一般情形的承揽合同”设定区分性规则。

对于由定作人提供材料的承揽合同而言，有如下规则。(1)遵循由定作人承担材料风险的规则，承揽人对定作人提供的材料不承担毁损灭失的风险，只有在承揽人有过错的情况下，承揽人才负担责任。[②] 有学者提出反对意见，其主张采取交付移转规则，因为尽管材料的所有权并未发生移转，但材料已经交付给承揽人而在承揽人的事实管领之中，定作人是难以对该材料进行风险防控的，而该材料处于承揽人的事实管领范畴，其有能力采取必要措施有效地防范风险，由此，由定作人承担风险不甚合理。[③] 但若依据“利益之所在，危险之所归”的风险承担规则，承揽人并未对该材料取得所有权，也不享有任何利益；承揽人之利益源自其加工承揽行为，而非该材料本身，若是承揽人承担材料毁损灭失之风险，不符合利益与风险相平衡原则。(2)遵循由定作人承担工作成果毁损灭失之风险的规则。由定作人提供材料的承揽契约情形，因为工作成果不过是材料的变形物，所有权归属于定作人所有，该类契约之履行并不涉及财产权的终局性移转，因而，理应由所有权人负担工作成果毁损灭失之风险。

---

① 这并不与交付主义相违背，因为以“占有改定”和“指示交付”替代现实交付以移转所有权的情形，只是未现实交付，而不会发生根本未交付的问题。

② 参见《民法典》第 784 条的规定。

③ 该种观点具体参见王利明：《合同法新问题研究》，中国社会科学出版社 2003 年版，第 800 页。

由承揽人自己提供材料的“工作物供给契约”之情形,应归属于以终局移转财产权为内容之类契约范畴,[①]适用交付主义的风险负担规则。(1)定性问题。在承揽人自己提供材料的承揽合同中,从交付之日起才转移所有权,也就是说,先由承揽人取得所有权,再依买卖的规则,将材料及工作成果的所有权转移给定作人。[②] 工作物供给之契约中当事人之意思重心在于工作物财产权之移转,因而主要具有买卖契约的性质,不可“因拘泥于其承揽约定之形式,而忽略其买卖契约的实质,从而在规范逻辑上无法赋予适当之效力”[③]。(2)承揽人对于材料既得占有、又得所有,对于自己所提供之材料毁损灭失的风险自应由自己承担;而通过工作成果之交付,将产生所有权的移转,则应对工作成果实行交付主义。亦即,工作成果交付前应由承揽人负担风险,交付后由定作人承担风险。

(二)瑕疵担保规则

虽然合同编将瑕疵担保责任归入违约责任中统一规制,但瑕疵担保责任仅适用于财产权之终局让与情形,[④]应当独立为“以终局移转财产权为内容之类契约”的一般性规则。有学者反对瑕疵担保制度的独立性,认为权利瑕疵担保或被物权法消解,或被违约责任吸收,而物之瑕疵担保责任则直接适用违约责任,特别是在违约责任制度实行严格责任原则时,瑕疵担保责任的独立性空间几乎不存在。[⑤] 但笔者认为,至少物的瑕疵担保责任在“是否履行通知义务、救济方式、构成要件”等方面均与违约责任存在不同,两种制度从表面看来似乎针对的是同一个问题,但实质上两者乃基于不同的出发点和价值取向,由此,瑕疵担保制度应当独立于违约责任制度。

第一,关于瑕疵的判定。出让人负有无瑕疵交付之义务,出让人应当

---

① 《德国民法典》第651条的规定承认了工作物供给契约系转移标的物所有权之契约族群的事实。

② 参见王利明:《合同法分则研究》(上卷),中国人民大学出版社2012年版,第362页。

③ 黄茂荣:《债法分则之一:让与之债》,厦门大学出版社2020年版,第59页。

④ 参见李永军:《合同法》(第2版),法律出版社2005年版,第827页。

⑤ 参见[德]罗伯特·霍恩、海因·科茨、汉斯·G.莱塞:《德国民商法导论》,楚建译,中国大百科全书出版社1996年版,第135页。

以符合合同规定之性能的方式负担标的物。“以终局移转财产权为内容之类契约”中瑕疵的判断区分“物的瑕疵”与“权利的瑕疵”之情形。

(1)“物的瑕疵”通常依据标的物的应有性能(Sollbeschaffenheit)作判断。应有性能由合同约定确定,应将标的物之实际性能(Istbeschaffemheit)与之相较:若实际性能存在买受人的不利益并且偏离了应有性能,则构成物的瑕疵(Sachmangel)。[①]“应有”在这里意味着:出让人“因偏离而负责任”或者“应当对此负责任”。如果标的物并不具备这样的性能,出让人应当负有履行的义务,亦即应当有义务通过修复来回复欠缺的品质;若出让人没有能力修复,则产生损害赔偿义务。应注意的是,在无偿让与之情形下,出让人仅对故意或重大过失之情形负赔偿责任。

首先,符合合同规定之性能需要根据标的物是否适合于合同预定的效用(vertraglich vorausgesetzte Verwendung)作出判断。即便是明示的单方意思或意图对于标的物应有之性能的判断都是不够的,需要当事人双方明示或至少是可以推定出来的合意。“预定的效用”是综合计算的结果,哪些具体的品质对于适宜使用是必要的,对此可以不作出约定。举例而言,若一块土地连同其上的住房一起被出卖,则该房屋应当适于居住。为此,排水管道应当能够维持正常运作,且保证该建筑物不会在不久之后被要求拆除。然而,若该房屋是为拆除而被出卖,则该房屋是否适合于居住的品质不需要存在,因为欠缺这些品质不会妨碍拆除的目的达成。但该房屋的拆除若因加建的侧房而使拆除变得十分困难,或者因保护纪念物而不被准许拆除的话,则构成标的物的瑕疵。就如同“专为转卖而为买卖”(Kauf zum Weiterverkauf)之情形,商品的不良信誉即意味着瑕疵。[②]

---

① 参见[德]迪特尔·梅迪库斯:《德国债法分论》,杜景林、卢谌译,法律出版社2007年版,第37页。

② 参见[德]迪特尔·梅迪库斯:《德国债法分论》,杜景林、卢谌译,法律出版社2007年版,第38~42页。

其次,在缺失明确约定之情形下,让与标的物必须“满足通常效用(gewohnliche Verwendung),并且符合同一种类的物中所惯常的、依物的性质能够为买受人所期待的性能”。当事人未对标的物所有权移转约定特别的效用,则应以通常之效用为准,通常之效用的援用免去了受让人证明合同约定之效用的负担。如汽车之出卖通常应当是可以行使并且被准许上路的,正常行驶范围内允许的瑕疵不会引起瑕疵的效果。需要注意的是,受让人依据广告亦可以产生期待的品质。只有在出让人对该陈述处于既不明知亦不应知之情态,或者在缔约时已将陈述撤回,或者受让人根本难以取信于该陈述时,始为例外;[①]受让人在论证(证明)标的物瑕疵方面通常面临巨大的困难,此时,技术性规范可为受让人提供论证帮助,因为技术性规范通常设定了满足通常之效用所必要的最大限度的适合性要求。例如,食品所标明的最低保质期(Mindesthaltbarkeits datum)可以用来判定标的物瑕疵,理由是不能苛求受让人品尝也许已经发生变质的食品;[②]又如,出让人对标的物实施了不专业的安装(unsachgemaesse Montage)影响了标的物的通常效用价值,亦当构成给付瑕疵,而不仅仅构成安装给付的瑕疵;出让人交付其他的标的物(异类物交付)或者交付的数量过少(不足交付),也可认定为物的瑕疵。

(2)“权利瑕疵,系指所给付之权利,带有依契约之约定而不应带有之负担”。[③] 出让人应保证权利在约定的范围内完整而不受干涉,否则构成权利瑕疵;在无偿让与之情形下,仅在恶意不告知之情形构成权利瑕疵,出让人通常仅需赔偿消极利益。权利瑕疵担保责任源于罗马法上的追夺担保制度,系指若第三人基于所有权、用益权或抵押权有权将已经出让的标的物从买受人手中追夺时,出卖人应当负担保责任。[④] “第三人有

---

① 基于广告所产生的期待效应,不需要由出让人自己做出;其亦应对生产者或者其辅助人的陈述,承担责任。

② 参见[德]迪特尔·梅迪库斯:《德国债法分论》,杜景林、卢谌译,法律出版社 2007 年版,第 39 ~ 42 页。

③ 黄茂荣:《债法分则之一:让与之债》,厦门大学出版社 2020 年版,第 57 页。

④ 参见李永军:《合同法》(第 2 版),法律出版社 2005 年版,第 827 页。

权对受让人主张权利，且此项权利并未包含在'以终局移转财产权为内容之类契约'的约定之中"的情形，即构成权利瑕疵。构成权利瑕疵之情形，通常构成下述危险："即此项权利通过正当取得而产生，并且可以对受让人发生效力。"①

出让人所担保之权利瑕疵的范围，不限于物权法上的权利负担，也包括债权法上具有追及效力的权利负担（物权化之债权性的负担），亦即被附加准物权效力的债权，使该债权具有某种程度上的追及效力，如租赁权。② 由此，权利瑕疵与"物"通常具有不可分割的联系，这还体现在以下方面：如果所出让的权利使受让人有权对物实施占有，则权利之转移必然伴随物之交付，该情形下物上瑕疵可直接适用物之瑕疵责任；权利之转移也需要与物相结合方发生权利移转之效果，如证券交易（指示证券、无记名证券）要求证券本身具有权利证明之作用，若证书已经无法阅读或者被损坏而使债权人无法行使权利，则产生权利瑕疵责任。

第二，关于瑕疵的救济。构成标的物给付瑕疵的，受让人有权选择解除契约或者减价；出让人有二次提供权，其有权要求进行后续履行，包括除去瑕疵和给付无瑕疵之物两种方式，于此产生的费用由出让人承担，但对于受让人因首次交付的标的物瑕疵而遭受损害的情形，仍应负担损害赔偿请求权。后续履行方式的选择权由受让人享有，只有在受让人选择的后续履行方式需支出巨大费用的情况下，出让人才有权拒绝。（1）除去瑕疵意味着对受让标的物进行修理，使其恢复无瑕疵的状态。③ 受让人必须接受二次修理的尝试，此种情形主要存在于不可替代物之出让。（2）替代物交易主要适用交付无瑕疵物之请求权。因为单纯主张除去瑕疵请求权之场合，有时对于出让人是十分不利的，尤其是在技术设备转让之情形下，瑕疵通常很容易被消除，但瑕疵解除必然会引致拆卸、往回运

---

① ［德］迪特尔·梅迪库斯：《德国债法分论》，杜景林、卢谌译，法律出版社2007年版，第42页。

② 参见黄茂荣：《债法分则之一：让与之债》，厦门大学出版社2020年版，第59页。

③ 如果一台洗衣机在支出较低费用的情况下便可得到修复，出让人通常可以拒绝替代给付。

输等烦冗、费时、过度支出等诸多问题,而通过单纯调换瑕疵件便可轻松解决问题。[①]

在后续履行失败,或者后续履行不能,或不可苛求或者被拒绝的情形下,买受人可以主张解除合同或者要求减价。减价权和解除权均系形成权,其选择权由受让人享有。(1)受让人解除权的性质为形成权,随后续履行请求权的时效消灭而消灭;在违反义务不显著的情形下,即构成不显著瑕疵之情形,受让人不可行使合同解除权,且其对标的物仅需尽通常之注意义务;(2)代之以解除合同,受让人也可以要求减价,即保留有瑕疵的标的物,同时要求减少所负担的价金。

二、"定期限交付类契约"的一般规则

将物、权利或者类似权益终局性地移转于他人的营业行为,通常可以在短时间之内得到清算了结,由此具备一时性契约之属性;若该物、权利或者类似权益交付于他人,[②]但目的仅在于使该人在限定时间内占有该物或者成为该物之所有人,债权人具有返还义务者,为"定期限交付之契约"。两种方式均可实现使用一定之目标物的目的,但分别满足不同的交易需要。一般而言,物、权利或者类似权益的终局性移转所需资金最多,其所形成的关系最为单纯、稳固;而"定期限之交付"所需资金较少,具有授信的意义,能够像利用融资一样,获得财务杠杆的作用。[③] 这也奠定了定期限交付之类契约确立之意义。

"定期限交付之类契约"之项下类型,可根据对用益权差异化的交易需要呈现不同的取向。具体而言,用益权系对于目标物之使用与收益权

① 参见[德]迪特尔·梅迪库斯:《德国债法分论》,杜景林、卢谌译,法律出版社 2007 年版,第 43~44 页。在种类物之让与中,受让人可以选择请求给付无瑕疵的标的物。但此项权利可以升华为"以终局移转财产权为内容之类契约"的一般性规定,此种方式亦可以实现准确适用,由此,并未对种类物交易进行特别规定。

② 定期限交付类契约的客体不仅限于物,也可以以用益出租的方式出租权利,许可合同和出版合同即属于此种类型。

③ 参见黄茂荣:《债法分则之二:劳务之债》,厦门大学出版社 2020 年版,第 30 页。

利的总称，而使用与收益因是否包含天然之孳息收取而呈现区分，[①]相应地，用益之债务关系区分为使用租赁和用益租赁两种类型，[②]租赁相较于借用而言，承租人更得收益租赁物，即收取天然孳息与法定孳息，如房屋之承租人，在无转租禁止限制情形外，可将房屋之一部分转租给他人，并收取租金，而借用人仅有借用物的权利，无孳息收取权。[③] 用益之债又可根据有偿与无偿区分为租赁和借贷。借贷契约按照客体是否为金钱或者替代物，以及是否以当事人一方转移所有权于他方，而他方应返还种类、质量和数量相同之物为其约定内容，区分为使用借贷和消费借贷，当然，消费借贷已经发展出有偿的样态。而单纯利用物之价值权者为担保物权，如质权及抵押权。同时含有用益权及价值权之利用而不转移归属者为典权。[④] 因借用物本质上的区别，各契约类型规范的问题点有所不同、规制重心有所差异，使契约关系之间呈现重大差异性，但不可否认，其依旧具备产生共同之规范构造的基础，即基于同质化的类型特征可推导出共同的规范需要。

（一）共通性类型特征之一：标的物之交付

“如为用益之目的，须为占有之交付。”[⑤]如租赁之债、使用借贷契约、出版契约等用益之债根据其类型特色之差异应配备不同的保管、修缮义务以及被授权人之保护的规范，但仍体现用益之债的基本共通特征，即“于物、权利和其他不具权利地位的财产之用益权的授予义务”。“定期限交付之类契约”的首要特征表现为对标的物占有的交付，也有不为占有

---

① “使用”为单纯地利用物之劳务，而不由之取得天然孳息；反之，“收益”则含天然孳息之取得。《德国民法典》将根据上述区分对用益之债务契约作出了区分，将单纯义务之使用为债之内容者称为“Mietvertrag”，含天然孳息之收取者称为“Pachtvertrag”。参见黄茂荣：《债法分则之二：劳务之债》，厦门大学出版社2020年版，第28页。

② 对于所缔结之契约是使用租赁还是用益租赁，应当看其是否包含天然孳息之收取，而不论其以何种契约名义订立。例如，如果以使用租赁的名义出租一个水果园，若交付人保留水果的收获，则为使用租赁；若交付人不保留水果的收获，则为用益租赁。

③ 参见陈自强：《民法讲义Ⅱ——契约之内容与消灭》，法律出版社2004年版，第131页。

④ 参见黄茂荣：《债法分则之二：劳务之债》，厦门大学出版社2020年版，第28页。

⑤ 黄茂荣：《债法分则之二：劳务之债》，厦门大学出版社2020年版，第29页。

之典型的交付者,如将车厢或建筑物内外表面出租供广告之用。[①] 借用人或租赁人之目的在于取得对标的物事实上的管领力,从而获得使用收益之权能,即便在消费借贷之情形,“贷与人真正终局给付于借用人者为对于借用物在一定期间之用益,而非借用物之本体利益”。[②]

1.赋予承租人或借用人标的物交付请求权

在契约双方达成借用或承租之合意后,出租人或贷与人并未同时或其后自愿交于他方,反而拒绝交付者,承租人或贷与人应有权行使标的物交付请求权。这对于租赁契约而言似乎毫无疑问,出租人与承租人就物之使用与租金意思表示一致,契约即告成立,也同时发生效力,出租人理应负有交付租赁物于承租人的义务。[③] 而在借贷契约场合,若贷与人同意借用在先,反悔在后,借用人亦应有权行使标的物交付请求权。

有学者认为,赋予消费借贷契约之借用人标的物交付请求权与消费借贷之要物性相悖,进而难以论证周全。“在罗马法和普通法上将借贷契约作为要物契约系通行之见解”,[④]消费借贷契约具有要物性,其并非基于当事人之意思合致即告成立,而是因物的交付始告成立,借用物未交付前,契约尚不成立,借用人无法基于借贷契约请求交付标的物。依此种见解,须得同时将当事人之合意作为“消费借贷预约”,因借贷预约为诺成契约,借用人得基于有效成立之借贷预约,请求贷与人交付借用物。但实质上,赋予借贷契约以要物性系基于德国普通法对罗马法传统之错误发展,在现代法上,借贷契约已完全不同于罗马法上之借贷契约,将借用物之交付作为借贷契约之本质的传统见解也与现代借贷契约之目的性相悖离,借贷关系之当事人并非为获得借用物之返还请求权而成立契约,其真

---

① 但移转交付并非“定期限交付类契约”独有的类型特征,也有不是为用益目的而交付占有的情形。例如,在承揽中,为维修或加工;在委任或雇佣中,为事务之处理;在寄托或仓库中,为保管或堆藏;在合伙中,为出资经营共同事业之目的。另也虽有用益之授予,但其用益仅是为达到其他业务目的所需要之数个给付之一者,例如,场所的提供之于观看电影、球赛。参见黄茂荣:《债法分则之二:劳务之债》,厦门大学出版社 2020 年版,第 29 页。

② 参见黄茂荣:《债法分则之二:劳务之债》,厦门大学出版社 2020 年版,第 127 页。

③ 在合同编分则中,租赁契约的规范主要在于规范租赁物交付后的租赁关系。

④ [德]迪特尔·梅迪库斯:《德国债法分论》,杜景林、卢谌译,法律出版社 2007 年版,第 228 页。

正意图在于使借用人在借用期间内获得借用物之用益权能，此乃借贷契约之真正的类型特征。[①]

但需要特别注意的是，在因消费借贷之目的违反法律或者公序良俗而无效，贷与人所给付之金钱或其他替代物被认定为不法原因给付时，贷与人无权依据不当得利之规定请求返还交付之借用物。这是因为，在消费借贷中，双方当事人虽互负"交付、返还"的给付义务，但给付之间并不构成交换的对价关系，无偿的消费借贷并不以此成为双务契约。有学者提出，"借贷（无论是消费借贷还是使用借贷）均具有要物性，[②]据此，于有偿消费借贷中，交付、移转仅构成契约的生效要件，在契约成立或生效时，贷与人已履行有偿消费借贷所约定之给付义务，表面上仅剩下借用人返还原本及利息的给付义务，造成'仅一方负给付义务之双务契约形态'之假象"。[③] 笔者认为，消费借贷契约中代替物所有权移转的目的是由借用人使用，而非使借用人获得所有权的终局性移转，正因由此，消费借贷并不归属于"以终局移转财产权为内容之类契约"范畴。由此，在不法之消费借贷中，贷与人依约之终局给付的范围应限定于借用物之一时的用益，而非本体，贷与人依据不当得利请求权请求返还的范围仅限于该一时之用益，不应包括原物或代替物。

2. 交付占有之结果引致用益权接受者负担保管义务[④]

由于目标物之占有的交付并不以移转所有权为"定期限交付类契约"的类型特征，造成所有权与占有分属不同人所有之结果，占有人基于就近原则对物享有直接的、物理上支配力的能力，应对标的物采取必要的

---

① 参见陈自强：《债权法之现代化》，北京大学出版社 2013 年版，第 49 页。借贷契约之要物性，乃欧陆继受罗马法的产物。罗马法上的借贷具有要物性，这是现代借贷契约要物性的前因，而现代借贷契约显然不再具备承继要物性的充分理由，借贷契约现在肯定是诺成契约。参见[德]迪特尔·梅迪库斯：《德国债法分论》，杜景林、卢谌译，法律出版社 2007 年版，第 228 ~ 229 页。

② 学说上对于要物契约概念上的理解，显然自罗马法之传统传承而来。参见陈自强：《债权法之现代化》，北京大学出版社 2013 年版，第 46 页。

③ 黄茂荣：《债法分则之二：劳务之债》，厦门大学出版社 2020 年版，第 127 页。

④ 用益之债的履行结果，在对第三人引起以占有为基础的物权效力之外，亦会产生保管义务的规范需要。

防范措施,以避免其毁损或灭失。当然,于消费借贷而言,贷与人以移转所有权的方式使借用人取得一定期限内的用益权利,期限届满,负有返还同等质量、数量和种类之物的义务,返还之物并非交付之原物,亦不会产生保管之问题。消费借贷者与其他用益之债具有不同之授信本质,其规范内容的探讨主要应从授信,而非用益的性质出发,当贷与人基于授信目的将借用物的所有权转移给借用人后,借用物之毁损灭失的风险转由借用人负担,贷与人对目标物所享有之权益由物权性转为债权性,由此,贷与人之利益在借用人无资产或破产时难以得到保障,因而借用人对借用物不负载保管义务,但须就贷与人返还替代物之请求权进行确保。①

由此,基于占有交付之结果,"定期限交付类契约"虽不以保管作为类型特征,但应对租借人课以保管义务。② 至于保管所生费用如何承担,则应当结合目标物之授予者(贷与人或出租人)就目标物所负有的保持义务、修缮义务的范围进行推论,不能一概而论,但一般由所有权人负担。

3. 承租人或借用人负有标的物返还义务

"定期限交付类契约"与"以终局移转财产权为内容之类契约"均需完成标的物交付之给付义务,但交付之目的完全不同:"以终局移转财产权为内容之类契约"涉及的是权利的终局性移转,受让人无须返还;而"定期限交付类契约"中标的物之占有附有期限约束,契约关系消灭后,承租人或者借用人须将标的物返还,产生标的物恢复原状的法效应。③ 即便在消费借贷契约场合发生了所有权的移转,但借用物之替代物的返还附有期限,使借用人仅享有标的物的期限利益,此限制使消费借贷契约中给付义务负有继续性的债务关系特征,而非仅存在于借用物的一次性交付和移转之中,④由此,"定期限交付类契约"整体具有继续性的

---

① 可作为消费借贷债权确保的方法主要有保证及各种担保物权,此外,债务人自己或第三人签发票据由债权人收执的票保亦可。

② 参见我国《民法典》第 750 条及第 714 条规定。

③ 参见陈自强:《民法讲义Ⅱ——契约之内容与消灭》,法律出版社 2004 年版,第 136 页。

④ 参见黄茂荣:《债法分则之二:劳务之债》,厦门大学出版社 2020 年版,第 126 页。

债务关系属性。承租人或借用人负有的标的物返还义务并非指原物返还请求权,[①]除返还原物之外,还包括移转与借用物之种类、品质、数量相同之物的所有权。

4. 因持续占有标的物产生瑕疵担保责任问题

"定期限交付类契约"(包括消费借贷契约在内)目的并不在于目标物的交付,交付仅开启了租借关系的大门,使用他人之物之目的之达成,尚且需要于一定期限内持续占有目标物。若目标物有瑕疵,则会影响租借人使用收益权能的实现,破坏租借契约中给付间的等值性。因此,用益权之授予者在目标物用益期限内应负瑕疵担保责任,[②]但与"以终局移转财产权为内容之类契约"的瑕疵担保责任规则不同,租借人负有保持义务和修缮义务。具体而言:租借人不仅应交付符合约定状态的目标物,并保证标的物占有持续期间维持合乎约定使用收益之状态;纵然瑕疵于交付之时尚未存在,而系交付之后产生,承租人亦应负责任。[③] 这与用益权接受者所负之保管义务的范围相互呼应。

第一,用益权授予者负有保持义务。租借人应于租借关系存续期间,保持标的物合于约定使用和收益之状态,此即用益权授予者所负之保持义务,特别注意的是,使用借贷中出借人并不因借用人使用其物而获得对价,自不应产生上述维护义务。租借人若违反保持义务(在该瑕疵影响目标物约定之使用收益用途,租借人应负责除去瑕疵等;其中,基于社会政策的考量,需要为用益权之授予者设定特别之保护,包含"买卖不破租赁""出租人之不正当竞业禁止"等),应负债务不履行责任,同时,用益权授予者有权行使同时履行抗辩权,拒绝给付价金。租借人之保持义务的目的在于使租借目标物在客观上符合约定之目的,但租借人并无义务确保用益权人达到预期之使用收益的效果,也不因其未达到预期之使用收益效果而负责任。

---

① 承租人或借用人负有的标的物返还义务并非指原物返还请求权,原因已在上文中详述。

② 参见黄茂荣:《债法分则之二:劳务之债》,厦门大学出版社 2020 年版,第 29 页。

③ 参见陈自强:《民法讲义Ⅱ——契约之内容与消灭》,法律出版社 2004 年版,第 133 页。

第二,给付义务之失调,可区分为一般之债务不履行及瑕疵物的给付。[①] 定期限交付之类契约的规范目标在于,维护当事人约定之给付与对待给付所构成的对价关系,租借人给付义务的范围可概括为"维持标的物在限定期限内均处于约定之用益状态",由此,租借人对标的物的保持义务与承租人或者借用人的租金给付义务构成对价关系,租借人对标的物的修缮义务应当属于债务不履行的调整范畴。并且,租借人之修缮义务应与交付义务区分:原则上,交付义务的履行是一次性的,履行后即归于消灭,租借之物若为种类物,则于交付物有瑕疵时,租借人负有更换义务,但种类物在交付时无瑕疵、瑕疵于交付后产生者,原则上不得请求更换,只得要求修缮;相反,修缮义务是债务履行期限内始终存在的,不因出租人是否曾为修缮而消灭。由此,修缮义务当属于给付义务之涵盖范围,其与承租人或借用人的给付义务处于对价关系;债务人不履行修缮义务者,承租人或借用人可行使同时履行抗辩,以拒绝租金义务之给付;尚有其他损失者,当得以债务不履行为由请求损害赔偿。[②]

(二)"定期限交付类契约"具有继续性的债务关系特征

"定期限交付类契约"的次要特征表现在"对价按照期间之长度计算",具有继续性债务的典型特征。于此类契约而言,给付难以穷尽于一次简单的交付,给付同交付自身持续的时间一样长,(若约定了对待给付)对待给付依交付的时间长短来决定,呈现继续性债务关系的特征。在此方面,"定期限交付类契约"与"以终局移转财产权为内容之类契约"在性质构造上有重大差异。在以终局移转财产权为内容之类契约中,标的物与价金均于契约成立时即已确定,或至少可得确定,给付的范围与内容不因时间经过而增加。立法者对一时性契约的规范以现货买卖为蓝本,买卖契约成立之时,契约即因银货两讫而消灭,契约风险本就已降至最低,出卖人也并不重视买受人个人的资信能力;而在"定期限交付类契

① 在规范之设计上,应当考量是否将物之瑕疵责任自其他债务不履行之情形中分离出来另行处理。参见黄茂荣:《债法分则之二:劳务之债》,厦门大学出版社 2020 年版,第 57 页。

② 参见黄茂荣:《债法分则之二:劳务之债》,厦门大学出版社 2020 年版,第 57 ~ 58 页。

约”中,交付标的物之占有或者所有权,只是启动用益关系的第一步,无论使用或对待给付,给付之内容与范围均因时间经过而不断增加,直至期限届满或其他事由使契约关系消灭。[①] 在此种继续性债务关系之中,主要给付义务的内容随着使用期限的延长而增加,契约风险亦随之增加,契约之授信因素得到重要体现。基于“定期限交付类契约”的继续性债务关系特性,产生如下规范需要。

1.“定期限交付类契约”中合同之解除与终止[②]

定期限交付类契约可因期限届满即告消灭,也可因终止而结束。继续性债务关系当事人之间具有极强的信赖关系,继续性契约需要依靠双方当事人之间的信赖关系,保证合同关系的持续性,由此,信赖关系成为维系继续性债务关系的本质要素。[③] 而一旦这种信赖关系消亡,或当事人因某种特殊事由不再对信赖关系的维护抱有期望,法律自不应当阻止当事人解除契约,[④]此种事由称之为“重大事由”,其在补救期限经过或催告无效之情况下,方得行使契约之解除权。设定上述补救期限或者催告履行期限的目的是让对方知道当下的情况,并且向对方宣布很快就要采取行动;也因此,使对方知晓其行为可能引致之后果,而有机会作出改变。催告的设定也为重大事由之存在设定正当性基础,即如果经过催告仍不停止其危害行为,尤其会损害当事人之间的信赖关系。[⑤] 在要求补救或催告通知中,应当指明危害行为以及因该行为持续存在可能造成的严重

---

① 时间因素在债的履行上居于重要的地位,总给付之内容系于应为给付时间的长度。参见王泽鉴:《债法原理:基本理论·债之发生》(第1册),中国政法大学出版社2001年版,第132页;屈茂辉、张红:《继续性合同:基于合同法理与立法技术的多重考量》,载《中国法学》2010年第5期。

② 依单方意思的契约之解除,在一时性契约中应当受到严格限制,这是一项原则。而在继续性合同中,若不允许当事人自由解约,将使债务关系一直存续,当事人滞怠于契约关系中而难以脱身,由此陷入合同僵局,严重违背合同自由原则,也给当事人带来极大损失。

③ 参见屈茂辉、张红:《继续性合同:基于合同法理与立法技术的多重考量》,载《中国法学》2010年第5期。

④ 参见王泽鉴:《债法原理》,北京大学出版社2009年版,第158页。这在日本法中被称为“信赖关系破坏法理”。参见韩世远:《继续性合同的解除:违约方解除抑或重大事由解除》,载《中外法学》2020年第1期。

⑤ 参见韩世远:《继续性合同的解除:违约方解除抑或重大事由解除》,载《中外法学》2020年第1期。

后果，且须告知对方，合同的未来合作可能性受到威胁，并向其确定或者表明补救期限。[①]

自“定期限交付类契约”终止之时，嗣后消灭，并无溯及效力，终止以前已发生之损害赔偿请求权，不因终止权的行使而受影响，[②]在终止前所为的给付具有法律上的原因，不成立不当得利。继续性的合同不溯及既往，是因为合同履行行为已经发生了不能恢复的事实或不宜恢复原状，[③]例如，承租人已为使用、收益之事实，被雇佣者付出劳动的事实亦不会消失，即便坚持溯及既往进行照价赔付，在双方已互为给付之情形，只是徒增迂回，由此，应当认为没有恢复原状之可能。[④] 契约终止后，当事人各依契约负有返还义务，如《民法典》第 733 条的规定。

2.“定期限交付类契约”关系的继续

定期限交付类契约因期间届满或者因终止而结束，但承租人或者借用人没有返还标的物，特别是没有搬出住房，应当被视为契约关系不定期延长，但当事人提出异议的，应当视为契约终止。《德国民法典》规定，在两周的期限开始之前，出租人应当能够表示自己对重新开始租赁关系的异议。我国《民法典》第 734 条亦规定，租赁期限届满，承租人继续使用租赁物，且出租人未提出异议，则租赁期限视为不定期，原租赁契约继续有效。

需要特别说明的是，界定“定期限交付类契约”与“以终局移转财产权为内容之类契约”的性质区分具有重要的规范意义。类契约的设定重心在于引入契约类型的分类原则，性质特征的截然区分，决定当事人基本型的义务框架亦截然不同。如契约归属于“终局转移所有权之类契约”范畴，则当然地、自动地(automatically)产生标的物的交付义务，以此实现移转的目标。尤其是在两者性质上逐渐交融的领域，区分契约之性质对

---

① 基于重大事由的终止或者信赖关系破坏法理，是在债务不履行及情势变更之外的独立合同解除事由。

② 参见王泽鉴：《债法原理》，北京大学出版社 2009 年版，第 158 页。

③ 参见韩世远：《合同法总论》(第 4 版)，法律出版社 2018 年版，第 88 页。

④ 参见王文军：《论继续性合同的解除》，载《法商研究》2019 年第 2 期。

于法律适用具有极其重要的意义。例如,以使用借贷为例,民法关于使用借贷并无最长期限上的限制,但若约定为永久或者以借用物之堪用年限为期限,则其性质趋近于赠与。但其与赠与不同者,在于无论所约定之期间有多长,贷与人如有因不可预知之情事,自己需用借用物时,贷与人可得终止契约。①

以上区分意义,对于实现“融资性租赁”与“附所有权保留之停止条件的分期付款买卖”区分性的法构造中体现得尤为明显:若买卖双方当事人就标的物之交付可能引起之所有权的移转效果,附以停止条件,保留标的物之所有权至买受人给付最后一期价金时,以维持能够行使同时履行抗辩权的态势,其仍为买卖契约,只是就买卖契约中双方约定买受人于受领买受标的物之交付后就价金得分期给付时,该契约从单纯的买卖契约朝着兼具融资之机能的方向发展。但(1)契约之风险负担规则应当按照“以终局移转财产权为内容之类契约”的一般规则处理,即以交付为风险转移之时点;且(2)就因标的物交付使用所产生之折旧损耗,若买受人不支付最后一笔价金时,出租人得取回占有标的物并对价值减少者请求损害赔偿,但应当依照“以终局移转财产权为内容之类契约”的特性进行程序设定。例如,规定出卖人有再行出卖之义务,若其不践行再行出卖的程序,买受人已付价金视为双方因该买卖所受利益或所受损失的对价或者赔偿,买卖双方互无找补义务,②亦即为实现将融资性买卖契约定性为“定期限交付类契约”之目的而特别设定的性质弥补程序;在融资性租赁契约中,租借期限视为接近于标的物之耐用年限,双方亦约定了接近于标的物买卖之价金,其在性质上已经具备融物的特征。由此,对该类契约进行性质弥补的关键为:在承租人支付最后一笔租金时,该租赁物的所有权是否应当移转于承租人方符合双方之利益关系的问题。因其本质上仍然为定期限交付类契约,出租人仅须交付租赁物供承租人使用,而不负移转

① “贷与人因不可预知之情事,自己需用借用物者”,贷与人可得终止契约,系为配合使用借贷之无偿性而为之,其规范意旨为:“不适当强人所难,舍己为人。”参见黄茂荣:《债法分则之二:劳务之债》,厦门大学出版社2020年版,第119页。

② 参见黄茂荣:《法学方法与现代民法》,法律出版社2007年版,第589页。

租赁物所有权的义务，其调整重心在于："通过特征之调整，实现其从定期限交付类契约向以终局移转财产权为内容之类契约的发展"。由此，为融资性租赁契约设定的性质弥补程序为：租赁期限内出租人仅负权利瑕疵义务，承租人自身负担维修义务，以及"对租赁物的归属没有约定或者约定不明确，租赁物的所有权归出租人。当事人约定租赁期限届满，承租人仅需向出租人支付象征性价款的，视为约定的租金义务履行完毕后租赁物的所有权归承租人"。

三、提供服务类契约的一般规则

2003年，《欧洲契约法及现行法之修正：勇往直前》报告书①将服务契约（service contracts）之立法作为重点议题，期许服务契约之一般规定的构建能使《共同参考框架》发挥"工具箱"（*tool box*）的作用。② 使合同法发挥工具箱作用的关键在于以下两点。（1）尽量实现契约有名化，为各类典型契约配备专属适用规则。但契约有名化之衡量标准并不在于数量的多少，相似性质的类型契约的过度拢合可能引发契约性质难以厘清的问题。（2）至少实现各种"类契约"之一般规则的构建，从而为非典型契约提供基本性的适用规范，设定服务类契约的一般规则是解决大量非典型服务类契约规范难题的必要选择。除《民法典》已经类型化的典型性的服务合同之外，尚存在大量的非典型服务合同，其具有区别于任何一种典型服务合同的独特性，而缺乏可予直接适用的法律规则。回归合同法总则貌似是其规制的唯一途径，但我国合同编通则呈现明显的物型合同特征，甚至可以说，合同编通则是以买卖法为蓝本建立起来的，难以实现对非典型服务类契约的规制，强行适用物型合同规则调整服务类契约将导致法律结果的错误。如合同编实行的违约责任双轨体系，即在通则设定严格责任的归责原则，在分则各典型契约中单独设定过错责任规则。若系争契约被认定为非典型服务类契约，将很有可能适用《民法典》总则

---

① European Contract Law and the Revision of the Acquis: the Way Forward, Communication from the Commission to the European Parliamnt and the Council, COM(2004)651 final.

② 参见陈自强：《整合中之契约法》，北京大学出版社2012年版，第169～170页。

的严格责任原则,[①]而严格责任原则的适用与服务型给付的本质是不相符的,强制适用将对当事人利益造成重大损害。[②]

提供服务类契约全部或者部分以人之劳务作为给付目标,但并不像罗马法那样认为"人之劳务的提供"系"人之租赁",债务人并不因此丧失主体地位,而成为劳务契约的客体。[③] 有学者主张将服务类契约界定为"服务人提供技术、文化、生活服务,服务受领人接受服务并给付服务费的合同"[④],但笔者认为将有偿性作为服务类契约的要件并不符合现实需求,无偿服务亦可构成服务契约,如志愿者活动、无偿委任契约。给付目标之劳务与人格间具有高度关联性,首先表现在劳务具有高度的属人性,其次是服务人有时被纳入劳务接受者的组织之中,[⑤]由此,产生如下规范需要。

(一)对他人事务之介入性的规范考量

为他人提供劳务之给付,必然是管理他人事务的行为。此特征可导出以下规范需要。第一,服务人管理权限之授予。服务人可依法律(如基于监护关系、夫妻关系等)或法律行为取得管理权限,以法律行为取得管理权限者主要在"劳务之债"领域;无管理权限而处理他人事务者,构成无因管理。第二,管理权之行使问题。事务之处理,应依诚实及信用之方法。具体而言,权利受领人之义务履行系对他人事务之处理,由此,应当遵循本人之意旨或指示,并尽一定之注意义务。[⑥] 第三,管理利益的归属

---

① 参见周江洪:《服务合同研究》,法律出版社 2010 年版,第 46 页。

② 除"以物的交易衍生"的承揽型服务适用无过错的瑕疵责任之外,大多数服务类契约并不适用无过错责任。

③ 罗马法将人之劳务等同于物之劳务,统称为劳务之授予关系(das Uberlassungsverhaltnis)。这是奴隶制度下奴隶物化的结果,雇佣在当时被理解为租赁人之劳动力或其劳动价值。该种理解方式只注意到雇佣与用益契约共同享有按时计酬的特点,却忽略了人之劳务的独特性,即人的人格以及人之劳务与人格的不可分割性,这是不可忽视的价值立场。参见黄茂荣:《债法分则之二:劳务之债》,厦门大学出版社 2020 年版,第 143 页。

④ 全国人大常委会法制工作委员会民法室编著:《〈中华人民共和国合同法〉及其重要草稿介绍》,法律出版社 2000 年版,第 150 页。

⑤ 第二种情形常见于医疗契约,如在外科手术中,病人可谓将其最重要的事情都托付给医师。

⑥ 注意义务将在下文中具体展开说明。

问题。服务类契约系受他人之委托、为他人之利益而处理他人之事务,由此,处理或管理利益应当归属于委托人;在服务提供人不以本人或委托人之名义处理事务之情形,应规定管理人或受委托人有义务将管理利益交付或转移给本人或委托人。具体而言,对于不含权利之财产利益的移转可以事实行为(交付)移转,具有权利地位之财产利益的移转必须以法律行为为之。第四,管理费用的负担问题。处理他人事务之目的在于为他人提供受益行为,即便最终没有取得令他人受益的结果,亦应由其(本人或委托人)负担管理费用。①

(二)基于给付高度属人性的规范考量

1. 亲自履行原则

在履行方式上,以亲自履行为原则,严格限定第三人代为履行的适用。给付之授予具有高度的属人性,且服务的提供常受到服务人特质的制约,由此,不得随意移转或委托他人代替履行,亦要严格限制履行辅助人的介入。② 第三人代为履行已经在债法领域得到一般性确认,但"依据债务性质不允许第三人代为履行的除外",③但"以允许第三人代为清偿为原则,不可为例外"之规定是"以物的交易为中心"构建形成的规则,而在服务类契约中应设定例外性的规定,即遵循"除存在第三人代为履行的特定情形外,以服务提供人亲自履行为原则"的规定。人之劳务自物之租赁中独立出来的关键因素是人格的独立,人之劳务负载着人格属性的体现,借此,债权人通常基于劳务特质性形成了特定期待,如雇主设置严格的考核环节方才选定为自己服务之员工,如果这一义务可以交由他人来完成,就与雇主所设想之效果发生抵触;④定作人选择某一承揽人订立合

---

① 参见黄茂荣:《债法分则之二:劳务之债》,厦门大学出版社 2020 年版,第 8 ~ 18 页。

② 参见周江洪:《服务合同研究》,法律出版社 2010 年版,第 21 页;黄茂荣:《债法分则之二:劳务之债》,厦门大学出版社 2020 年版,第 147 页。对于禁止使用履行辅助人而使用之,债务人就该第三人之行为,应与自己之行为,负同一之责任,如《民法典》第 727 条的规定。

③ 参见刘训峰:《服务合同一般规定立法研究》,南京大学 2014 年博士学位论文,第 107 页。

④ 参见[德]迪特尔·梅迪库斯:《德国债法分论》,杜景林、卢谌译,法律出版社 2007 年版,第 254 页。

同,乃是基于对特定承揽人技术、经验、技能等的信赖,因而,服务提供人应当凭借自身之技术、经验、技能提供约定之劳务。《俄罗斯联邦民法典》第780条亦规定"有偿服务合同没有不同规定,执行人应亲自执行劳务"。

与之对应地,一般意义上,劳务给付的请求权也应当是不可转让的。"无论劳务给付或劳务给付请求权,原则上都具有专属性,不得让与。"[①]若劳务针对债权人人身进行给付,劳务给付的内容亦随着债权人的变更而变更,明显体现在教学及医疗之情形。除非,基于社会保护政策的需要,雇佣契约或劳动契约不因企业之移转而有所改变之情形,属于劳动法的特殊考量范畴,不在此限。[②]

2. 合同任意解除制度

首先,关于解除权的行使主体及法定限制。"劳务之提供者有时被纳入劳务接受者之组织中来,或信托管理业主之利益",其与服务受领人的权益托付之间构成相辅相成的信赖关系,一旦这种信赖关系受到破坏,极有可能影响服务的品质——哪怕只是单方的并且是没有任何理由的——丧失之后法律关系都不应当得以继续,[③]因而应当建立任意解除制度将当事人从合同法锁中解放出来。[④] 但因解除合同给对方造成损害的,除不可归责于该当事人的事由外,应当赔偿损失。

对于合同解除权是否应当限于服务受领人享有、是否应当对解除事由进行限制的问题,学界纷争不断。有学者认为应当吸纳日本债法改革之经验,将任意解除权限定在服务受领人以及无偿服务合同的服务人,在有偿服务合同中,服务人只有经重大事由方可行使随时解除权,[⑤]除此之

---

① 邱聪智:《新订债法各论》(中),中国人民大学出版社2006年版,第5页。

② 此即所谓的"买卖不破雇佣"原则,在一定程度上降低了雇佣契约之属人性在雇用人方之主体相对性上的考虑。

③ 参见[德]迪特尔·梅迪库斯:《德国债法分论》,杜景林、卢谌译,法律出版社2007年版,第262页。

④ 任意解除权是一种对服务受领人权益的保障机制。See Eve Truilhé-Marengo, *Towards a European Law of Contracts*,4 European Law Journal 463 - 478(2004).

⑤ 参见周江洪:《服务合同研究》,法律出版社2010年版,第22~23页。

外,欧洲《共同参考构架草案》将客户的随时解除权作为服务契约的一般规则,而在委托契约中单独规定当事人双方的解约权。该主张的理论依据在于:契约之缔结主要为实现服务受领人之利益,如果受领人不再需要此服务,则服务契约亦因此失去意义;若不允许受领人享有任意解除权,则其只能坐视服务人提供其所不需要的服务,这将对服务受领人的利益造成巨大损失,亦有违意思自治;但若允许服务人任意解除合同,则可能导致受领人合理期待的落空,由此,服务人不应当享有任意解除权,仅服务受领人有权行使任意解除权。[①] 对此,我国《民法典》根据典型服务契约的类型设定了不同的任意解除规则,在承揽契约中仅规定了定作人的任意解除权,在委托合同中委托人和受托人均可随时解除合同,在保管合同中则未设规定。

笔者认为,服务人及服务受领人均应享有任意解除权。[②] 这是服务型给付的本质决定的。服务类契约属于继续性的债务关系,只要信赖基础丧失,应当不受限制地行使任意解除权。况且,服务类契约设定的是适用于全部服务契约形态的一般性规则,应当遵从其本质性的要求,否则导致的不仅仅是合同解除这一方面的问题。“对于劳务契约之存续,双方都不宜太勉强”,[③]当事人任意一方均可随时解除服务契约,且几乎不需具备任何理由。提供劳务者一般应自负财务风险,因此难以将其归属于雇佣契约,在承揽契约中唯有完成一定工作始有报酬请求权。因此,非典型服务契约适用委任的合同解除规则更具合理性。

但任意解除权的行使效果应当受到严格的限制:(1)因解除合同给对方造成损害的,除不可归责于该当事人的事由外,应当赔偿损失,损失之范围包括系争契约之投入甚至预期之利益;(2)任意解除权之行使应作目的性限缩。在无偿服务之情形下,服务人给付劳务可视作对受

---

① 参见王利明:《合同法分则研究》(上卷),中国人民大学出版社 2012 年版,第 386 ~ 389 页。

② 参见朱虎:《分合之间:民法典中的合同任意解除权》,载《中外法学》2020 年第 4 期。

③ 黄茂荣:《债法分则之二:劳务之债》,厦门大学出版社 2020 年版,第 215 页。

领人的一种恩惠,当事人之间存在特殊的信任关系,一旦这种信任关系消失,受托人自然可拒绝施与恩惠,委托人也没有必要接受这种恩惠。但在有偿服务之情形下,服务人提供服务,大多要从中盈利,信任关系在其中的重要性已然大幅降低,基于利益的考量,服务人依然可能继续提供服务,在当事人双方间起主要作用的是交易关系而非信任关系。[①]且在商事交易中,一旦允许服务人任意解除,则受领人一时难以寻找其他人加以替代,受领人通过损害赔偿也难以获得充分的救济,由此,在商事交易性质的有偿服务合同中,不宜允许服务人行使任意解除权,[②]但服务人应以受领人能够对事务的处理[③]另作安排、处置的方式通知其解除合同。

关于损失赔偿的范围,应采"损益相抵"原则。首先,赔偿原则确立应当针对物型给付与劳务给付进行区分。以返还原物之救济方式为例,其有自身独有的功能属性,而只能适用于物型给付类契约,这是该救济方式不可替代性的主要原因,即"使权利人对物之支配权回复完满之状态"。标的物未能恢复原状的,将会影响该物使用、收益甚至支配力的完满效应,这是单纯的损益相抵规则难以做到的。[④] 例如,对于使用价值大于归属价值的标的物的损坏,如手机等电子产品发生零部件的损坏,若单纯赔付该零部件的价格及维修价格,该手机仍旧不能恢复其使用效能,难以使权利人权益恢复圆满之状态。以上体现了救济方式对于给付客体的专属性。

其次,劳务给付与物型给付之间具有明显的差别,即作为给付客体之劳务一经履行便难以恢复或返还。因此,由于任意解除权的行使所造成的损失,学界主要有两种主张:一是全部赔偿原则,即已经付出的劳务、费

---

① 参见李永军、易军:《合同法》,中国法制出版社 2009 年版,第 592 页。

② 参见王利明:《合同法分则研究》(上卷),中国人民大学出版社 2012 年版,第 657 页。

③ 一切以劳务为给付内容之契约皆具有管理他人事务的任务。参见黄茂荣:《债法分则之二:劳务之债》,厦门大学出版社 2020 年版,第 186 页。

④ 参见冉克平:《民法上恢复原状的规范意义》,载《烟台大学学报(哲学社会科学版)》2016 年第 2 期。

用预期取得的利益，王利明教授支持此种做法，[①]《法国民法典》亦采取该做法；二是《德国民法典》第649条和《日本民法典》采用的损益相抵原则，损害人可以请求履行利益的赔偿，但应扣除因合同解除节省的费用。[②] 笔者认为，权利人行使任意解除权的意义，在于避免取得自己已不再需要之劳务或成果，从而也为服务人节省将来可能付出之成本，经由合同解除所节省之投入应当从约定之报酬中扣除，方符合解除权行使之本意，也最有利于当事人利益关系的平衡。因为通常而言，提供劳务方对于劳务之内容与质量掌握了信息优势，属于契约关系的强势方，而服务受领人对于服务内容的掌握是循序渐进的、逐步深入的，在其经过了解认为不可能再信任服务方的服务能力之情况下，法律应当保护受领人选择不再受领该服务方之服务的权利，并且保证其不因此遭受更多的损失，即无须对未能履行的服务进行支付。假使契约缔结不久，因情势变更之原因，受领人不再需要接受约定之服务给付，其自无须向服务人支付可能庞大的、尚未开始履行的履行利益，但应填补对方因此付出的成本。据此，笔者赞同损害赔偿之范围适用"损益相抵原则"。

最后，原则上，解除效果采取"非溯及"原则。对于劳务或服务的提供只能向将来发生效力，因为已提供的劳务或服务的返还或复原非常困难或者不可能，服务合同之解除所引起的恢复原状应加以限制。

3. 生活之所寄的特殊关照

劳务提供者之劳动收入往往是劳务提供者生活之所寄，所以对其生存及赡养上的照顾必须有最低基准的规定以为其提供保障。总体而言，当劳务提供者对于接受者之经济上的依赖程度越高，规范该劳务关系所需考虑之社会照顾的程度越高，如设定对劳动契约终止情形的限制以及对事实上劳动契约的承认。[③]

---

① 参见王利明：《合同法研究》（第3卷），中国人民大学出版社2012年版，第438页。

② 参见［日］我妻荣：《我妻荣民法讲义 V_3：债权各论》（中卷2），周江洪译，中国法制出版社2008年版，第119～120页。

③ 参见黄茂荣：《债法分则之二：劳务之债》，厦门大学出版社2020年版，第147～149页。

(三)针对服务无形性、异质性的特殊义务

1.服务人应负说明、报告义务

作为劳务给付之客体的服务本身具有无形性。服务契约的缔结在很大程度上乃出于对服务人事前说明之服务质量的信赖,关于服务之信息与了解在当事人之间存在信息不对称的情况,因此,服务人应当履行说明、报告义务。其一,对服务的说明不仅应成为服务人的义务,亦应作为服务瑕疵判断的重要参照。服务人的说明义务不仅是在合同交涉过程中的义务,也贯彻于合同履行全过程,对信息提供和说明义务本身构成合同内容的一部分。[①] 其二,服务人应当及时报告事务处理的具体情况,不应仅限于受领人提出要求时以及事务处理终了之时,在事务处理面临障碍时,亦应按照诚实信用原则,将事务处理的全过程以及遇到突发事件的处理方案和对策等告知委托人。若服务人未能及时向受领人履行说明、报告义务,致使受领人未能根据情况及时作出反应而遭受损失的,服务人应当承担违约责任。由此可见,即便是在方式之债中,亦可能存在着一定的工作完成义务甚至结果实现义务,[②]至少服务人应当完成向服务受领人充分说明与及时报告的作为义务,这也是方式之债与结果之债很难截然区分的关键所在。例如,在医疗合同中,基于医疗伦理的要求,医生并不能承诺治疗结果,但必须为此付诸努力,于此,医师是否履行说明义务通常作为其过错存在与否的主要判断标准;对于与治疗相联系的风险,医师未向受害人进行充分的阐明,病人也未能对此治疗表示同意,那么,即便手术得到了正常的实施,医生亦应负违约责任。[③] 在此,医师尽注意主义完成双方约定之疗程,是为医疗契约中的结果义务,[④]超出该限度的期待

---

① 参见周江洪:《服务合同研究》,法律出版社2010年版,第27页。

② 方式之债并非与结果毫不相关,缔结合同时,当事人必定意欲达成一定的结果;缔结行为本身乃是当事人意欲达成一定结果的活动。参见周江洪:《服务合同研究》,法律出版社2010年版,第35页。

③ 参见[德]迪特尔·梅迪库斯:《德国债法分论》,杜景林、卢谌译,法律出版社2007年版,第270~271页。

④ 参见王利明:《债法总则》,中国人民大学出版社2016年版,第64~66页。对于医疗服务合同而言,规定债务人应尽到告知义务,违反该义务则承担责任,实际上是将其作为一种结果义务。

成为给付可能性的问题。①

2. 受领人负协作义务

服务本身具有异质性，服务的效果与服务提供人自身的特性和服务受领人的协作程度紧密相关，若缺少服务受领人的协作，服务效果往往难以达成。因此，在提供服务类契约的一般性规定中应当设定服务受领人的协作义务，“受领人不履行协作义务将致使服务之效果难以达成的，服务人可以催告受领人在合理期限内履行义务，受领人逾期不履行的，服务人有权解除合同”。

（四）“先为给付”，报酬后付

1. 同时履行抗辩权的适用排除

提供服务类契约具有先为给付的特征，排除了同时履行抗辩权的适用可能。劳务给付的债务人通常负有先为给付之义务，亦即，在其未依约给付的期间内，报酬请求权尚不届清偿期。② 从债权人角度观之，其可以请求对方给付，但债务人并不能主张同时履行抗辩权。这是因为，当事人履行金钱给付义务之后，便不可能再与对方当事人处于制衡地位；而当事人负担劳务给付的，尚可能存在劳动成果的转移义务以及对工作物的维护需要，尚且可以牵制对方当事人，如承揽人的留置权、承包人的法定优先受偿权等均可缓解劳务给付先行对服务人造成的不利，③由此，无论是对于承揽还是委托等服务类型，均不可适用同时履行抗辩规则。“法律必须规定，当事人如无特别约定，当事人中之一方负先为给付的义务，以解

---

① 这也是医疗契约应归属于承揽契约还是委托契约的主要矛盾点。在特定的手术（如盲肠手术），医生并不承诺对病人的治疗，但至少应保证盲肠摘除之结果的发生。但在这种情形下，通说依旧将其归类为雇佣契约，因为给付的效果达成并非单纯系指服务本身的提供或劳务的给付本身，更取决于相对人的身体境况、心理素质等方面的因素，单纯依靠服务人自身的努力往往是难以达成预期效果的，由此，更趋向于归为雇佣契约，而非承揽契约。参见［德］迪特尔·梅迪库斯：《德国债法分论》，杜景林、卢谌译，法律出版社 2007 年版，第 286 页。笔者认为，由于在承揽契约中承揽人只有在发生成果之后始完成履行，承揽人负担的风险本身便大于雇佣合同中劳务给付的债务人承担的风险，因为总是承揽人已经正常地完成了自己的劳务，以未发生成果为限，其并不获得承揽报酬。因而，应当对承揽人所负载之风险进行限制。

② 参见［德］迪特尔·梅迪库斯：《德国债法分论》，杜景林、卢谌译，法律出版社 2007 年版，第 255 页。

③ 参见黄茂荣：《法学方法与现代民法》，法律出版社 2007 年版，第 611 页。

开同时履行抗辩权之行使可能带来的僵局。”[①]

2. 报酬后付主义主导价金风险规则

“先为给付”之特征决定了服务人之报酬请求权的一般适用规则。除价金风险规则具有一般性之外，其余的风险负担规则均呈现差异化。根据《民法典》的规定，承揽合同中定作人履行报酬义务之期限适用“定作人应当在承揽交付工作成果时支付”的补充规则，有偿委托适用“受托人完成委托事务的，委托人应当向其支付报酬”的补充规则。可见，无论是承揽人还是受托人，均应先履行给付义务，直至义务依约履行完毕时，方可主张报酬请求权，即遵循报酬后付主义。对于受领人预先支付报酬的，若服务人不能提供服务之全部或一部分内容者，服务人可以请求返还未提供服务之报酬额；劳务之给付中途终止的，若所完成之成果是可分的，且对于服务受领人而言是受有利益的，则服务人无须返还已履行部分的报酬；对于履行可以按照比例进行给付的，服务人可以请求受领人支付已经履行部分的劳务费用。

(五)服务瑕疵认定标准的区分

在违约责任方面，合同编通则设定了统一的严格责任原则，在分则针对具体的契约类型设定过错责任规则，但提供服务类契约受服务型给付的性质影响而难以遵循违约责任的双重构造规则。服务型给付本身具有异质性，服务效果之达成受到服务人与服务受领人之人身属性的双重影响，由此，服务瑕疵的判定存在困难。笔者认为，应当区分“为之债”和“与之债”设定不同的瑕疵担保责任要件。

“为之债”和“与之债”的区分体现在实际履行的方法存在差异，这与“结果之债与方式之债”的区分类似。具体来说，“与之债”涉及物的交付，债务内容为物之交付的结果实现，可以强制实现；而在“为之债”中，债务人的行为本身成为被评价的对象，基于劳务给付的人身属性，不能采取强制履行的实现方式。[②] 相应地，有学者主张将服务契约区分为“方式

① 黄茂荣：《债法分则之二：劳务之债》，厦门大学出版社 2020 年版，第 18 页。

② 参见周江洪：《服务合同研究》，法律出版社 2010 年版，第 42 页。

性债务”与“结果性债务”两种类型，方式性债务是指单纯以债务人自身的行为供债权人消费的契约，而结果性债务需要债务人以劳力、技术、智能等为债权人完成一定之工作成果，并将最终工作成果向债权人转移的契约，重在债务人履行的效果达成，即债务人应当提交物化的工作成果，否则将构成债务不履行。[①] 以上两种债务，虽均为劳务之债，但在人身拘束力方面存在差异：单纯提供劳务或服务的给付行为通常与债务人的人身不可分离，而结果性债务一般不涉及人身，通常可以强制履行。但笔者不赞同以上的分类方式，方式性债务与结果性债务的分类标准仅具有分则层面的构建意义，仅能在提供服务类契约的领域内适用，因此，无须在合同编通则层面对此作出区分，这与“提供服务类契约”作为具体服务类契约的上位类型并与物型契约并立的地位不相符。

然而，在提供服务类契约范畴中应当对方式之债与结果之债作出区分，原因在于：此种区分有利于明确不同性质之债的关系中当事人的权利义务状态，也有利于确定是否构成债务不履行，以及明确债务不履行的法律效果。[②] 更为重要的意义在于，此种区分能够对不良给付之构成要件进行区分构造：方式性债务要求债务人在履行给付义务时尽到相应的注意义务，即便未产生期待的成果，依旧认定为已经依约履行了债务；而在结果之债中，要求债务人必须交付约定的工作成果，即便债务人在履行给付的过程中并未尽到相应的注意义务，债权人无权请求其承担债务不履行的责任。[③] 由此，结果性债务与方式性债务中给付瑕疵认定的客体分别为“结果之认定”与“行为之认定”。具体来说如下。

首先，对于“行为之认定”，债务人应当谨慎地履行其债务，给付瑕疵之认定必须证明债务人有过错，即须证明债务人未能尽力采取债务履行所必要的方法，由此，方式性债务应适用过错责任原则；结果性债务并不考察债务人履行给付的过程，只注重结果是否达成，由此适用严格责任原则。

---

① 参见张广兴：《债法总论》，法律出版社 1997 年版，第 118 页。
② 参见王利明：《债法总则》，中国人民大学出版社 2016 年版，第 65 页。
③ 参见王利明：《债法总则》，中国人民大学出版社 2016 年版，第 64～65 页。

其次,对于两种债务形式,服务瑕疵的判断应适用不同的判断标准。其一,在方式性债务中,可将“过错”的认定替换为“没有履行或者没有适当地履行合同义务”,由此,给付瑕疵的判断可以“是否违背或未尽到必要的注意、勤勉等义务”作为认定标准。这是对“过错认定客观化”趋势的必然应对,从而将服务类契约中债务不履行的判断事由与归责事由的判断事实融为一体。[①] 传统通说认为过错之认定需要具备主客观要件,主观要件要求债务人具有故意、过失等诚信上与此相当之事由,但该说不断受到现代学说的冲击,[②]认为应当将过错理解为债务人违反履行过程中的具体行为义务,进而,立法者应当尽可能地将债务人所负之行为义务具体化。其二,结果性债务的主要类型特征在于“报酬之给付与完成一定之工作(结果)间存在交换关系”。工作成果可以表现为有体物的形态,但若以可替代物之制造作为工作之内容者,应归属于买卖契约并适用买卖契约的相关规范调整。[③] 这是因为:可替代之动产,具有库存可能性,以至于难以确定该物是不是在订约时已然存在,还是嗣后制作,因而应单纯适用买卖法;而专门为受领人所制作的物构成不可替代物,其在通常情形下无法或很难另行出售,受领人通常亦负有一定的协作义务,由此适用买卖法和承揽契约的相关规定。正所谓,“买卖法通用于以交付有待制作或者有待生产的动产为内容的任何合同”,“在建筑工程的情形,承揽契约法是不受任何限制地适用的”。[④] 对于结果性债务,服务人应负无过错的瑕疵担保责任,对于成果的“应有性能”之判定可以参照买卖合同的相应规定。

最后,介于两者之间的中间形态,如保管契约,可适用过错责任原则

---

① 参见周江洪:《服务合同研究》,法律出版社 2010 年版,第 44 页。

② 日本在债法改革中已经逐渐摒弃了传统的主观过错说,而将过错解释为具体行为义务的违反,从而减轻证明压力,也能为当事人履行行为提供更便捷的指引。

③ 参见黄茂荣:《债法分则之二:劳务之债》,厦门大学出版社 2020 年版,第 299 页;[德]迪特尔·梅迪库斯:《德国债法分论》,杜景林、卢谌译,法律出版社 2007 年版,第 299 页。

④ [德]迪特尔·梅迪库斯:《德国债法分论》,杜景林、卢谌译,法律出版社 2007 年版,第 299 页。

作为缓冲。既需要存在工作成果上的不完全性，即存在服务瑕疵，亦需要债务人在服务过程中存在不妥当的给付行为，即履行行为存在过错。

综上所述，类契约的设定，是实现非典型契约体系性回归的最基本保障，亦为非典型契约设定了基本性的义务框架。其一，围绕类契约所设定之规则，主要是对同类契约最基本的同质性特征进行规范，为该类契约涵摄范围内的具体契约形态设定了基本性的义务框架。正是这种最基本的同质性保障了所有非典型契约都能够在契约类型的体系结构中找到定位，亦由此，类契约规则的设定不容或缺。其二，类契约的类型设定，尤其是提供服务类契约的设定，确立了非典型契约最基本的结构支撑类型。对于不存在与任何典型契约特征相似性而无法归类于任何典型契约范畴的非典型契约，类契约的规则为其提供可以直接适用的规范；对于存在与典型契约类型特征相似性却无法确定归属于何种典型契约的非典型契约类型，类契约规则是调和并厘清与之相似之典型契约类型间规范冲突的重要依据，亦是该非典型契约发展或演绎自身专属之特色性规则的“奠基石”。

第三节　基本性类型：类契约范畴内给付特色的个别化发展

一、“以终局移转财产权为内容之类契约”的基本性类型

“以终局移转财产权为内容之类契约”确立之基础，在于对“所有权转移”进行债权性与物权性的区分，这是民法在建制上将法律行为区分为债权行为与物权行为的结果，“以终局移转财产权为内容之类契约”的订立仅使出让人负担交付标的物及移转所有权之义务，债权人并不因契约的成立而立即取得所有权，这成就了物权行为的无因性。[①] “所有权转移”的债权行为属性，是债务人交付义务产生的根源，并赋予“交付”作为

① 参见黄茂荣：《债法分则之一：让与之债》，厦门大学出版社 2020 年版，第 14 页。

风险负担转移之标志的法律意义,[①]这是“以终局移转财产权为内容之类契约”规则衍生的理论基础。以此,“以终局移转财产权为内容之类契约”范畴内基本性类型设定的基本前提是“既存之财产权终局性移转”,其仅包括物、权利或者其他具有财产价值之利益的所有权移转,而以一定之物、权利或者其他财产之使用收益的给付内容则被排除在该范畴之外。对于“以终局移转财产权为内容之类契约”范畴内的基本性类型设定,应当从有无对待给付的角度进行区分。

第一类为存在对待给付的契约类型,此种契约类型一般具有有偿性。再以对待给付的形式为“金钱对价”和“财产权之交换”进行类型设定,分别将买卖契约与互易确立为基本性类型。除合同编分则已经设定之规范基础外,尚有以下问题需要厘清。其一,在受让人不能支付现金或者没有能力支付现金的情形,其倾向于选择分期付款的方式,这与现金交易的买卖契约并无本质的区别,只是分期付款之情形更需为出卖人设置保护规则,即出卖人可因不支付分期付款款项而解除合同或取回标的物。其二,同样具有融资功能之融资租赁的法律形式,是在涉及设备和其他耐用经济物品之长期性租赁情形的最可能选择,[②]融资租赁更接近于以贷款方式融资的分期付款,虽不直接转移物或集合物的所有权,却与传统租赁契约具有本质的区分,而难以适用租赁契约的规定:第一,承租人租赁费的支付须至出租人完全收回其买入物或集合物的投入(包括价金、利息、管理费用等)为止,就此而言,“该租金几乎可视为是租赁物的对价而甚于租赁物使用的对价”,此点类似于“于标的物交付后分期付款”的法律形式;第二,就融资租赁的期限而言,往往接近于租赁物的使用期限,而租赁物是基于承租人的选择而购买,几乎不具备通用性,出租人也并不希望恢

---

① 因为在债权属性之下,只有经由交付才取得占有;若其具物权性,则无须待于交付,即可取得占有(如间接占有)。

② 参见[德]迪特尔·梅迪库斯:《德国债法分论》,杜景林、卢谌译,法律出版社 2007 年版,第 104 页;The difference lies in whether, in addition to the performance of the particular act, the achievement of a specific result is also promised. See Basil S. Markesinis, Hannes Unberath, Angus Johnston, *The German Law of Contract a Comparative Treatise*, Oxford: Hart Publishing, 2006, p. 146.

复对物的占有和使用,当事人双方对物之权益状态更接近于所有权的转移;第三,就租赁期限届满后标的物的归属而言,立法者更加鼓励出租人将标的物无偿转让或低价转让给承租人。由此,决定融资租赁契约的规范设定更加接近于"以终局移转财产权为内容之类契约"的特性,在瑕疵担保责任、风险负担、租赁物的维修义务承担方面均遵循"以终局移转财产权为内容之类契约"的义务性框架规则。

第二类为不存在对待给付的契约类型,此种契约类型为无偿性的赠与契约。但并非一切以无偿给付为特征者均为赠与,[①]无偿给付之目标仅限于"财产权之移转",而"人之劳务"的无偿提供和"物之用益"的无偿提供皆不是赠与,而应被归入委任或使用借贷之范畴。例如,无偿将物交付使用为借用,若无偿让与标的物所有权并负载返还转让同种类物的所有权义务,即为无偿之消费借贷,此外,保管、保证亦可为无偿,却不能适用赠与契约的规定。[②] 赠与契约只能与其他有偿契约同向混合,而不能与其他有偿契约对向混合,[③]否则将转化为有偿契约,不再符合赠与契约的类型特征。因不存在对待给付,义务设置以及责任承担方面较之其他有偿契约而言更为薄弱,由此,赋予赠与人于履行前的悔约权,使其得任意撤销赠与而得以拒绝履行;赠与人在履行后亦可因受赠人有忘恩之行为而主张撤销赠与,请求返还赠与物,由此,亦否定了赠与契约之要物属性;根据利益主义原则,对赠与人之债务不履行责任和范围都应予减轻,但该责任减轻的范围应仅限于给付义务之违反所构成的瑕疵给付、给付迟延、给付不能的相关部分,而不包括保护义务之违法造成的积极侵害债权或侵权行为的损害部分。

需要特别讨论的是"附义务的赠与"与"混合赠与"的情形,两者区分虽显而易见,但在类型设定上呈现共同的趋向性,由此具有对比研究之价

---

① 参见黄茂荣:《债法分则之一:让与之债》,厦门大学出版社 2020 年版,第 207 页。

② 参见宁红丽:《无偿合同:民法学与社会学之维》,载《政法论坛》2012 年第 1 期。

③ 各本属于不同契约的主给付义务混合后仍以主给付义务的形式存在,不因给付义务的混合而改变自身独立属性,各义务间相互独立、具有同值地位。参见史尚宽:《债法各论》,中国政法大学出版社 2000 年版,第 961 ~962 页;[德]迪特尔·梅迪库斯:《德国债法分论》,杜景林、卢谌译,法律出版社 2007 年版,第 471 ~475 页。

值。附义务的赠与只有在赠与人给付完毕之后，才可以请求执行负担，因为此种给付是附属于赠与的，而不构成受领人对待给付义务的内容，亦即附义务的赠与契约并不存在交换关系。[①] 而混合赠与系给付之对价与标的物的价值具有重大差异之情形，出让人具有赠与意图，但需要受让人支付一定的对价，在混合赠与契约中存在一定程度上的交换关系。关于混合赠与之情形，笔者将在下一章进行阐述。

二、"定期限交付类契约"的基本性类型

物之所有权的完整内容可解析为用益权和价值权。单纯以价值权为利用对象者为担保物权，如质权和抵押权；而既存在用益权之利用关系，同时利用物之价值权者为典权，以上均不在"定期限交付类契约"的范畴。以用益权为利用对象者，可根据"是否含收益权"将类型区分为使用租赁和用益租赁，两者均为有偿、双务性契约；以无偿性为要件的定期限交付类契约又可划分为使用借贷和消费借贷（消费借贷并不以无偿为要件，亦成立有偿之消费借贷）。

首先，对于有偿的定期限交付类契约样态，区分为使用租赁和用益租赁。较之使用租赁，用益租赁体现出更强的包容性，主要体现在以下两个方面。第一，使用租赁仅是单纯地利用物之劳务，而无权取得物之天然孳息；用益租赁除使用租赁客体之外，亦包含享受依通常经济规则可以被视为受益的孳息。[②] 若在一定期限之内将物交付给当事人一方使用，规定除使用收益外，亦应获得该物之孳息，则必然是用益租赁。第二，用益租赁的客体不限于物，也包括权利及其他财产利益，主要涉及专利权、著作权与商标权的许可合同、出版合同以及企业的用益租赁，因为企业通常是由物、权利和其他财产利益构成的集合物，由此可容纳大量现实的非典型"定期限交付类契约"形态。由此，在规范的设定上，用益租赁以适用使

① 参见［德］迪特尔·梅迪库斯：《德国债法分论》，杜景林、卢谌译，法律出版社 2007 年版，第 150 页。

② 参见［德］迪特尔·梅迪库斯：《德国债法分论》，杜景林、卢谌译，法律出版社 2007 年版，第 216 页；黄茂荣：《债法分则之二：劳务之债》，厦门大学出版社 2020 年版，第 28 页。

用租赁的规范为出发点,同时设定特殊性规则,其规则独特性主要体现在三个方面。一方面,用益租赁依约交付的只是抽象的用益可能性,而非具体的用益,由此,收益的风险通常由用益租赁的承租人负担。另一方面,用益租赁的承租人对标的物的使用收益大多有长期的计划性,通常按照期间进行经营管理及规划,因此,应对出租人的合同解除权进行限制,如规定用益租赁之承租人在转租时遭到拒绝,承租人不得行使通知终止权等。① 而在使用租赁中,若出租人不同意承租人转租的,承租人可得通知终止契约。② 此外,由于权利本身在时间和空间上之无限形塑的可能性,权利之用益租赁具有独特的规范属性,权利之用益租赁只能使权利人对被授权人负债务,并不构成该权利的准物权负担,由此,在同一时空缔结重复性授权契约时,权利人对后一契约的履行不存在给付不能的问题。③

其次,对于无偿的定期限交付类契约可区分为使用借贷和消费借贷④。定期限交付类契约皆存在返还标的物之义务,包括使用借贷在内的契约类型须以原物返还,而消费借贷之目标系金钱及其他代替物,贷与人应移转所有权于借用人,借用人只需返还以种类、质量、数量相同之物即可,无须原物返还。具体如下。

(1)对于使用借贷而言。贷与人交付借用物之义务与借用人返还借用物之义务并不构成对待给付关系,亦不因此使使用借贷成为双务契约。使用借贷的贷与人无偿交付物的使用意味着一种显著的牺牲,但其作出的财产牺牲远没有赠与那般重大,⑤唯当使用借贷之期限约定为永久或以借用物之堪用年限为期限者,其性质趋向于赠与,尤其对于标的物价值

---

① 参见[德]迪特尔·梅迪库斯:《德国债法分论》,杜景林、卢谌译,法律出版社 2007 年版,第 217 ~218 页。

② 参见《德国民法典》第 504 条第(1)项规定。

③ 参见黄茂荣:《债法分则之二:劳务之债》,厦门大学出版社 2020 年版,第 3 页。

④ 需要特别说明的是,为论述方便,笔者将消费借贷主要放于无偿之定期限交付类契约中进行论述,对于有偿的消费借贷情形也将进行特别论述。

⑤ 参见[德]迪特尔·梅迪库斯:《德国债法分论》,杜景林、卢谌译,法律出版社 2007 年版,第 222 页。

昂贵且长期交付使用之情形,如一整套住房以受领人的终身为期限无偿地被交付使用,通常认为应当准用赠与契约的规定。[①] 然而,此种观点只关注到赠与契约与使用借贷均系无偿契约的共同属性,却并未充分意识到类契约的设定意义,即赠与契约隶属于“以终局移转财产权为内容之类契约”范畴,使用借贷归属于“定期限交付类契约”范畴。正因如此,赠与契约之规范重点围绕“所有权转移交付”的中心展开,交付前赠与人可随时撤销赠与,一旦交付,只有在受赠人违背信义义务的前提下才可撤销赠与;而使用借贷与之具有实质性不同,一旦借用人已经能够进行符合目的之使用,出借人即可请求返还借用物,不能经由目的推知的,标的物可以随时请求返还。[②]

(2)对于消费借贷而言。在不支付利息的情形下,消费借贷为无偿、单务契约;在约定利息的情况下,交付义务与支付报酬义务处于双务性关系。消费借贷具有与其他用益债权不同之授信本质,由此决定,消费借贷的规范设置主要从授信角度出发,而非从用益之性质出发。[③] 第一,基于授信之目的,贷与人须将贷与物之所有权移转于借用人,贷与人对目标之权利由物权性转为债权性,借用物之毁损灭失的风险应由借用人负担;第二,授信乃由贷与人施与,基于对贷与人利益的保护,需要考虑贷与人就替代物之返还请求权的确保问题,但无须规范基于用益性质所产生的借用人保管义务。在实践中,通常设定保证合同以及各类担保物权,由此消弭了消费借贷的要物属性,这是因为“存在保证契约或设定担保物权之前提下,要物性的要求,将有碍交易安全,应经由解释或立法缓和其要物性”[④]。

将消费借贷设定为“定期限交付类契约”的基本性类型,不仅是出于明确消费借贷与使用借贷在授信本质上的区分,更是基于其与其他合同

---

① 德国学者拉伦茨即持此种主张。参见[德]迪特尔·梅迪库斯:《德国债法分论》,杜景林、卢谌译,法律出版社 2007 年版,第 223 页。

② 参见《德国民法典》第 604 条内容。

③ 参见黄茂荣:《债法分则之二:劳务之债》,厦门大学出版社 2020 年版,第 123 页。

④ 王泽鉴:《债法原理》,北京大学出版社 2009 年版,第 15 页。

类型之模糊边界的重新界定之需要。一般而言，消费借贷与赠与契约、使用借贷、借用契约等均存在明确的区分标准，[①]但其与“不规则保管”一直存在界定上的疑难：所谓不规则保管也被称为消费保管，是在交付保管之物为可替代物时，保管人在期限届满后仅需交还同等品质、种类以及数量之物的契约形态。[②] 常见实例为“活期存款契约”。其与消费借贷具有极为相似的类型特征，并与一般的保管契约呈现极大差异性，如存在保管物所有权的转移、保管人可以使用标的物并获取用益（无须返还孳息）、保管物之风险负担由保管人承受等，[③]由此，对于不规则保管的法律适用基本以“准用消费借贷之规定”为主，如《德国民法典》第 700 条第 1 款规定“所有权移转后适用关于消费借贷的规定”。

然，笔者认为消费借贷与消费保管应予严格区分，两者基于利益主体之不同而呈现本质性差异，对于物之返还义务的设定难以准用相同之规则：消费借贷契约系属“定期限交付类契约”范畴，主要目的在于实现借用人对物之使用、收益，赋予借用人于物的使用权是为借用人的利益而服务；消费保管契约隶属于“提供服务类契约”范畴，保管服务之给付目的在于免去寄存人对物之风险和负担，寄存人享有的全部服务利益居于首位。由此，于消费借贷之情形，为保证受领人方便使用而不能准许随时请求返还，而在消费保管之场合，只要寄存人认为保管之目的已经实现，即使合同约定的保管期限尚未届满，也应允许其随时领取保管物。如活期存款的存款人随时可以提供任意金额之存款。[④]

---

① 如消费借贷与赠与契约主要通过偿还义务予以区分，其与使用借贷和借用是通过移转所有权以及通过所交付的物应当依价值偿还而区分。参见［德］迪特尔・梅迪库斯：《德国债法分论》，杜景林、卢谌译，法律出版社 2007 年版，第 231 页。

② 《德国民法典》第 700 条确定了不规则保管的契约形态，将其作为一种特殊的保管契约形态。

③ 参见王利明：《合同法分则研究》（上卷），中国人民大学出版社 2012 年版，第 581 ~ 582 页。

④ 参见［德］迪特尔・梅迪库斯：《德国债法分论》，杜景林、卢谌译，法律出版社 2007 年版，第 367、231 页；王利明：《合同法分则研究》（上卷），中国人民大学出版社 2012 年版，第 576 页。

三、“提供服务类契约”的基本性类型

劳务给付本身具有继续性、无形性、异质性以及对他人事务之介入性等多项特征，并由之导出服务类契约的共同规范需要。其中，无可储藏性的类型特征决定劳务之给付需要一定之时间和空间作为其发生的场域，[①]这对于服务类契约的类型区分具有指向意义，据此，应将提供服务类契约的基本类型设定为雇佣型、承揽型、委托型和保管型四种主要形态，笔者称之为“提供服务类契约”的四分管制法。这与周江洪教授主张的“承揽、委托、保管”服务契约的再类型化设定具有本质的不同，根据周江洪教授的观点，承揽之本质在于“工作成果与报酬之间的交换”，将承揽纯化为“以物为中心的承揽”，“以劳务为中心的承揽”从中分离与委托契约共同构成委托型服务契约类型，由此，承揽合同、建设工程合同及运送合同纳入承揽型服务契约，委托合同、行纪合同和居间合同纳入委托型服务合同，保管合同和仓储合同归为保管型服务合同。[②] 实质上，第一，此种分类方式并不周延，难以对雇佣关系形成有效规制。[③] 此种分类方式只是单纯涵盖了“方式之债与结果之债”层面的区分，局限于服务人具有一定之独立性的事务之处理或成果之达成的领域。在雇佣型契约中，虽人之劳务从物之劳务中得以分离，但其仍可共享按时计酬的共同特征，服务人仍可负担非独立性的劳动，其工作时间和工作地点遵从雇佣人规定，工作细节完全奉行其指示，使提供服务人具有从属性[④]而处于完全的弱势地位，这与承揽型和委托型服务具有截然不同的规制重心。“供给劳务、换取生活所需，系人类发展上相当基本而原始之谋生手段，由此，雇佣契约应为最重要的劳务契约类型。”[⑤]第二，“交付工作的标的物”，并非仅

---

① 参见黄茂荣：《债法分则之二：劳务之债》，厦门大学出版社 2020 年版，第 2 页。

② 参见周江洪：《服务合同研究》，法律出版社 2010 年版，第 47 页；周江洪：《服务合同的类型化及服务瑕疵研究》，载《中外法学》2008 年第 5 期。

③ 参见娄宇：《民法典的选择：劳动合同抑或雇佣合同——〈德国民法典〉第 611a 条修订的教义学分析与启示》，载《法律科学（西北政法大学学报）》2019 年第 5 期。

④ 参见谢增毅：《民法典引入雇佣合同的必要性及其规则建构》，载《当代法学》2019 年第 6 期。

⑤ 邱聪智：《新订债法各论》（中），中国人民大学出版社 2006 年版，第 7 页；曾祥生：《服务合同：概念、特征与适用范围》，载《湖南社会科学》2012 年第 6 期。

涉及某物的制作，也可指代由劳务促成的结果，由此，其不仅涵盖在定作人设施以及所交付之物上实施工作的行为，也应涵盖手工业劳动以及诉讼业务的承担等。将承揽给付纯化为“物型给付”不仅存在界定上的困难，也不具备重要之意义，因为以完成无形工作为内容的承揽亦可适用于瑕疵担保责任。① 以下，笔者将对提供服务类契约基本性类型设定的“四分管制法”②进行说明。

第一，根据劳务给付范围的界定方法，证明雇佣型契约具有独立之属性。③ 其独立性体现在两个层面。第一层面，雇佣型契约本身具有特殊性。雇佣型契约以“一定之时段”或时间长度来界定劳务债务人应给付的劳务范围，其以一定事务之处理或一定工作之完成作为劳务给付范围的委任型和承揽型契约不同，由此区别于委任型契约与承揽型契约。④ 由于雇佣型契约单纯以时间长度界定劳务范围，其在工作事物的决策上欠缺独立性，在企业组织上属于雇佣人组织中的一环，工作之进行需接受雇佣人的指挥监督；且无论受雇人之劳务报酬是否参与分红，皆不负担其工作所属之业务上的财务风险，甚至在构成劳动契约情形，受雇人可进一步享有社会照顾保护（主要规定在劳动保障法）。另外，劳动契约属于雇佣型服务契约的特殊类型，劳务契约的特殊性体现在：劳务契约系属劳动者在劳务的提供上或经济上对雇主有依赖性的雇佣关系，由此应设定特殊的社会照顾义务，这也是两者区分的主要标志。⑤ 而且，在雇佣型契约中，即便劳务债权人有受领迟延，仍应负报酬给付义务，而受雇人无须再补充进行劳务之给付，得享报酬请求权。第二层面，雇佣型契约与承揽型契约和委任型契约具有区分。在承揽契约与委任契约中，承揽人和受任人在组织上和财务上均独立于委任人和定作人，存在适当的独立空间。但服务给付之本身，终究是为他

---

① 参见周江洪：《服务合同研究》，法律出版社 2010 年版，第 62 页。

② 笔者赞同周江洪教授对于保管型服务契约的分类主张，在此不再做赘述。

③ 参见战东升：《民法典编纂视野下的服务合同立法——日本立法经验及其借鉴》，载《法商研究》2017 年第 2 期。

④ 参见黄茂荣：《债法分则之二：劳务之债》，厦门大学出版社 2020 年版，第 2～5 页。

⑤ 参见郑尚元：《民法典制定中民事雇佣合同与劳动合同之功能与定位》，载《法学家》2016 年第 6 期。

人利益而为之事务处理，所以其事务处理与工作之完成必须依委托人或定作人的指示，以最大限度地符合委托人或定作人的利益；[①]但基于承揽事务与委托处理之事务的专业性特点，指示存在不适当的，受任人和承揽人并无须对指示盲从遵循，而应根据自己专业知识作出审慎考量后的判断，即承认承揽人和受托人有进行权变处理的权力。[②] 如关于承揽，若存在定作人指示不当，承揽人及时将指示不当之情事告知定作人，得享已付劳务之报酬及垫付之费用；在委任之情形中，受任人处理事务应依从指示，并注一定之注意义务；关于运送，受货人地址不明或存在其他交付障碍，运送人应立即通知托运人，请求指示，若托运人未即时作出指示，或事实上难以指示，运送人可依据具体情形决定将之寄存于仓库或拍卖等。[③]

第二，一定工作之完成亦是一定事务之处理，一定事务之处理亦是一定工作之完成，盖承揽型和委任型契约之区分并不在于劳务范围的界定方法，即不以结果之债与方式之债作为直接性的区分标准，而在于其报酬给付义务之有无及其生效要件。笔者认为，承揽型契约与委任型契约的区分标准应为：报酬请求权是否取决于工作成果之发生。[④] 首先，要明确的问题是，委任型契约与承揽型契约区分设定的意义，不仅体现在价金风险的分配方面，更反映在债务不履行责任的承担方面。于承揽型契约而言，承揽人如未完成约定之承揽工作，则其不但没有报酬请求权，于可归责于承揽人时还应承担债务不履行的责任，在非因承揽人过失致不能完成约定之工作使契约终止的，已完成之工作对于定作人有用者，定作人始有受领及给付相应报酬之义务；而在委任型契约，只要非可归责于受任人之事由，于事务处理未完毕前已终止者，受任人可就其已处理之部分请求报酬，不论已完成之部分是否对受任人有益。其次，单纯以“结果之达成”与“过程之重视”为视角，区分承揽型给付与委任型给付存在困难。虽然承揽型给付

---

① 参见黄茂荣：《债法分则之二：劳务之债》，厦门大学出版社 2020 年版，第 186 页。

② 这在德国学说上称为“有思虑的服从”（denkender gehorsam），区别于盲目的服从（blinder gehorsam）。

③ 参见唐仪萱：《服务合同通知义务的一般规则——〈欧洲示范民法典草案〉的启示》，载《当代法学》2016 年第 2 期。

④ 参见黄茂荣：《债法分则之二：劳务之债》，厦门大学出版社 2020 年版，第 5 ~ 6 页。

瑕疵的判断采取无过错论,其目标是完成并交付没有瑕疵的物,但其中更涉及"服务瑕疵"的转化问题,即可由标的物瑕疵推定存在服务瑕疵,虽然服务本身在判断瑕疵担保责任中并不担负实质性作用,却以物之瑕疵作为推定服务瑕疵存在的依据,并且将服务瑕疵作为认定瑕疵的主要标准。① 如承揽人若明知材料或者指示不适当而未予告知时,不能免除其担保责任;定作人在收到标的物存在障碍的报告后是否完成修补以及是否采取合理的替代措施等,构成瑕疵判断的要素。由此可见,承揽型契约并不单纯注重结果是否达成,亦以"过程或者手段合理性"作为判断的基础。②

综上所述,承揽型契约与委任型契约的区分应当遵循以下规则。(1)在一般情况下,根据报酬之约定的成果关联性与行为关联性即可进行区分,即"承揽人只有在发生成果之后始完成履行"③。承揽型契约必为有偿契约,且以工作之完成作为报酬请求权的生效要件;委任型契约可有报酬之约定,也可无报酬之约定,但不以工作之完成(特别是不以交付一定之工作成果)作为报酬请求权的生效要件。此谓之出版契约与 BOT 契约应归属于承揽型服务契约之原理所在:其一,出版权授予人依出版契约之约定负有交付著作物的义务,同时出版人负有出版之义务,两者义务间具有对价性,④出版义务完成始有报酬请求权;其二,BOT 契约包含兴建(Build)、营运(Operate)及移转(Transfer)三种给付,民间机构以公共建设之"兴建与移转"交换公共建设之"营运的特许",应归属于承揽型服务契约。但在无偿契约之情形下,则无所谓活动所涉及的是行为还是结果,均归属于委任型服务契约。⑤ (2)在个别情形下,工作之完成只表现为一定事务之处理的形式,不一定以成果的方式展现。有时,劳务给付是

---

① 参见周江洪:《服务合同研究》,法律出版社 2010 年版,第 64 ~ 65、107 ~ 108 页。

② 由此,单纯区分物型承揽与服务型承揽本身就是十分困难的。参见周江洪:《服务合同研究》,法律出版社 2010 年版,第 109 页。

③ [德]迪特尔·梅迪库斯:《德国债法分论》,杜景林、卢谌译,法律出版社 2007 年版,第 284 页。

④ 参见林诚二:《民法债编各论》(中),中国人民大学出版社 2007 年版,第 150 页。

⑤ 参见[德]迪特尔·梅迪库斯:《德国债法分论》,杜景林、卢谌译,法律出版社 2007 年版,第 336 页。

否产生一定之成果,并不由劳务债务人的作为义务决定,更取决于服务受领人自身状况及一定之外部条件,由此,报酬之约定并不取决于该成果之发生,此类契约宜定性为委任型契约,普遍认为医疗合同应归属于委任型契约,[①]即为适例。(3)并非所有以成果之完成作为报酬之对价的情形,皆为承揽型契约。在约定以按件计酬的方式给付劳务报酬者时,纵使报酬之给付取决于完成工作之件数,不必然成立承揽型服务契约。若其件数之完成主要取决于劳务债务人努力之程度,而与其专业技能及特殊技艺无重要关系,更应理解为系劳务债权人在指定之时间与地点要求给付一定之劳务关系,即认定为雇佣型服务契约。[②] 在居间合同中,居间人之报酬请求权虽以契约因其报告或媒介而成立为限,但契约之缔结并不在劳务给付的范畴之内,故居间属特别之委任。承揽型给付与雇佣型给付的区分具有重要意义,即"承揽人负担的风险要大于雇佣合同中的劳务给付债务人"。例如,在建筑工程合同中,业主与建筑工程承包人之间存在承揽合同,承包人与建筑工人之间成立雇佣关系,若将要完工的建筑工程意外灭失,建筑工人的劳务报酬请求权不受影响,而承包人连向业主主张部分报酬的权利都没有,这是因为"工作成果的竣工并验收"之要件尚未满足。[③] (4)一定事务之处理与一定工作之完成具有区分上的模糊性,但依契约之本质,要求事务之处理必须达到一定之结果的程度,对于其本人毫无意义,甚至有所损害之契约情形,应当定性为承揽型服务契约。[④] 但若具体服务契约"半途而废",将使债权人未受其利反受其害,应当认定为该类契约之目的达成须以一定工作之完成为基础,此类契约应当归属于承揽型服务契约,如医疗美容服务契约、婚庆服务契约、旅游契约等,其契约本身即承载着服务受领人追求精神上的满足之目的。[⑤] 就旅游契约

---

① 德国法上一般将医疗契约定性为雇佣契约,而非委任型契约,原因在于,《德国民法典》所定之委任契约是无偿的,而医疗契约原则上是有偿的。

② 参见黄茂荣:《债法分则之二:劳务之债》,厦门大学出版社 2020 年版,第 6 页。

③ 参见[德]迪特尔·梅迪库斯:《德国债法分论》,杜景林、卢谌译,法律出版社 2007 年版,第 284 ~ 285 页。

④ 参见黄茂荣:《债法分则之二:劳务之债》,厦门大学出版社 2020 年版,第 303 页。

⑤ 参见易军、宁红丽:《合同法分则制度研究》,人民法院出版社 2003 年版,第 455 ~ 456 页。

而言,劳务之给付的“半途而废”将使债权人“假期利益落空”以及“失去机会的无法重复”等。[①] 运送契约亦属于特别的承揽契约,“地点的变化”是对给付结果的要求,[②]仅给付运输之劳务而未到达约定地点的变化结果,显而易见对于债权人而言无益甚至可能造成损害。(5)“服务”在承揽型契约中具有特殊定位,由此决定承揽型契约可同时兼顾成果关联性和行为关联性。盖在建筑设计契约(Architektenvertrag,也称为“建筑师合同”),建筑师负担之劳务给付义务不仅包含制作建筑规划(具有结果关联性),也包含建筑工程在兴建上的指挥、监督工作(具有行为关联性),建筑师之给付义务已然超出委任型契约的范畴,给付的瑕疵也通常表现在建筑工程上,因此,该契约之目的在于“整体的建筑工作依照计划没有瑕疵的完成”,应被定性为承揽契约,只是对其中侧重行为的部分可谨慎地补充适用关于委任型契约的相关规定,但不得与承揽型契约之规定相抵触。[③] 同样之情形亦适用于戏剧之演出契约,除戏剧之观赏外,还包括剧院设备的使用租赁,如座位、盥洗室等设施,但“唯一定戏剧之演出必须完成,始有经济或观赏上之意义”[④],由此,使用租赁仅具有从属性给付之意义,不影响契约系承揽型服务契约之定性。[⑤]

---

① 参见许中缘、崔雪炜:《论合同中的人格利益损害赔偿》,载《法律科学(西北政法大学学报)》2018 年第 3 期。

② 参见韩世远:《合同法学》,高等教育出版社 2010 年版,第 509 页。

③ 德国实务界偏向于将建筑师合同定性为雇佣契约,而德国联邦法院则统一将其认定为承揽契约。参见黄茂荣:《债法分则之二:劳务之债》,厦门大学出版社 2020 年版,第 303 页;[德]迪特尔·梅迪库斯:《德国债法分论》,杜景林、卢谌译,法律出版社 2007 年版,第 286 页。

④ 参见黄茂荣:《债法分则之二:劳务之债》,厦门大学出版社 2020 年版,第 303 页。

⑤ 此点与契约之定性应以整体性视角出发的观点有一定的相似性,但整体性视角的阐述可适用于一切类型之契约定性的判断,而结果关联性与行为关联性的兼容是承揽型给付区别于委任型给付而独有的判断规则。就契约定性之整体性视角的观点,笔者亦有初步的研究。债之关系本身具有有机性,乃属一种由个别给付关系结合组成之有机体,因此,单纯依靠债之关系的要素难以准确判断债所属之类型,而需透视债之关系的整体性。根据合同条文在体系上的关联性可以确定合同的“整体图像”,因此,应依据系争合同之整体与该契约类型所呈现的整体面貌的相符性来判断,而非要求个别特征的逐一吻合,也不宜根据部分给付符合个别契约之类型特征进行定性,而必须从给付的整体性为视角出发。例如,旅游契约包含运送之承诺、提供住宿之承诺等,在多数情形下,属于使用租赁和委任合同构成的混合契约,但就“旅游经办人有偿向游客提供由具体旅游服务构成的整体服务”角度而言,应将旅游契约定性为“承揽型服务契约”,主要适用承揽契约的规范体系。

第四节　《民法典》保理合同、物业服务合同的示例性定性解析

基本性类型之设定对非典型契约具有解释与调整意义，以下笔者将以《民法典》合同编新增保理合同、物业服务合同为导出示例[①]进行展开分析。

一、基本性类型结构布局内保理合同的基本定性与规则完善

保理合同在民法典规范之前为非典型契约。在审判实践中，保理合同案件的案由确定难以统一，主要有借款合同、贷款担保合同、债权转让合同、金融衍生品种交易纠纷、委托代理合同纠纷等；[②]学界对于保理合同之法律性质的争议，纷争不断，主要形成了委托代理说、让与担保说、债权质押说、债权让与说、清偿代位说等主张。[③] 其中，占据主流的是“债权让与说”，认为保理业务当事人的权利义务应当根据应收账款转让之基础进行设立，[④]且保理需要具备融通资金、收取应收账款、坏账担保以及销售分户管理等功能，只有在明确应收账款转让的本质属性的基础上，才能厘清保理发挥以上各项功能的共同原因，因而应将保理合同定性为债权让与。[⑤] 甚至有学者认为，债权让与是保理合同的主导业务和主要内容，

---

① 对保理合同与物业服务合同本身之规则完善的探讨并非本书之重点内容，以此，笔者仅就基本性类型设定对上述契约基本性质的认定以及相应规则之完善的作用作适当阐述。笔者立基于债法体系中的非典型契约的完善，因而选取保理合同和物业服务合同，而未选取保证合同和合伙合同作为分析对象。保证合同之增设更多的意义在于，作为物上担保的有益补充，并作为优化营商环境、促进融资便捷从而推动市场经济发展。由此，保证合同增设为典型契约之主要意旨体现在《民法典》体系的大框架，创设担保制度在合同法中的规范基础和连接纽带，并非在于完善债法体系中的契约类型架构。参见王利明：《我国〈民法典〉保证合同新规则释评及适用要旨》，载《政治与法律》2020年第12期。合伙合同同为此理。

② 参见李超编著：《保理合同纠纷裁判规则与典型案例》，中国法制出版社2017年版，第13页。

③ 参见方新军：《保理合同研究》，载徐国栋主编：《罗马法与现代民法》（第2卷），中国法制出版社2001年版，第329～337页。

④ 参见周军：《基础合同对保理合同效力影响辨析》，载《贵州社会科学》2020年第9期。

⑤ 参见方新军：《保理合同研究》，载徐国栋主编：《罗马法与现代民法》（第2卷），中国法制出版社2001年版，第336～337页。

金融服务仅居于次要和从属地位。[①] 但也有学者认为，将保理合同定性为债权转让的做法，虽然能够体现保理合同以应收账款作为前提的特征性，但保理业务的其他功能，如融资功能以及其他综合金融服务功能并不能得到全面体现。[②] 笔者认为，研究保理合同，首要的是明确保理合同的法律性质，并依靠契约类型特征确定当事人双方的权利义务内容，对此，基本性类型所设定之规则框架能够提供较为完满的解决方案。

第一，保理合同并不能当然地认定为“债权让与”，应收账款转让只是叙做保理的基础和保理功能实现的前提，并非保理合同的本质，单纯的债权让与根本难以实现保理的金融服务功能，由此，重点完善债权让与的一般规范不足以解决保理合同的法律规制问题。[③]

第二，保理合同应当根据基本性类型的性质进行限缩解释并进行规则完善。基本性类型的限定，能够为保理合同中权利义务的设定提供解释基础，亦作为其内容完善的主要依据。根据《民法典》第761条的规定，无论保理人提供“资金融通、应收账款管理或者催收、应收账款债务人付款担保等服务”中任何一项服务，均以债权人现有及将有之应收账款交付于保理人为前提，但应收账款交付并非意味着成立债权让与，还需要结合保理人所提供之金融服务进行判断。

其一，在成立有追索权保理的情形下，保理人仅提供包括融资在内的金融服务，但并不承担为债务人核定信用额度和提供坏账担保的义务。[④] 笔者认为，有追索权之保理实质上构成“消费借贷”，若保理人附加承担应收账款管理或者催收等服务，则成立消费借贷与委任型服务契约的混合契约形态。对于此种情形，保理人所提供之融资，虽然也包含所有权移转的要件，但负有“定期限交付”的给付特征，即债权人负有返还义务，而特别约定以债务人付款的替代实现作为优先受偿路径，此类型特征可解

---

① 参见朱广新：《论合同法分则的再法典化》，载《华东政法大学学报》2019年第2期。

② 参见李超编著：《保理合同纠纷裁判规则与典型案例》，中国法制出版社2017年版，第14页。

③ 参见黄和新：《保理合同：混合合同的首个立法样本》，载《清华法学》2020年第3期。

④ 保理商只提供资金融通，不提供另外三项内容的服务，这在保理业务上是被允许的，此时，债权让与可以不通知债务人，成立“隐蔽担保”，也可以通知债务人。

释“保理人可以向应收账款债权人主张返还保理融资款本息或者回购应收账款债权”的规范正当性；由于消费借贷可约定利息而成为有偿契约，由此，保理人可主张债权人返还或者债务人支付保理融资款的本金和利息，但剩余部分应当返还给应收账款债权人。对于保理人还承担其他劳务给付的，有权收取劳务给付报酬。

其二，在成立无追索权的保理契约之情形下，保理人既承担资金融通，亦承担为债务人核定信用额度和提供坏账担保的主给付义务。笔者认为此种情形构成纯正的债权让与，若保理人还负担应收账款管理或者催收等服务，则构成债权让与和委托代理的混合契约。无追索权情形之保理，债权人转让应收账款的行为可解释为所有权的终局移转，根据“利益之所有、风险之所归”的原则，保理人负担应收账款因债务人自身原因所导致之债权不能实现的风险，保理人同时享有应收账款转移后的利益所得，由此，保理人取得超过保理融资款本息和相关费用的部分，无须向应收账款债权人返还。对于因债权人与债务人之间买卖契约存在给付障碍，债务人之抗辩权能否对抗保理人的债权请求权，则是抗辩权对合同联立穿透力的问题，亦即，债务人权利的保护更多的是合同联立研究领域需要厘清的问题。

其三，在保理人缺少资金融通之给付情形下，成立到期保理，此类保理的特征在于：保理人不提供预先的资金支付，只在约定的期限到来或者债务人付款后，保理商再向让与人付款。但在此种情形下，保理人必须提供坏账担保，而不能仅提供应收账款管理或者催收等服务，否则将严重违背民法的公平原则。因为在保理商不提供坏账担保的情形下，一旦债务人破产，债权将转让给保理商，债权人都无法申报破产债权，而保理商所提供服务的费用根本难以与被转让的债权达成对等性，如此，将严重损害债权人的利益。[①] 由此，保理人在缺少资金融通的给付义务时，必须提供坏账担保，该种情形相当于构成附所有权保留的债权让与，实质上是特殊

① 参见方新军：《〈民法典〉保理合同适用范围的解释论问题》，载《法制与社会发展》2020年第4期。

的无追索权的保理,对于约定之特定期限界至或债务人付款后,保理人取得的除保理融资款本息和相关费用之外的部分,无须向应收账款债权人返还。

其四,对于保理人既不承担资金融通义务,也不提供坏账担保服务,只在应收账款管理或者催收等服务范围内进行给付时,构成委任型服务契约,保理人有权取得劳务给付的报酬;但此种情形"债权人交付应收账款"的行为将失去意义,也没有交付的基础,因而不成立保理合同。由此,保理人负担的给付,至少应包含坏账担保和资金融通中的一种,可以负担应收账款管理或者催收等服务义务。

由此,保理商与债权人的权利义务关系可以在基本性类型的基础上完成契约定性,并根据基本性类型相应的规则完善保理合同的规则体系,同时在基本性类型的义务框架内完成限缩性解释。

二、基本性类型框架内物业服务合同的解释性适用

《民法典》将物业服务合同规定为典型契约类型,完成了其从非典型契约向典型契约的蜕变,对于建筑物区分所有权人(业主)的权利、平衡业主与物业服务人之间的利益关系的保护都具有重要意义。[①] 立法者将物业服务合同放于委托合同之后,却未规定对委托合同规范的引致条款,意在表明物业服务合同区别于委托合同的特殊之处,而更多地表现为"委托型服务契约"之属性。[②] 其区别于委托合同性质的最具争议性的问题,即业主是否应享有任意解除权?

首先必须明确的是,物业服务合同明确为典型契约的原因是其相对于委托合同而言的,具有相当的异质性,难以完全依靠委托合同规则解决所有纠纷。这与建设工程合同被规定为典型契约类型的原因相似,建设

---

① 参见杨立新:《物业服务合同:从无名合同到典型合同的蜕变》,载《现代法学》2020 年第 4 期。

② 参见朱虎:《物业服务合同作为集体合同:以〈民法典〉规范为中心》,载《暨南学报(哲学社会科学版)》2020 年第 11 期;薛源:《民法典新增物业服务合同效力探讨》,载《学术界》2020 年第 10 期。

工程合同是承揽合同的特殊类型，但其异质性显著且在现实生活中应用广泛，由此，设立专章规定具有正当性，同时建设工程合同章未予明确规定的内容，具有补充适用承揽合同的相关规定的正当性。[①] 从而，物业服务合同作为特殊的委托合同，其具有区别于委托合同的显著独特性，但作为其基础形态的委托合同的相关规则依旧是物业服务合同规则推演的基础，在其独特性尚且涵盖在委托合同的规范意旨的情况下，应当补充适用委托合同的相关规则。例如，物业服务人所提供之物业服务具有较强程度的专业性、技术性和社会性特征，由此，无须如一般委托合同之情形——随时听取委托人的指示，并严格遵从委托人的指示处理委托事务；[②]物业服务人处理委托事务具有较强的自主性，无须在处理每项事务时都严格遵从委托人的指示，只要保障其提供的物业服务符合合同约定的要求即可。[③]

有学者主张"对普通物业服务合同而言，业主不应该享有任意解除合同的权利，这是契约必须严守的要求，且赋予业主任意解除权将损害物业服务企业的正当利益，但可以通过认定物业服务人构成根本违约行使法定解除权"[④]。笔者并不赞同此种主张，物业服务合同的特殊性不足以使其脱离委托合同中委托人任意解除权规则的规范意旨，具体而言如下。一方面，服务本身具有无形性、异质性，服务给付之效果达成受到受领人自身感受程度的影响，且服务受领人订立服务契约的目的在于获取良好、愉悦的服务感受，服务提供方与受领方之间的信赖关系构成维系劳务给付关系的基础，由此，服务类契约中的服务受领方总是处于主导性地位。物业服务合同亦以当事人间的相互信任为基础，一旦产生信任危机，则物业管理与服务将难以依约履行，业主应当享有合同任意解除权，[⑤]但应依

---

① 参见杨立新：《物业服务合同：从无名合同到典型合同的蜕变》，载《现代法学》2020 年第 4 期。

② 在执行事务时，受托人须遵从委托人的指示，在出现新的情势时，受托人应当通知委托人，并等候其决策。参见［德］迪特尔·梅迪库斯：《德国债法分论》，杜景林、卢谌译，法律出版社 2007 年版，第 339 页。

③ 参见王利明：《物业服务合同立法若干问题探讨》，载《财经法学》2018 年第 3 期。

④ 王利明：《物业服务合同立法若干问题探讨》，载《财经法学》2018 年第 3 期。

⑤ 参见王利明：《合同法研究》（第 3 卷），中国人民大学出版社 2012 年版，第 739 页。

据损益相抵原则赔偿物业服务企业因此所受之损失。另一方面,在劳务给付人报酬请求权方面,委托型服务契约相较于承揽型服务契约而言,更注重保障劳务给付人的利益。由此,劳务受领人之任意解除权的行使应更加自由。在委任型服务契约中委托人行使任意解除合同的,应向受托人给付其已完成部分相应的报酬,而承揽型服务契约中定作人任意解除合同的,只有承揽人完成给付的部分对定作人有利的,才有权请求支付报酬。因此,委任型服务契约中的具体类型,除非基于特别正当之理由,否则,难以排除适用委托人的任意解除权规则。

第六章　非典型契约制度的规则适用机制

《民法典》第 467 条第 1 款是关于非典型合同法律适用的条款。按照其规范意旨，对于非典型合同中权利义务的确定，参照适用关于典型合同的规定。[①]该条规范设置了以合同类型相似性为主导的参照适用方法，但参照适用方法只能说是立法者采取的一种弥补性的规制方法，最为根本有效的规制路径依旧是为非典型契约的规则体系设立专属性的适用机制。

由于合同编分则契约类型的体系性构建未能完全脱离概念式的思维方法，加之立法者在典型契约的类型设定上过于注重经济实用性的立法取向，致使典型契约类型呈现分散化的分布样态。类型谱系机能的发挥要求以体系性的视角规整各个生活片段，以获致契约类型间的脉络关联，确保契约间的过渡形态以及重叠的交织形态获得可解释力。为此，笔者主张在类型论的方法中引入动态性的评价因

① 参见王雷：《非典型合同和典型合同中的参照适用》，载《财经法学》2023 年第 3 期。

素,利用动态系统论弥补单纯依靠类型化设定的类推适用方法的局限性,为混合型非典型契约和过渡形态的非典型契约建立契约性质认定的动态化评估机制,为非典型契约内部法律关系的“拆分—重组”过程提供解释性的说明机制。具体而言,“框架性类型系列”的类型设定与规则导出已经提供了非典型契约的基本性规则体系,即“基本规则体系=类契约一般性规则+基本性类型规范体系”,而契约性质的动态化评估机制应作为规则体系适用的主要依据。这是对契约要素流动性特质的充分体现与利用,亦是类型化思维方法在契约类型体系构建运用中的理论更新与深入。

第一节 僵化的、一体性的类推适用方法难以应对非典型契约

在民法学理论中一直存在对类推适用与参照适用的混淆。在关于法学方法论的著述中,参照适用的学术光芒也基本被类推适用掩盖。[①] 参照适用一直被视为法定的类推或被归为一种授权式类推适用,因此,指导非典型契约法律适用的理论通说一直被称为“类推适用说”。《民法典》第467条第1款是关于非典型契约法律适用的条款。按照其规范意旨,对于非典型契约中权利义务的确定,参照适用关于典型契约的规定。[②] 结合该条款和《民法典》中其他的参照适用条款会发现,立法者在有意区分参照适用方法与类推适用方法,参照适用正在获致独立于类推适用的方法论意义。因此,对于非典型契约的法律调整,也不应继续采取僵化的、一体性的类推适用方法。若按照传统的类推适用方法,不加区分地一概适用被参照的规定来处理非典型契约,将难以避免地忽视非典型契约的独特性。

第一,传统的类推适用方法带有“本质归一”的目的导向,难以彰显

---

① 参见王雷:《民法典中参照适用条款的方法论意义》,载《现代法学》2023年第2期。

② 参见王雷:《非典型合同和典型合同中的参照适用》,载《财经法学》2023年第3期。

非典型契约的目的多元性。类推适用采用的法律论证方法是类比推理，以对法律评价具有决定性意义的相似性作为比附援引的核心基础。类比推理蕴含着一个以内容评价为基础的一般化命题，即"已在法律上作出规定的情形与法律上尚未作出规定的情形之间的区别并未重要到这样的程度，以至于可成为区别对待的正当理由。换句话讲，这两种情形之间的共同(一般性)要素即足以构成对它们赋予相同法律后果的正当根据"[①]。在类比推理的过程中，须进行积极确定与消极确定两次判断，以确定相比较者具有足够的相似性，以至于适用规定时可以忽略其间的歧异。[②] 实际上，类推适用是对同等对待原则的适用，也反映出类推适用方法的僵化性及其一体性适用的目的导向。

若以类推适用方法处理非典型契约，非典型契约便会被归入某类典型契约，消除歧异的目的导向将减弱甚至消除非典型契约与该类典型契约间的异质性，[③]导致削足适履式的法适用结果。例如，将混合赠与合同强行归入买卖合同，将忽视缔约人的赠与意图，导致混合赠与合同与买卖合同间的异质性被消除，因为体现赠与合同在风险转移、瑕疵担保责任等方面特质性的规定将无法适用。同时，在类推适用方法的实践运用中，法官对类推适用的论证推理过程展开不够重视，[④]"增加了类推适用过程的神秘程度，人们或许会怀疑类推适用不过是法官对于个案结果的粉饰"。[⑤] 常见的方式是，法官在使用"参照"一词后直接援引相应的法律规定。例如，在"温州市博爱出租汽车服务有限公司与金梁辉挂靠经营合同纠纷上诉案"中，法院认为："鉴于《中华人民共和国合同法》分则并未明文规定挂靠经营合同，根据《中华人民共和国合同法》第124条的规定，应

---

① ［德］齐佩利乌斯：《法学方法论》，金振豹译，法律出版社2009年版，第99页。

② 参见［德］卡尔·拉伦茨：《法学方法论》，陈爱娥译，商务印书馆2003年版，第258页；杨仁寿：《法学方法论》，中国政法大学出版社1999年版，第146页。

③ See Paul H. Rubin, *The Theory of the Firm and the Structure of the Franchise Contract*, The Journal and Law & Economics, Vol. 21:1, p. 224 – 226(1978).

④ 参见王雷：《民法典中参照适用条款的方法论意义》，载《现代法学》2023年第2期。

⑤ 张弓长：《中国法官运用类推适用方法的现状剖析与完善建议——以三项重要的合同法制度为例》，载《中国政法大学学报》2018年第6期。

适用该法总则的规定，并可以参照该法分则有关委托合同的规定。”①

第二，非典型契约的内部法律关系常常具有复合性，附带具有规避适用关于典型契约的规定的意图，②与传统类推适用方法及其目的导向存在冲突。缔约人在典型契约类型之外另创复合交易模式而非订立数个单项典型契约，是其有意识的特别选择，目的在于实现多元化的交易需要，或者创设特殊的交易机制等，但其目的始终在于规避典型契约规范的约束；然而，类推适用系以“类似性”作为比附援引的基础，③意在将非典型契约情形归入并引用典型契约的规范，如此，忽略了缔约人特别有意识地缔约选择意图。如科特·乔恩斯腾（Kurt Jornsten）等国外学者在“经济—效益”分析路径下得出，“混合批发相对于实物期权合同而言，批发价格由制造商确定，如果制造商意图在于规避风险，则混合合同的形式优于实物期权合同，因为它可以提高利润，并有效地减少利润差异”。④若将混合批发的形式强行归入实物期权合同范畴，将难以实现缔约人对风险的规避目的，进而损害制作商的合法权益与合同约定之自由。缔约人意图实现综合性的交易目的，或意在创设特殊的交易机制等，始终带有规避直接适用关于该类典型契约的规定的主观意图，简单化地类推适用关于与之最相类似的典型契约的规定，将陷入对复合性质单一化处理的误区。例如，保理合同内部涉及的法律关系呈现复合形态，表现为“应收账款债权转让＋应收账款管理或催收服务”，或是“应收账款债权转让＋保理人提供资金融通服务”，或是“应收账款债权转让＋应收账款债务人付

---

① 浙江省温州市中级人民法院民事判决书，(2017)浙03民终2709号。此外，诸多裁判文书内容均可作印证，如攀枝花市仁和金属材料有限责任公司与攀枝花市攀昆联合带钢厂破产清算组等托管经营合同纠纷案，最高人民法院(2001)民二终字第72号民事判决书；王振碰与长春华建房地产开发有限公司股权转让纠纷案，最高人民法院(2016)最高法民申3544号民事裁定书等。

② 参见崔建远：《合同解释论：规范、学说与案例的交互思考》，中国人民大学出版社2020年版，第306页。

③ 参见张弓长：《〈民法典〉中的“参照适用”》，载《清华法学》2020年第4期；屈茂辉、张彪：《论类推适用的概念——以两大法系类推适用之比较为基础》，载《河北法学》2007年第11期。

④ Kurt Jornsten, Sigrid LiseNonas, Leif Sandal, Jan Uboe, *Mixed Contracts for the Newsvendor Problem with Real Options and Discrete Demand*, 41 Omega 809(2013).

款担保服务”，或应收账款债权转让与以上几种服务的叠加，在价款构成、债务人地位、债之关系的持续性等方面较普通的债权转让关系均具有特殊性。[①] 若对保理合同机械地套用关于债权转让的规定，将导致不当的适用结果。其二，将非典型契约简单拆解为数个单项典型契约分别进行类推适用的方法亦不可行，因为合同的综合性目的不能通过简单拼接的方法实现。该做法实则是将整体性交易拆解为数个零散的单元，不仅造成交易程序的繁杂化，更会导致权利义务内容的错误，最终有违缔约人的真实意思。这尤其体现在缔约双方互负异种典型主给付义务的情形中。例如，A 与 B 约定，由 A 为 B 免费提供住房，但 B 须为 A 免费提供家教辅导，双方的给付处于对待给付地位，但若将该合同生硬拆解为单项合同，则只能成立无偿性的借用合同和委托合同，有悖给付间实际构成的对价关系的有偿性。

第二节　类型系列之规制路径存在“谱系”机能的缺失

基本性类型能够提供一种“模型”或“典型流程”，一般是被提升为规范的经常性类型或平均性类型，[②]系具有法律性创作的特殊构造——“常是在法律生活中先发现它们，掌握其类型特征，然后再赋予其相关规则，然而立法者不需要原封不动地袭取法律生活中的类型，可以借规整来增添新的特征并排斥其他特色”[③]，进而使类型间呈现有逻辑且有意义的脉络关联。相反，若仅对契约类型作概念式的区分，将泯灭类型间脉络关联的规整意义，而难以借助类型系列完成特殊形态的契约定性与分析，尤其是“当某一具体的契约结合了复数的契约类型因素时，能够设想到的例子是混合赠与、分红契约、租卖以及不同形态的分期付款买卖”[④]。基本性

---

① 参见崔建远：《保理合同探微》，载《法律适用》2021 年第 4 期。

② 参见［德］卡尔·拉伦茨：《法学方法论》，陈爱娥译，商务印书馆 2003 年版，第 339 页。

③ ［德］卡尔·拉伦茨：《法学方法论》，陈爱娥译，商务印书馆 2003 年版，第 341 页。

④ ［德］卡尔·拉伦茨：《法学方法论》，陈爱娥译，商务印书馆 2003 年版，第 341 页。

类型所展示的给付特征性分布,是一种线性的排列组合,而非点式分布的格局,要求摆脱对基本性类型设定进行割裂式的孤立看待。各项基本性类型之间能够以特定的结合方式结合成一种有意义的、彼此关联的规整,借此,可以统合基本性类型之外的大量非典型契约形态,它们或者以类型要素混合的形态出现,或者在基本性类型间存在性质犹疑而难以归属于任何一种类型,此即契约系列的"谱系机能"。

然而,单纯依靠若干基本性类型的设定,难以容纳非典型契约的完全形态,也难以发挥类型谱系效应。这是因为类型谱的体系构建存在固有的局限性,即其中缺乏评价性的因素——"类型或类型谱的建立,对于法秩序内在关联的认识,其价值还是有限。"①归根结底,借助给付的特征性分布设定的基本性类型系列是立法技术运用的结果,虽说其能够保障类型之间的转换有一个缓冲的过渡地带,以避免造成类型认定上的"断层落差"问题。例如,利用在完全行为能力人与无行为能力人中列入限制行为能力人的方法,可使完全行为能力与无行为能力类型之间有一个缓冲的中间地带,由此减少因以年龄截然划分成年人或未成年人可能造成之断层落差的问题。② 但类型系列的构建终究是法技术运用的结果,仅能显现契约类型化分布上的外部逻辑构造,而不能适当掌握作为类型设定背后的原则和各项类型与其背后运行之基本价值间的关系。③ 契约类型体系构建的要义在于建立"免于矛盾的体系",免于矛盾不仅指涉无逻辑上的矛盾,特别还意指无评价矛盾的情形,④由此,若使基本性类型系列发挥其"谱系机能",应当摆脱割裂式地孤立局面,不仅应注意将几近并联但仍应予以区分的契约类型按照一定的顺序排列,以彰显其性质间的同、异;还应"使超越个别契约之规整意义上的法律思想及评价标准显现出来"⑤,

---

① larenz, Methodenlehre der Rechtswissenschaft, 5. Aufl. 1983, S. 455ff. 转引自黄茂荣:《法学方法与现代民法》,法律出版社 2007 年版,第 594 页。

② 参见黄茂荣:《法学方法与现代民法》,法律出版社 2007 年版,第 591 页。

③ Vgl Larenz, Methodenlehre der Rechtswissenschaft, 5. Aufl. 1983, S. 455ff. 转引自黄茂荣:《法学方法与现代民法》,法律出版社 2007 年版,第 594 页。

④ 参见[德]卡尔·拉伦茨:《法学方法论》,陈爱娥译,商务印书馆 2003 年版,第 350~351 页。

⑤ [德]卡尔·拉伦茨:《法学方法论》,陈爱娥译,商务印书馆 2003 年版,第 347 页。

如此,方能使过渡及混合类型的掌握成为可能。

总体而言,上文建立的框架性类型系列终归是相对僵化的体系,只能提供基本的类型框架及基本性规则体系,无法有效兼顾类型间的过渡形态及混合形态,而难以满足社会发展的多样化需要。然而,类型特征间往往是跳跃的,其相应的法律效果之间也是跳跃而不连贯的,非典型契约的大部分形态都集中在基本性类型间的过渡地带,或者是基本性类型要素的混合形态,如此,当类型特征间的过渡状态难以在法律效果上体现时,其法适用的结果也就具有一定程度的不妥当性了。[①]

第三节 规则适用需以动态化的性质评估为基础

一、类型系列间需引入价值评估机制[②]

单纯依靠基本性类型系列难以有效调整混合型非典型契约与过渡形态的非典型契约,真正发挥类型系列的谱系功能,需要在其中引入评价性因素。有学者提出"合同性质是判断类似性的重要标准",在进行类推适用时,合同性质应成为最主要的判断标准。[③] 非典型契约的突出特征以及研究难点在于"法律未对之进行专门规范","而解决非典型契约纠纷又非寻觅到合适的法律规范不可"。[④] 由此,在基本性类型系列中引入评价因素的主要目的在于,建立契约性质的评估机制,尤其是明确混合型及过渡形态的非典型契约的性质。契约间的混合及过渡形态的规则较为复杂,其关涉的

---

① 参见叶金强:《私法效果的弹性化机制——以不合意、错误与合同解释为例》,载《法学研究》2006 年第 1 期。

② 非典型契约的定性对于导出正确的法律适用结果,具有决定性的影响。只有确定了非典型契约性定性的合同解释方法,才能获得法律对经济发展调控的优先性,这对于促进国际经济贸易是非常重要的。See Diletta Danieli, *Mixed Contracts Under the Brussels Ia Regulation: Searching for a "Jurisdictional Identity"*, 14 Journal of Private International Law 532 – 548(2018).

③ 参见易军:《买卖合同之规定准用于其他有偿合同》,载《法学研究》2016 年第 1 期。

④ 崔建远:《合同解释论:规范、学说与案例的交互思考》,中国人民大学出版社 2020 年版,第 306 页。

是多重法律关系以不同形式、在不同程度上的结合状态，当事人的缔约意图并非一目了然，不能笼而统之地将其作为一个合同予以解释而后适用法律，需要脱离合同用语的表面观察进行真意的判定。例如，系争合同文本中包含租赁、买卖、雇佣等诸典型契约的构成成分，若将其简单化地归结为一种典型契约，或者错误地将其中的租赁合同内容安置到借用合同关系中，将导致合同构成与法律规范间的错误关联，损害当事人的合法权益。这是合同解释的当然过程，因为"要求合同自我清晰的开端就是合同解释的过程"①。

混合型及过渡形态之非典型契约的合同解释区别于传统的合同解释，这不仅是因为传统合同解释的现代化变革，更是基于对混合及过渡形态契约的本质性考量。首先，合同解释的现代化趋势明显区别于意思表示的解释，探寻的是缔约时当事人各方的意图与共同目的。合同通常由两项意思表示组成，合同解释的首要目标是确定和实现各方当事人的意思，即兼顾表意人与受领人双方的意思合致。而意思表示的解释是单打独斗的直接过程，目的实现具有单向性，相应地，价值选取具有一元性，虽能够保证法律效果的相对确定性，但这种确定性仅具有规范上的意义，而难以实现当事人的真实意思；②而合同解释是整体审视的过程，需要"左顾右盼"，目的实现是多维度考量的结果。③ 上述合同解释理论的革新是合同法理论从古典迈向现代化的典型标志，合同解释的本质亦由此从客观主义转向双方实际共同意图的探求。④ 其次，混合型非典型契约及过渡形态的非典型契约的解释过程应遵循整体评价方法，混合型非典型契约及过渡形态的非典型契约的内部是数项典型主给付关系以不同形式、不同方式的结合，这意味着各项典型主给付义务在整体对价均衡中各有

---

① Patrick S. Ottinger, *Principles of Contractual Interpretation*, 60 Louisiana Law Review 765 (2000).

② See Eisenberg, Melvin Aron, *Foundational Principles of Contract Law*, Oxford: Oxford University Press, 2018, p. 17.

③ 参见崔建远：《合同解释论：规范、学说与案例的交互思考》，中国人民大学出版社 2020 年版，第 26 页；Eve Truilhé-Marengo, *Towards a European Law of Contracts*, 4 European Law Journal 463 (2004)。

④ See Eisenberg, Melvin Aron, *Foundational Principles of Contract Law*, Oxford: Oxford University Press, 2018, p. 25 - 26.

其地位和分量配置,因此,需要厘清各项典型主给付关系在产生、内容及结构方面的牵连性,“而不可笼而统之地作为一个合同予以解释而后适用法律”。[①] 以此为核心任务的合同解释应当遵循结构化的整体评价方法,将合同拆解为数项对价不完整的典型主给付关系,并以各项典型主给付关系在整体对价关系[②]中的地位与分量配置为分析对象,明确关于各类典型契约的规定的参照适用逻辑。

综上所述,合同解释需要为法律适用阶段具体规定的选择适用确立内在机理,这也决定了合同解释阶段的根本任务在于:厘清混合型非典型契约及过渡形态的非典型契约内部数项典型主给付关系间的结构特性,并以此为依据确定关于构成合同的各类典型合同的规定的选择与排除适用的内在机理。混合型非典型契约及过渡形态的非典型契约系构成其的数类典型契约内容形变后的整体呈现,[③]因而需要以“多元典型主给付关系的整体对价均衡”为中心,对数项典型主给付关系进行整体性的审视、协调和平衡,也就是将数项典型主给付关系的功能牵制予以“结构化”。该整体性协调的过程本身就是完成合同定性的过程,需要经过“关系拆分”和“结构重组”两个环节(见图6－1)。

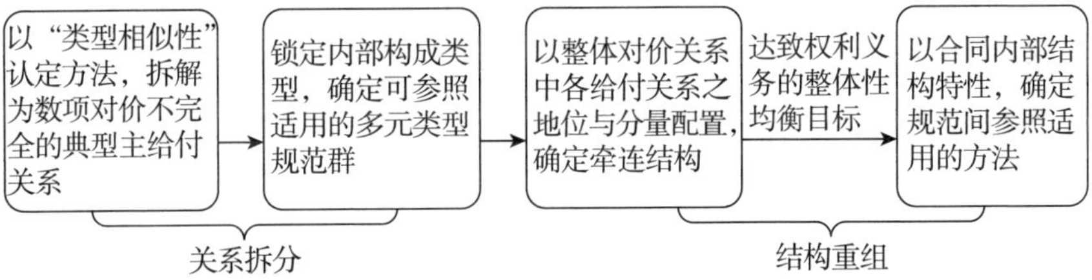

图6－1　混合型及过渡形态的非典型契约的性质认定环节

---

① 参见崔建远:《合同解释论:规范、学说与案例的交互思考》,中国人民大学出版社2020年版,第304页。

② 权利义务的对价性是整合缔约人间关系、厘清合同内部多元给付间功能牵制的必然路径。此观点的应用亦可参见崔建远:《中国民事典型案例评释》,中国人民大学出版社2020年版,第13页。

③ See Marta Andrecka, *Institutioanalised Public-Private Partnership as a Mixed Contract under the Regime of the New Directive* 2014/24/*EU*, European Procurement & Public Private Partnership Law Review, Vol. 3:3, p. 176(2014).

第一个环节是关系拆分环节。“关系拆分”环节涉及分解构成混合型非典型契约及过渡形态的非典型契约的数类典型合同与整合多元典型主给付关系。合同文本约定的给付内容隶属于数类典型契约，数项典型主给付义务和辅助性义务杂乱地约定于同一合同中。需要以各项典型主给付义务为中心，整合合同条款中约定的各类义务，梳理与各项典型主给付义务相关的从给付义务、附随义务，最终形成数项对价不完整的典型主给付关系，以明确构成混合型非典型契约及过渡形态的非典型契约的典型契约类型。在此过程中，不能将彼项义务内容安置到他项典型主给付关系之中，如此，必将损害缔约人的利益并导致对构成混合型非典型契约及过渡形态的非典型契约的典型契约类型的认定错误。通过整合多元典型主给付关系，可以进一步明确缔约人的多元交易目的。例如，“约定 A 饭店负有提供办公房间、午餐、清扫房间的义务，B 律师事务所支付相应的对价”的包租合同应被拆分出租赁、买卖、雇佣等典型主给付关系。通过类型索引，可锁定被参照适用的关于各类典型契约的规定，但这只能为法律适用提供大致的规定参照，不能指引对具体规定的选择与排除适用。

第二个环节是结构重组。在“结构重组”环节，须以合同整体对价关系为中心，确立数项典型主给付关系间的功能牵制。根据数项典型主给付关系在整体对价关系中所处之地位和分量配置，确立它们之间的主次牵连、并向聚合、包含的结合、重叠利用、等值对立等牵连结构，据此确定参照适用关于各类典型契约规定的方法。需要明确的是，混合型非典型契约及过渡形态的非典型契约内部的各项典型主给付关系均具有对价上的不完整性，因为其必然在某种程度上存在对待给付的缺失，只是依靠各项典型主给付关系间的相互配合达致合同的整体对价均衡。作“结构化”的处理，本身是对各项典型主给付关系对价不完整性的安置过程，也是实现混合型非典型契约及过渡形态的非典型契约内部自洽的过程。此过程一是可以防止因对各项典型主给付关系中对待给付义务的安置错误造成合同性质的偏离。例如，在前文的“A 为 B 免费提供住房，但 B 须为 A 免费提供家教辅导”的例子中，若未建立整体对价关系，将导致其中的租赁合同被错误地认定为借用合同。二是可以防止因构成混合型非典型契约及过渡形态的非典型契约的某类典型契约呈现该类合同给付特征缺失的外在表象,而造成对混合型非典型契约及过渡形态的非典型契约的定性错误。例如,将混合赠与合同中的“价款之支付”简单地安置在买卖合同中的“标的物所有权转移”之对待给付地位,将难以解释买卖合同中对价内容的缺失,因为“价款之支付”本质上是出卖目的和赠与目的共同作用之结果。可见,前文所述混合型非典型契约及过渡形态的非典型契约内部的各项典型主给付关系呈现对待给付缺失的外在表象,实则是出于多元合同目的间此消彼长的设定,数项典型主给付关系相互协作恰好形成对等的权利义务状态,促成的是合同整体目的的实现。因此,以给付关系单一化的视角孤立地解释混合型非典型契约及过渡形态的非典型契约的内容,很难正确、合理地确定缔约人的实际意图。在合同解释过程中,必须对数项典型主给付关系间的牵连结构进行整体审视,而不是局限于合同条款间的关联性。在此基础上,厘清混合型非典型契约及过渡形态的非典型契约内部各项典型主给付关系间的牵连、制约,甚至其中个别权利、义务的形变,才能复原、外化、明晰缔约人的真实意思,进而达到权利义务关系的整体性衔接、自洽、衡平,①得以形成具有内在一致性的合同结构。

综上所述,合同类型复合对关于典型合同的规定的适用具有双方面效果——既确立参照适用的正当性,又产生规避适用的正当性。其中,对关于各类典型契约的规定中具体规定的选择适用与排除适用逻辑,应当以混合型非典型契约及过渡形态的非典型契约内部数项典型主给付关系间的牵连结构为依据来确定。

二、建立非典型契约性质的“动态化评估机制”具有可行性

(一)类型谱系与动态系统论具有本质相融性

一方面,动态系统论自提出以来,在民法学领域产生了广泛影响。

① 参见崔建远:《合同解释论:规范、学说与案例的交互思考》,中国人民大学出版社 2020 年版,第 185 页。

“动态系统论”是奥地利民法学家瓦尔特·维尔伯格(Walter Wilburg)于1950年11月就任奥地利格拉茨大学校长的就职演讲《私法领域内动态体系的发展》中所提出,其基本构想是,特定在一定的法律领域发挥作用的诸“要素”,通过“与要素的数量和强度相对应的协动作用”来说明、正当化法律规范或者法律效果。[①] 该理论创制之目的在于打破概念法学的僵硬,却又不能落入自由法学的恣意,由此,借助诸要素的协动作用构建了一个评价的框架。继而,日本学者平井宜雄猛烈批判利益考量论[②]是非合理性的东西,因为它缺失“讨论”,具体的利益调整不能放弃“合理性”,即言明的根据以及批判的可能性,应当从讨论的角度来判定是否构成良好的法律论。由此,需要构建具体利益衡量的合理性,其关键在于,构建开展讨论的场所并将其作为一种制度框架,确立参加讨论的人应当遵守的伦理。平井宜雄教授将法解释的过程区分为发现的过程和正当化的过程,价值判断、评价的问题不能局限于主观评判的领域,而应置于上述“讨论”的相位,由此来确保论证的客观合理性,“讨论”即属于正当化的过程。[③]

动态系统论的合理性即在于通过构建评价的框架为正当化的过程提供了一个可视化的说明机制,“通过与要素的数量和强度相对应的协动作用,来说明、正当化法律规范或者法律效果”。[④] 以上过程还原了实践中考量的过程,凸显了法学的评价特征。但也有学者认为该理论的创建并无新意,只是做了不言而喻的事情,不足以作为一个理论存在,因为任何规则的运用都需要立法者在相互冲突的利益间进行权衡取舍。[⑤] 也许诚

---

① 参见[日]山本敬三:《民法中的动态系统论》,解亘译,载梁慧星主编:《民商法论丛》(总第23卷),金桥文化出版(香港)有限公司2003年版,第177页。

② 动态系统论与利益衡量论虽然都试图用“作为法律原因的作用力”构成法,但两者最大的不同在于,利益法学将利益的考量作为法以前的事实,而动态系统论将动态的作用力纳入法律规范的层次。参见[日]山本敬三:《民法中的动态系统论》,解亘译,载梁慧星主编:《民商法论丛》(总第23卷),金桥文化出版(香港)有限公司2003年版,第181页。

③ 参见[日]山本敬三:《民法中的动态系统论》,解亘译,载梁慧星主编:《民商法论丛》(总第23卷),金桥文化出版(香港)有限公司2003年版,第174~176页。

④ 解亘、班天可:《被误解和被高估的动态体系论》,载《法学研究》2017年第2期。

⑤ 参见叶金强:《论侵权损害赔偿范围的确定》,载《中外法学》2012年第1期。

如所言，动态系统论思想只是发现了被隐藏在概念法学面纱之下的实践真理，但在对立法、司法仍然极为重视并充斥着概念法学色彩的现阶段，引入动态系统论为评价过程提供一个展开论证的平台，并可将其融入立法与司法运用中，正是对其作用与贡献的最好体现，而不应成为否定它的理由。① 至少，法律效果动态化的尝试，将创新我国立法模式并为法律解释提供更充足的空间。② 正因如此，继维尔伯格提出动态系统论以来，该理论经历了持续不断地批判与反思，但也受到了诸多知名民法学家的支持：如比德林斯基（Bydlinski）、卡纳里斯（Canaris）、拉伦茨（larenz）等都对动态系统论给予了积极的评价；③自《欧洲侵权法原则》运用动态系统论的方法设计了整个侵权法的基本制度以来，动态系统论在国内民法学界亦受到普遍关注。④ 谢鸿飞教授更是主张将动态体系论作为整个民法典规范设计的主要模式。⑤ 但卡纳里斯（Canaris）认为，有必要坚持固定的构成要件，反对将法律体系全面地动态系统化。⑥

另一方面，类型之构建本身呈现要素的流动性、可变性与协动性。这体现为两项内容。第一，类型论具有开放性和整体性的特点：（1）组成类型的各要素在类型构建中的角色、分量并非绝对，其中之一特征可能较之其他特征更为重要，或者某些特征在类型判断中可有可无；⑦（2）组成类

---

① 在评价法学历经几十年发展史至今日之社会，仍能将其中重要的法学思想和方法论整理、提炼出来，就已经是法学研究的一大进步了。参见叶金强：《论侵权损害赔偿范围的确定》，载《中外法学》2012 年第 1 期。

② 参见王利明：《民法典人格权编中动态系统论的采纳与运用》，载《法学家》2020 年第 4 期。《民法典》中的诸多领域都需要借助动态系统论提供说明性机制。如根据《民法典》第 1000 条的规定，人格权侵权责任形式应当与行为的具体方式和造成的影响范围相当，其中“相当”的解释则需借助动态系统论分析。

③ 各学派对于动态系统论的批判与展开的具体内容，可以参见［日］山本敬三：《民法中的动态系统论》，解亘译，载梁慧星主编：《民商法论丛》（总第 23 卷），金桥文化出版（香港）有限公司 2003 年版，第 193～197 页。

④ 参见解亘、班天可：《被误解和被高估的动态体系论》，载《法学研究》2017 年第 2 期。

⑤ 参见谢鸿飞：《中国民法典的生活世界、价值体系与立法表达》，载《清华法学》2014 年第 6 期。

⑥ 参见［日］山本敬三：《民法中的动态系统论》，解亘译，载梁慧星主编：《民商法论丛》（总第 23 卷），金桥文化出版（香港）有限公司 2003 年版，第 196 页。

⑦ 参见黄茂荣：《法学方法与现代民法》，法律出版社 2007 年版，第 240 页。

型的各要素之间并非孤立的状态,而是以某种形式结合,构成类型的整体形象。同类型的各项具体事例总是“散发、营造、体现”出一个共同的“意义性”,由此,用以描述类型特征的要素可以不同的强度出现。类型的判定一般并不取决于个别的要素,更加注重于整体的“表现形象”。[①] 由此,类型的具体形态间要素是可变的,不仅要素的强弱呈现差异,要素的数量亦可不尽相同,只要要素呈现的整体形态或整体形象具有一致性。第二,经由给付特征性演变形成的各类型间呈现过渡性,由此,类型特征的要素具有流动性。“因要素的可变性,借着若干要素的全然消退,新的要素的加入或居于重要地位,一类型可以交错的过渡到另一类型”,[②]给付的特征性演变呈现由量变到质变的状态,即从单纯的类型特征的增减到类型的转化。

综上所述,诸多学者提出动态系统论与类型论具有本质上的相融性。拉伦茨在 1975 年纪念维尔伯格(Wilburg)70 诞辰的祝寿文集中,即将动态系统论与类型论并列,定位为价值取向思考的基本形式;[③]他也意识到动态系统论与类型论的共通性,提出“可以将类型特征的要素整体理解为一种——维尔伯格将之引入法学时所理解的——‘可变的体系’”[④]。动态系统论与类型论确实具有形式上的差异性,即动态系统论并非用以表明特定规整类型之特征的、彼此相关之规整要素的协作来构建体系,而是以一种复数的原则或正当化事由间以不同的方式及强度相互结合构建体系;而类型是“有弹性的复数因素之组织”。但两者却没有质的区分,类型论与动态系统论均将不构成此多种要素一体性的因素孤立起来思考。由此,若将“有弹性的”换作“可变的”,将“因素”换作“要素”,并且将“组织”换作“体系”,就能理解两者在思想上广泛的一致性,由此,若将维尔

---

① 参见[德]卡尔·拉伦茨:《法学方法论》,陈爱娥译,商务印书馆 2003 年版,第 95 ~ 101 页。

② [德]卡尔·拉伦茨:《法学方法论》,陈爱娥译,商务印书馆 2003 年版,第 345 页。

③ Vgl Karl Larenz, Grundformen wertorierten Denkens in der Jurisprudenz, Festschrift fur Walter Wilburg zum 70. Geburtstag, 1975, S. 226ff. 转引自[日]山本敬三:《民法中的动态系统论》,解亘译,载梁慧星主编:《民商法论丛》(总第 23 卷),金桥文化出版(香港)有限公司 2003 年版,第 196 页。

④ [德]卡尔·拉伦茨:《法学方法论》,陈爱娥译,商务印书馆 2003 年版,第 344 页。

伯格“可变体系”的概念转用于作为思考形式的法的构造类型并无不当。[①] 我国也有多位学者对此进行了尝试,如冯洁语博士即以“要素”的限定与协动为中心,进行了非典型担保合同性质认定的动态体系化的尝试;[②]也有学者主张对规则中某一要件进行动态化的理解,如叶金强教授认为侵权损害赔偿范围的价值体系构成由责任要件体系所限定,评价的过程就是各“要件”满足程度的综合考量过程;[③]冉克平教授主张不动产冒名行为应当类推适用无权代理/表见代理制度,并通过被冒名者的可归责性与相对人信赖的合理性这两个“要素”的比较、权衡,保障交易安全并兼顾所有权人的利益,实质上是通过“构成要件”的协动作用来构建评价的框架。[④]

(二)动态系统论与非典型契约性质认定的评价性相契合

首先,契约类型的性质认定并不排斥引入“动态系统论”的可能性,且须特别说明的是,动态系统论的引入是对类型谱系机能的完善,以补足参照适用过程中评价性的缺失,而非替代其成为唯一的规范方法。若一项制度完全意在构建全有或全无的规制模式,则可认定其对法律效果的弹性化规制存在天然的抗拒,而无适用动态系统论的可能。[⑤] 而在非典型契约的实务操作中,法官在潜意识之中就会进行与之相似之契约性质间的质衡量,需要在既有典型契约类型框架内完成对非典型契约性质的认定,因为典型契约制度本身蕴含着为法律未予典型化的契约形态提供指引的规范构想。[⑥] 由此,非典型契约的规制本身便不像概念法学追求

---

① 参见[德]卡尔·拉伦茨:《法学方法论》,陈爱娥译,商务印书馆2003年版,第344~345页。

② 参见冯洁语:《民法典视野下非典型担保合同的教义学构造——以买卖型担保为例》,载《法学家》2020年第6期。

③ 参见叶金强:《论侵权损害赔偿范围的确定》,载《中外法学》2012年第1期。

④ 参见冉克平:《论冒名处分不动产的私法效果》,载《中国法学》2015年第1期。

⑤ 法律安定性具有重要意义的领域,如程序法、不动产登记法、刑法领域都没有动态体系的适用空间。See Franz Bydlinski, *Juristische Methodenlehre und Rechtsbegriff*, Berlin: Springer, 1991, p. 534. 比德林斯基认为,针对“确定概念”适用动态体系论,是与动态体系论的主旨相矛盾的。

⑥ 这点从立法者预设的非典型契约之规制路径中可见一斑,即“非典型契约适用与之最相类似的典型契约的规定”。

"全有或全无"的法律效果,其对法律效果的量化安排不具有强烈的抗拒,甚至说非典型契约规制中所缺少的正是这种"量化法律效果"的分析框架,从而使其法律效果呈现"比较的、渐变的、层级的"特点。[①]

其次,在非典型契约性质认定中建立动态化的评估框架,具有天然的合理性。因为对于非典型契约而言,其往往是在一两个或者多个契约的性质之间捉摸不定,但对契约性质认定产生影响的评价因素本就被限定了,因而按照各要素间的相互关系、强弱变化可以预设其法律效果的动态空间;若具有影响力的要素始终是开放的,那么动态化的规制效果将是难以预料的。[②] 由此,在非典型契约性质认定中引入"动态的评估框架"具有积极意义,既正面承认了契约性质解释中存在评价的过程,又强调评价的过程具有一定的可预测性,并未将评价过程完全交由法官进行自由裁量,[③]进而避免了评价的任意。[④]

(三)融合之本意在于建立契约性质"动态化评估"的说明机制

在混合型非典型契约[⑤]中,类型要素的混合只是复杂化的表象,其实质在于实现"功利性意图"与"权利基础"的结合[⑥]——在混合型非典型契约中,一部分合同内容在于实现约定的功利性意图(也称之为契约的实用

① 参见周晓晨:《过失相抵制度的重构——动态系统论的研究路径》,载《清华法学》2016年第4期;[奥]海尔穆特·库齐奥:《动态系统论导论》,张玉东译,载《甘肃政法学院学报》2013年第4期。

② 动态体系论的体系性由要素体系和基础评价这两大支柱构成。解亘教授和班天可博士认为内在体系本身的捉摸不定导致要素体系的不限定性,导致实定法上缺失基础性评价,由此认为,学界在诸多领域提出的动态体系论的作用是被过度高估的。参见解亘、班天可:《被误解和被高估的动态体系论》,载《法学研究》2017年第2期。但笔者认为,动态体系论的法律应用,更应当着力于发展并完善其本身的理论价值。其可以被理解在评价过程中建立起来的一种说明性机制或者说是评估性框架,如此,既能在一定程度上对抗概念法学的僵化,同时又能防止自由法学的肆意和非合理性。

③ 参见[日]山本敬三:《民法中的动态系统论》,解亘译,载梁慧星主编:《民商法论丛》(总第23卷),金桥文化出版(香港)有限公司2003年版,第177页。

④ 参见解亘、班天可:《被误解和被高估的动态体系论》,载《法学研究》2017年第2期。

⑤ 契约类型要素的混合构成混合型非典型契约。

⑥ 合同法本身就是两种不同进路的混合体,即功利主义和权利基础,这种路径的混合并未导致法律适用的不稳定性,反而提供了一种更理性的认知,使其在面对不同类型的问题时可以给出不同的解决方案。基于此,笔者试图将这种视角引入混合型非典型契约的定性研究。

价值),另一部分主要具有权利基础性质。[①] 由此,需要特别说明的是,非典型契约的性质认定是实现其法律规制的必要且重要环节。然而,类型特征的过渡与混合是契约类型在生活实践中的经验总结,没有任何一种单一的合同理论可以圆满地解释该现象,[②]而需要对契约性质进行综合性的整体衡量。由此,为非典型契约建立"动态化的评估框架",真正目的在于为契约性质渐变的过渡过程提供一种动态化的说明机制。在此层面上,动态系统论作为契约性质评价框架的构建意义,远大于对法律效果的弹性化强调,因此,不能一味地追求法律效果的弹性化,这样极易陷入自由法学的阵营。[③] 换言之,方法论融合的意义在于,将动态系统论作为类型论连续性的实现工具。

具体而言,类型论与动态系统论具有本质上相类似的性格特征,其要素或特征具有可交换性和互补性。[④] 类型论本身涉及评价的领域,在契约类型的体系构建中,重心在于寻求契约类型间内在关联的规整,但原理是躲在背后的,由此,类型系列的建立不能处理评价的问题,无法为契约类型间的流动领域提供一种可视化的、可供论证、可予讨论的说明机制。而动态系统论的理论根基,正是将原理本身作为衡量的对象,直接转换为对原理满足度的衡量。上文已经论述过,混合型及过渡形态的非典型契约法律规制的前提是完成对契约的性质认定,其间必然需要处理评价的问题,为性质认定的评价过程提供一个可供说明的框架。如学者所言,基于类型论与动态系统论具有本质上的一致性,其区别仅在于着眼点的不同,由此,存在将两者组合在一起的可能。基本性类型的设定已经对给付进行了特征性分布,这恰好可作为动态评估框架的论证支撑,这是在契约类型中建立动态评估框架的重要优势。[⑤]

---

① See Stephen A. Smith, *Contract Theory*, Oxford: Oxford University Press, 2004, p. 158 – 159.

② See Stephen A. Smith, *Contract Theory*, Oxford: Oxford University Press, 2004, p. 159.

③ 参见解亘、班天可:《被误解和被高估的动态体系论》,载《法学研究》2017 年第 2 期。

④ 参见[日]山本敬三:《民法中的动态系统论》,解亘译,载梁慧星主编:《民商法论丛》(总第 23 卷),金桥文化出版(香港)有限公司 2003 年版,第 211 页。

⑤ 拉伦茨亦注重构建法的"内在体系"(inneres System),认为动态系统论阐明了法的内在体系的构成要素——法律原理及其相互关系,并给予了正面的评价。

三、建立契约性质动态评估框架的基本要点

由上说明可知,契约类型间“动态评估框架”的建立,旨在“使类型过渡及混合类型的掌握成为可能”。动态评估框架的建立,需要结合动态系统论的原理,确定类型过渡形态及混合形态性质认定应遵循的基本要点。

第一,动态系统论与类型论的融合,旨在为契约性质的认定提供一种说明机制,而非对法律行为动态化演进的梳理。首先,在契约性质认定中进行动态化评估的要素,应具有限定性。若在一定的法律领域建构动态系统,首先需要将该领域内的原理或要素特定化,才有可能区别该领域内什么要素相关、什么要素不相关。动态体系理论构建的是一个评价的框架、一个论辩的平台。其结论的可信度、稳定性源于框架本身的确定性,这要求框架内所有参与的要素应当是被限定的,而不能信手拈来。[①] 而契约类型间的过渡形态以及混合形态作为动态系统论展开评价的领域,本身具有天然的要素限定性:形态本身作为类型特征的演变体或结合体,已经限定了对契约性质认定产生影响的评价要素,即与之相似之契约的类型特征,可以构成对性质评估结果正当性的保障。在契约类型场域建立动态化的性质评估机制,从本质上解决了学者对“动态系统论会造成法的重大不安定性”[②]的质疑。其次,应当注意的是,契约性质的动态化评估框架并不是按照时间轴的曲度设计动态化的规范结构。有学者曾尝试将继续性合同与动态体系融合,但错误地援用动态体系论的动态特征分析当事人双方权利义务关系的“动态形成过程”。动态体系构架中的“动态”属性并非指涉也难以解释时间轴的纵向延伸,而是通过规范背后的各要素间在多个方面的相互协作,成就要素间的动态力量(moving forces),

---

① 参见[日]山本敬三:《民法中的动态系统论》,解亘译,载梁慧星主编:《民商法论丛》(总第23卷),金桥文化出版(香港)有限公司2003年版,第213页。

② Vgl Geza Marton, Versuch eines einheitlichen Systems der zivilrechtlichen Hsftung, AcP 162 (1963), S. 36f. 转引自[日]山本敬三:《民法中的动态系统论》,解亘译,载梁慧星主编:《民商法论丛》(总第23卷),金桥文化出版(香港)有限公司2003年版,第194页。

从而实现弹性化的法律效果;[①]而无须固守要素间的固定权重,而须衡量各个要素在同一时刻的相互协动,凭借要素间的特殊结合实现特定领域内整体性的规制效果,这也决定着弹性化的法律效果只能是一种共识性的评价过程。[②]

第二,确定各要素序列上的位阶关系,根据各因素的满足程度确定评价的弹性化空间。处于动态评估框架内的要素本身是有优先次序的,这是动态系统论区别于利益考量论的关键所在。虽然星野英一教授所主张的利益考量论从正面承认了法解释中存在价值判断或评价活动——"析出成为问题的利益,弄清作什么样的解释就能使什么样的利益受到什么样的保护",[③]但这项作业终究仅作为利益判断提供数据的过程,而在价值判断中真正具有决定性作用的是价值的序列关系。在契约要素间的混合形态及过渡形态领域建立弹性化的动态评估机制,恰可融合两个或多个看似孤立、割裂的契约类型,使其有机地无缝衔接在一起,呈现一定程度上的互补互动的动态特征。而契约类型要素的互相掺杂与混合,不仅能够实现当事人多样化的交易需求,也能实现合同编分则与社会经济发展之间的良性互动,而要厘清要素之间的协动关系,需要预先确定特征要素的序列形态,"按照上下关系对各个要素排序,来解决这些要素间的竞合、冲突"。[④]

第三,厘清要素间的协动关系、确定各要素的功能属性,需要借助要素背后的原理区分要素间的"功能互补"与"功能同质"。首先,动态系统并不孤立地衡量各项要素,而注重要素间的结合关系,承认并确立要素间的协动作用,由此,非典型契约领域引入动态系统论的目的在于赋予类型要素以"动态性格特征",使要素之间的协动作用得以呈现、可予解析,真

---

① 参见[奥]瓦尔特·维尔伯格:《私法领域内动态体系的发展》,李昊译,载《苏州大学学报(法学版)》2015年第4期。

② 参见解亘、班天可:《被误解和被高估的动态体系论》,载《法学研究》2017年第2期。

③ 参见[日]山本敬三:《民法中的动态系统论》,解亘译,载梁慧星主编:《民商法论丛》(总第23卷),金桥文化出版(香港)有限公司2003年版,第174页。

④ [奥]海尔穆特·库齐奥:《动态系统论导论》,张玉东译,载《甘肃政法学院学报》2013年第4期。

正实现类型间的“连续性”。单纯设立基本性类型的形式，各类型间的排列依旧是孤立的、僵硬的，只有将各类型背后的原理联系在一起才能建立一种连贯的类型体系。例如，传统的契约效力认定理论系以“契约应当遵守的原理”(Prinzip der Vertragstreue)为出发点，但在错误、欺诈、强迫之情形下，以及一方当事人无行为能力的情形下，或者订约后情势发生根本变化或内容违反善良风俗、存在该当暴利之情形下，契约均可能无效，但上述所列举的契约无效事由在内容上并不存在关联性，只是被孤立地列举，由此，契约无效事由的体系是僵硬而难以相互贯通的。[①] 其次，在具体层面上，类型要素之间的协动关系可以区分为“功能同质”和“功能异质”两种形态。动态系统论的动态特征是通过要素的不同数量与强弱变化来实现的，[②]要素的组合可能呈现效果增强作用，也可能会减弱法律结果发生的可能性，由此，呈现要素功能的同质性和异质性。若要素背后原理的功能是同质的，要素之间的关系便构成“功能同质”，即此要素的充足也意味着彼要素的充足；而此要素的充足度与彼要素的充足度之间是相互制约、相互掣肘的，体现的则是原理之间的“互补关系”，构成“功能异质”，由此，不得不在两者之间作出权衡抉择。之所以限制某一个原理的充足度，是因为要更充分地实现与之相互制约的另一原理的充足度。[③]

第四，利用动态系统论导出相应的结果，需要设定基础评价或原则性示例。动态评估框架始终是一个比较的命题，要素间的协动作用表现为“……越多，……越多”“……越多，……越好”“在……情形下，……更多”“在……情形下，……更好”的形态，但难以单纯依靠此种比较式的命题得到一个确定的法律效果，必须依靠基础评价提供原则性示例。所谓的基础评价或原则性示例，是指在某一个命题仅考虑一个因素的情况下，所达到的效果。如唯一的一个因素的满足程度达到数值 T 时，效果为 R。[④]

---

① 参见[日]山本敬三：《民法中的动态系统论》，解亘译，载梁慧星主编：《民商法论丛》(总第 23 卷)，金桥文化出版(香港)有限公司 2003 年版，第 190 页。

② 参见王利明：《民法典人格权编中动态系统论的采纳与运用》，载《法学家》2020 年第 4 期。

③ 参见解亘、班天可：《被误解和被高估的动态体系论》，载《法学研究》2017 年第 2 期。

④ 参见[日]山本敬三：《民法中的动态系统论》，解亘译，载梁慧星主编：《民商法论丛》(总第 23 卷)，金桥文化出版(香港)有限公司 2003 年版，第 218 页。

基础评价或者原则性示例相当于在考量要素与法律效果之间建立了一种确定性的对应关系，缺失基础评价的动态评估框架只能停留在一个比较的层面。① 而非典型契约性质的动态评估机制，本身具有动态系统论构建所需的原则性示例或基础评价，因为与非典型契约相似的契约类型均已设定配套的义务性框架，能够作为非典型契约性质判断的辅助标准，并与相应的法律效果产生联系。

第四节　非典型契约性质动态化评估机制的具体建构及规则适用机制

在非典型契约性质认定中引入动态化评估机制，主要目的在于确定基本规则体系的适用原理。在前文论述中，笔者通过框架性类型序列为非典型契约建立了法律适用的基本规则体系，上述规则基于其一般属性具有调整具体形态之非典型契约的正当性，但须兼顾其独特属性，由此，基本规则体系需要根据契约的独特性作出调整性适用，从而奠定了建立非典型契约性质的动态化评估机制的正当性。然而，基本性类型的设定依旧以基础性、体系性的规范为中心，为使非典型契约性质认定能够落实到评价层面，厘清类型特征间过渡与混合的复杂样态的内部关系，并由之确定弹性化的规范效果，唯一可行的方法是，重新赋予非典型契约中的独特性因素影响法律效果的机会，针对非典型契约相对于基础性类型的异质性，确定法律效果的弹性化空间。

① 参见［奥］海尔穆特·库齐奥：《动态系统论导论》，张玉东译，载《甘肃政法学院学报》2013 年第 4 期；解亘、班天可：《被误解和被高估的动态体系论》，载《法学研究》2017 年第 2 期。而目前，在学界对动态体系论的构建主张中，几乎忽视了基础评价或原则性示例的重要作用。如尚连杰博士对于在缔约过程中当事人是否负有说明义务以及在多大程度上负有说明义务问题上所做的努力，并未建立基础评价，由此，难以真正解决个案中的正当化问题。参见尚连杰：《缔约过程中说明义务的动态体系论》，载《法学研究》2016 年第 3 期。

一、穿破"类型形式特征",回归非典型契约本质属性

类型要素的混合形式仅是混合型及过渡形态之非典型契约的外在表象,若未厘清单一契约形态与混合形态的本质性区分,将导致法律适用的生硬与结果错误。我国民法学界针对混合型非典型契约内部结构的研究,大体承继了德国民法学界的分类方式,将其区分为类型联合型、类型融合型、双向混合型三种类型。但该分类方式未能阐明各类型内部的构造特性,对法律适用也不具有直接指引意义,最终均需要再根据可推知的缔约人意思表示来解决关于构成混合型非典型契约的各类典型契约的规定[①]的适用冲突。[②] 因此,该分类方式仅具有学理意义。[③] 笔者认为,"类型划分"与"性质认定"的关系是相辅相成的:类型划分的前提是厘清非典型契约内部要素间的协作关系,即内部数项典型主给付关系间的相互作用,只有在此基础上进行的类型归纳,才能得出确定的法律效果。[④]

虽然类契约设定的义务性框架以及基本性类型的规则设定,能够作为非典型契约性质认定的基础性评价或原则性示例[⑤],但也只能为其提供大致的性格特征。一般而言,若非典型契约的独特性足以使其脱离此种基础评价或原则性示例的涵摄范围,便不再能够原封不动地适用框架性类型系列所设定的规则;但在某些情况下,即便非典型契约的类型特征不完全符合原则性示例(框架性类型系列的类型特征)的要件,基于要素

① 本书所谓"关于构成混合型非典型契约的各类典型契约的规定",意指关于构成类型复合合同的各类典型合同的法律规定。相应地,"关于各类典型合同的规定""关于典型合同的规定",分别意指关于各类典型合同的法律规定及关于典型合同的法律规定。

② 例如,坚持结合理论的学者多主张分解混合型非典型契约,对构成其的各部分分别适用相应的典型契约的规定,并依照可推知的缔约人意思来调和关于各类典型契约的规定的歧异,从而将关于各类典型契约的规定结合起来统一适用,系统地探索法律效果。主张类推适用理论的学者,主张对混合型非典型契约的各个构成部分类推适用关于各类典型契约的规定,并斟酌缔约人的真实目的予以调整。参见王利明:《合同法研究》(第1卷),中国人民大学出版社2015年版,第20~21页。

③ 参见许中缘:《论混合合同适用的问题与方法》,载《法律科学》2023年第3期。

④ 关于合同法路径配置所产生的混合效应。See Stephen A. Smith, *Contract Theory*, Oxford: Oxford University Press, 2004, p. 160.

⑤ 该词的具体含义已在上文中阐述。

间功能同质性的考量,其所预定的法律效果也有可能获得认可。[①] 这是因为,非典型契约的独特性相对于框架性类型系列之类型特征的乖离,可以"通过对其他特征要素的反向乖离来填补"[②],反之亦然。具体而言,就非典型契约中的特征要素 A 而言,该要素并未满足框架性类型所要求的特征强度,但处于功能同质地位的特征要素 B、C 的程度足够强大,也可能直接产生框架性类型的法律效果;反之,若要素 A 与框架性类型所要求的类型特征相符,但同质性的其他要素 B、C 的程度足够小时,也可能难以产生框架性类型的法律效果。如冉克平教授在利用动态系统论构建冒名处分不动产的私法效果时所言,"冒名者较弱的规则性与相对人较强程度的信赖合理性相结合,或者冒名者较强的归责性与较弱程度的信赖合理性相结合,均可产生类推适用表见代理的法律效果;而当归责性小甚至没有,信赖合理性也处于较弱程度时,则产生类推适用狭义的无权代理的法律效果",[③]认可了评价要素间的协动与互补对法律效果的补足作用。综上所述,非典型契约的性质认定应当穿破"类型的形式特征",回归非典型契约本质属性。具体而言,即便非典型契约具有与框架性类型特征要素相符的表面特征,也不能简单地将其归入该契约类型,亦难以直接适用其对应的法律规则,而应结合要素间的协作关系,确定契约之本质属性。举例如下。

例一,融资租赁合同具备"定期限交付类契约"的外在形式特征,但本质上,即便其不符合"以终局移转财产权为内容之类契约"的类型特征,依旧可得适用"以终局移转财产权为内容之类契约"的瑕疵担保责任、风险负担、租赁物维修义务的承担等特征性规则。融资租赁合同,是指出租人购买承租人选定的设备并向其出租供其使用,承租人按期交付租金,租期届满后,承租人可以选择退回、续租或留购租赁设备的协议。[④]

---

① 参见[奥]海尔穆特·库奇奥:《损害赔偿法的重新构建:欧洲经验与欧洲趋势》,朱岩译,载《法学家》2009 年第 3 期。

② [日]山本敬三:《民法中的动态系统论》,解亘译,载梁慧星主编:《民商法论丛》(总第 23 卷),金桥文化出版(香港)有限公司 2003 年版,第 218 页。

③ 参见冉克平:《论冒名处分不动产的私法效果》,载《中国法学》2015 年第 1 期。

④ 参见王利明:《合同法分则研究》(上卷),中国人民大学出版社 2012 年版,第 304 页。

不少学者基于融资租赁合同的形式特征,认为其属于租赁合同的特殊类型,其自身具有的融资性特点并不能改变其作为租赁合同的本质属性。实则不然,笔者认为虽然融资租赁合同缺少"标的物转移"这一形式要件,但基于:(1)虽然出租人之目的在于获取租金,但因融资租赁的租赁物的通用性差,出租人通常并不希望恢复对租赁物的占有和使用;(2)为确保出租人能够通过融资租赁交易获取利润,融资租赁合同租金的定价方式具有特殊性,通常包括设备购置成本、融资成本、手续费和利润等;[①](3)融资租赁合同约定的租赁物使用期限往往与租赁物本身的可使用年限相近。[②] 以上诸要素的存在足以弥补"所有权移转"这一要素形式上的缺失,使融资租赁行为本质上具有"取得租赁物所有权"般的法律效果。由此,笔者认为,融资租赁合同系以租赁的形式达到类似所有的目的,其规则适用亦具有区分性:一方面,在融资租赁与传统租赁契约没有本质区别的部分,可以参照适用租赁契约的相关规定;另一方面,与融资租赁合同独特的类型特征相关的部分,如租赁物毁损灭失风险的承担问题、瑕疵担保责任问题以及租赁物维修义务的承担问题,均应适用"以终局移转财产权为内容之类契约"的规则处理。

例二,特许经营合同本质上是一种"用益租赁"。特许经营合同是特许人许可受许人在一定地域和一定期限内,以固定方式使用特许人所有的商标、专利、商业名称、外观设计、实用新型、技术秘密、经营方式、诀窍及工作程序等一系列知识产权及专有权利,并生产或销售一定的产品或服务,而受许人对其业务进行实质性投资,并直接或间接地向特许人付费的合同。[③] 有学者主张特许经营合同应当适用有关技术转让合同的规定,[④]实际上将特许人的"商标、商业名称、专利、实用新型、外观设计、技术秘密、经营方式、诀窍及工作程序等一系列知识产权及专有权利"授予

---

① 参见闫海、尹德勇主编:《租赁合同、融资租赁合同实务操作指南》,中国人民公安大学出版社 2000 年版,第 239 页;杨淑文:《新型契约与消费者保护法》,台北,元照出版有限公司 2006 年版,第 238 页。

② 参见王利明:《合同法分则研究》(上卷),中国人民大学出版社 2012 年版,第 312 页。

③ 参见方新军:《现代社会中的新合同研究》,中国人民大学出版社 2005 年版,第 124 页。

④ 参见方新军:《现代社会中的新合同研究》,中国人民大学出版社 2005 年版,第 183 页。

受许人使用的行为，定性为“转让”。笔者认为，特许经营只是空具“技术转让”的形式，本质上是一种用益租赁。由此，可以确定特许经营的规则适用机制：其一，特许人许可受许人在特定期间使用自己的商标、经营方式及其他一系列知识产权及专有权利，特许人承担权利瑕疵担保的责任，并须于特许期间保证“租赁标的物”符合约定用途的使用，即“在特许经营合同存续期间，特许人应当不间断地向受许人提供商业上和技术上的必要帮助，以维持其符合预期的经营目的”；其二，基于用益租赁的承租人对于标的物的使用大多有长期的计划性，其通常按照期间进行经营管理及规划，由此，应当限制特许人行使任意解除权。

例三，生活事例的印证。如甲、乙作出约定，甲出租一辆轿车于乙，月租金为 2 万元，届满 2 年，于最后一次租金付清，轿车所有权即归乙所有。该契约虽然融合了租赁契约和买卖契约的特征要素，但其本质上仍为买卖契约，适用买卖合同的规定。虽然该契约约定了 2 年的租赁期限和相应的租金，但根据缔约当事人的真实意图，即以有偿方式最终取得轿车所有权，其所称租金实际上应定性为分期付款的价款，当事人只是以租赁的形式达到买卖的典型目的，租赁契约要素的加入并未改变乙欲取得轿车所有权的真实意图，并未脱离买卖契约的核心意义。

例四，立法示例的印证。《欧洲示范民法典草案》第 4. 1—1：102 条即规定，一方当事人以获得价款为目的而允诺为对方当事人制造或者生产动产并将动产所有权移转给对方当事人的合同，被主要视为动产买卖合同。①

二、根据要素的序列形式，确定规则的适用机制

前文已论述，框架性类型系列的布局系以给付特征性为依据，即以给付“特征性”为中心进行类型设定与规则配置，从而赋予给予行为以“法律上的颜色”，由此，非典型契约中的混合形态及过渡形态本质上是给付

① See Christian von Bar & Eric Clive ed., *Principles, Definitions and Model Rules of European Private Law*, Munich: Sellier European Law Publishers, 2009, p. 156.

的混合。引入动态系统论能够完善类型化规制路径的缺陷，建立契约性质评估的动态化说明机制，本质是通过给付间的结合关系（或序列形式）确立基本规则体系的适用机理。

（一）重合利用结构的特性与规范适用

数项典型主给付关系的重合利用存在两种牵连结构。一是包含的结合结构。其是指缔约一方负担数项典型主给付义务，其中某项（或某些）典型主给付关系的实现构成他项典型主给付关系实现的手段或途径，相对方仅以金钱对价作为对待给付的复合形态，典型的如公司与高管间的合同关系。二是单一典型主给付关系的重叠利用结构。单一典型主给付关系承载着缔约人的双重目的，使合同无法被完全归类于典型合同中的任何一种，典型的如混合赠与合同。

1. 包含的结合结构的特性与规范适用

数项典型主给付关系间的“包含的结合”关系应当被解析为“目的包含”关系，即数项典型主给付关系间呈现目的与手段的关系。笔者将其中与作为合同目的存在的典型主给付关系对应的典型合同称为“目的性契约类型”，将与作为合同目的实现手段的典型主给付关系对应的典型契约称为“手段性契约类型”。例如，在公司与高管间的合同关系中，公司与高管之间呈现委任关系、劳动关系一体运行的状态。公司聘用的职业经理人因公司决议获得高管之权限和报酬，其中委任关系触发劳动关系，合同的主要目的在于处理公司管理之事务，劳动关系仅系处理公司管理事务之目的实现的手段。[①] 又如，以物之所有权出资订立的合伙协议，合伙系缔约的本质意图：为了实现合伙目的方才产生以物之所有权出资的需要，物之所有权移转是实现合伙目的的手段。

德国学者梅迪库斯认为，上述包含的结合结构的类型复合合同的实践样态中仅存在“单一的一项给付”。[②] 笔者认为，该总结难以囊括所有

---

① 参见周圆：《公司与高管混合合同形式规范的冲突与协调》，载《东北大学学报（社会科学版）》2021 年第 6 期。

② 参见［德］迪特尔·梅迪库斯：《德国债法分论》，杜景林、卢谌译，法律出版社 2007 年版，第 473 页。

情形。重合利用结构的非典型契约内部可能存在一系列的典型主给付义务,只是需要再辨别数项典型主给付义务是呈现聚合关系还是呈现融合关系,若仅呈现聚合关系,则不构成包含的结合结构。以下仅以在民法学界争议极大的船舶建造合同为例进行分析。船舶建造合同包含制图设计、设备和物料采购、建造生产、运输、融资、经营管理和所有权转移等诸项给付内容,基本涵盖了船舶的建造和销售环节。对该合同的性质,理论上主要存在买卖合同说、承揽合同说和混合合同说等不同学说。[①] 笔者认为,船舶建造合同中的数项给付属于融合关系,无论是将其定性为买卖合同还是将其定性为承揽合同,均将发生"倚重材料、轻忽技能智慧创作之流弊……亦有以偏概全之缺失"[②]。该合同应是数项典型主给付关系构成包含的结合结构的类型复合合同,理由在于:船舶建造是一项技术密集、工艺复杂、适用规范和标准众多的技艺性活动,造船方在技术、工艺、管理等方面享有一定的自治性,并且,造船方应亲自完成建造的主要工作,不可随意转交第三人完成。造船方和买船方之间的图纸审批、监督建造和彼此协助等义务均反映出承揽特性,而买卖合同中的买方基本不会关心标的物的生产加工过程,仅负责交付时的质量检验。因此,船舶的交付和所有权移转应作为承揽目的实现的手段,也是承揽目的实现的必经过程。

在规定的参照适用层面,德国学者梅迪库斯主张适用关于构成非典型契约的各类典型合同的"法律混合规范"。[③] 但是,此种方法只能适用于关于各类典型契约的规定间存在补充关系的情形,难以解决这些规定间的冲突。笔者认为,数项典型主给付关系构成包含的结合结构之非典型契约的参照适用方法如下:包含的结合结构之非典型契约应当适用关于目的性契约类型的规定,关于目的性契约类型的规定中未予规定之事

---

① 参见刘伟军:《船舶建造合同法律性质之实证研究》,载《政法论丛》2015 年第 3 期;张昕:《论现阶段国内船舶建造合同纠纷的基本问题》,载《中国海商法研究》2012 年第 3 期。

② 邱聪智:《新订债法各论》(中),中国人民大学出版社 2006 年版,第 36 页。

③ 参见[德]迪特尔·梅迪库斯:《德国债法分论》,杜景林、卢谌译,法律出版社 2007 年版,第 474 页。

项,可以适用关于手段性契约类型的规定。那么,在关于各类典型契约的规定存在冲突时,应以关于目的性契约类型的规定为准,关于手段性契约类型的规定仅具有补充适用的作用。如在上例中,船舶建造合同的目的性合同类型为承揽合同,由此,船舶建造合同应当适用关于承揽合同的规定,关于承揽合同的规定中未予规定之事项,可以适用关于买卖合同的规定。如此,将使船舶建造合同的诸多遗留问题迎刃而解。一是有助于对合同中融资与担保条款的理解。为建造中的船舶设定抵押权时,将使建造中的船舶的所有权归属于定作人,以保障定作人作为融资担保提供人的地位。此结论有"制作物供给契约之工作成果所有权由定作人原始取得"①的新近学说作为印证。二是结合承揽合同的规范意旨和经济一体性的双重考量,定作人应享有任意解除权,但该权利应被限制行使。任意解除权的赋予与限制均难以通过关于买卖合同的规定推导得出。定作人享有单方终止承揽人工作的任意解除权,设立任意解除权的目的在于"保护定作人利益,并避免社会资源浪费"②。同时,船舶建造合同背后可能牵涉成百上千的设备供应合同、保险合同和融资协议等,若定作人滥用任意解除权,将导致"毁约一方,损失一片,麻烦不断"的连锁后果,严重悖离定作人任意解除权的规范意旨。就承包型合作合同、租赁型合作合同等典型的利益分配合同而言,作为其构成类型的承包合同、租赁合同仅作为合伙联营目的之实现手段,共享合伙的经营效益才是合同的最终目的。就承包型合作合同、租赁型合作合同的法律适用而言,应以关于合伙合同的规定为主,仅在关于合伙合同的规定对租赁给付和承包行为疏于规定时,方可适用关于租赁合同和承包合同的规定,总体上保障出租人、发包方对承租人、承包方商业行为的监督权,以使出租人、发包方了解销售和盈利情况。但是,由于合伙人的共同利益与出租人或发包方的利益存在明显悖离,不应适用"合伙事务由全体合伙人共同执行"的相关规定。

---

① 邱聪智:《新订债法各论》(中),中国人民大学出版社 2006 年版,第 34 页。

② 宁红丽:《〈民法典〉中定作人任意解除权的适用要件与法律效果》,载《浙江工商大学学报》2020 年第 6 期。

2. 重叠利用结构的特性与规范适用

"单一"典型主给付关系之所以能够呈现重叠利用结构，是由"同一典型主给付义务区分对待给付之有无，将归属于不同的典型契约类型"之客观事实决定的。换言之，某项典型契约将因"有偿 + 无偿"的性质交叠（部分无偿性）造就合同类型的复合形态。那么，按照合同类型相似标准，该复合形态符合两类典型契约的主给付义务特征，且依合同性质又难以完全被归属于其中的任何一类，从而该"单一"典型主给付义务呈现双重目的发展的显著性。例如，依据《民法典》第951条的规定，行纪合同具有有偿性的本质属性。在行纪合同中，典型主给付义务为行纪人以自己之名义为委托人从事贸易活动。在合同未约定报酬的情形中，则只能成立无偿委托合同（《民法典》第919条）。那么，在行纪人出于道义只收取部分报酬的情形，应认定成立由行纪合同和无偿委托合同混合而成的类型复合合同，此时，将面临关于委托合同的规定与关于行纪合同的规定的适用冲突，如关于处理委托事务所需之必要费用的负担主体的规定的适用冲突（《民法典》第952条和第921条）。

就参照适用的方法而言，应优先适用"合同分割说"，将单一典型主给付义务内容按照价值分割或者按照标的物数量（或质量）分割为两项给付内容，以便分别考量各自之成分，分别适用关于相应典型契约的规定。例如，在上例行纪人出于道义只收取部分报酬的情形中，应按照有偿给付与无偿给付的比例，来确定行纪人与委托人的费用分担比例。又如，在混合赠与合同中，若A以半赠与的意思将价值2万元的画以1万元的价格出售于B，则A应在金钱对价之范围内承担物之瑕疵担保责任；若A以半数赠与的意思将500千克钢材出售于B，在B发生重大背恩情形时，A可主张撤回其赠与的250千克钢材。然而在部分情形中，缔约人意欲将单一典型主给付义务作为一体的行为，或者给付内容本身具有不可分性，则难以适用"合同分割说"。此时，应当确立单一典型主给付关系的主要目的并适用关于与其对应的典型合同的规定，同时要求缔约人补足针对主要目的未为之给付内容，或者要求缔约人返还针对次要目的已为之给付内容。该种处理方法能够实现缔约人间权利义务的相对衡平，本质上是对合同公平原则的具体落实，因此区别于上文中的"吸收说"。例如，在混合赠与合同中，在给付内容难以被分割时，应依据行为之显著性确定给付的主要目的。若行为显著以非有偿性为主，关于赠与合同的规定始终应当得到适用，[①]赠与人可依据《民法典》第665条行使撤销权，要求受赠人返还标的物，但赠与人应当同时返还受赠人已支付的价金；若行为显著以有偿性为主，则受赠人可主张取得标的物所有权，赠与人的撤销权应被排除适用，但同时买受人应向出卖人支付出卖人曾为赠与的相应对价。

（二）主次牵连结构的特性与规范适用

主次牵连结构系指，缔约一方负担数项典型主给付义务，且所形成的数项典型主给付关系构成主次地位，相对方之对待给付为金钱对价的复合形态，如附有服侍义务的租赁合同、附带膳食服务的房屋租赁合同等。其中，笔者将与居于主要地位之典型主给付关系（以下简称主要给付关系，与其对应之典型主给付义务简称主要义务）对应之典型合同称为"基础性契约类型"，将与处于次要地位之典型主给付关系（以下简称次要给付关系，与其对应之典型主给付义务简称次要义务）对应之典型合同称为"从属性契约类型"。对该结构的特性解析如下：数项典型主给付关系之主次地位不得基于法律规定产生，只能依据特别约定产生。其中，主要给付关系决定主次牵连结构型的非典型契约是否存在，主次牵连结构型的非典型契约的存在决定次要给付关系是否存在。次要给付关系存在的目的在于辅助主要给付关系的实现，以实现合同目的增益之效果。就给付角度而言，需要区分次要义务与附随义务。"次要义务并不是附随于主要义务的义务"，[②]仅是与主要义务共存于一个合同之中。次要义务与主要义务具有可分离性，两者分属于不同类型的合同。而附随义务内生于主要义务，是在主要义务履行过程中自然衍生的行为义务，如承揽人提供附

---

① 参见[德]迪特尔·梅迪库斯：《德国债法分论》，杜景林、卢谌译，法律出版社2007年版，第474页。

② 王利明：《合同法研究》（第1卷），中国人民大学出版社2015年版，第398页。

属配件(如衣服的衬里、纽扣等)之义务。附随义务的存在无法改变合同定性与法律效果,[①]基于此,附随义务只能基于法律规定而产生,或基于诚实信用原则而推定产生,不能单纯基于缔约人的约定而产生。另外,诸多类型的典型契约本身具有多重功能,有学者便主张,可将典型契约拆解为多个单项合同,如买卖合同可以作为运输合同、保险合同、中介合同和支付合同的"母合同"。[②] 但笔者不完全认同此观点,合同的多重功能并非皆源于合同类型复合,例如,在买卖合同中,运输、瑕疵担保、支付等只是"标的物所有权转移"的内生性义务,不具有与主要义务分离的独立性。

就参照适用的方法而言,诸多学者主张采取吸收说,仅选择适用关于基础性契约类型的规定,排除适用关于从属性契约类型的规定。在该学说下,有学者主张应"以主要成分吸收其他成分"[③]。然而,该主张强制消除了主次牵连结构型的非典型契约的非主要部分,违背缔约人的真实意思。也有学者提出次要义务构成主要义务的履行环节,[④]例如,在用工单位A聘请B为司机并将车交由B日常顺带代为保管的情形中,保管系属劳动合同的履行环节,因此应当适用关于劳动合同的规定。此种认定,实则是将用工单位A的责任范围涵盖至保管行为,不当增加了用工单位A的责任风险。然而在本质上,A与B间劳动关系的存在仅构成保管关系无偿性的原因,保管义务系经特别约定而产生的次要义务,具有相对于主要义务的独立性,不能作为劳动合同的履行环节。

笔者认为,数项典型主给付关系构成主次牵连结构之非典型契约的参照适用方法如下:对非典型契约应当适用关于基础性契约类型的规定,针对合同中的次要义务条款应当适用关于从属性契约类型的规定,但应以"无偿性"为规定基准,因为次要义务通常不构成合同的对价内容。例

---

① 笔者并不完全赞同"以是否可得诉请履行"作为从给付义务和附随义务的区分标准的观点。笔者认为,附随义务与从给付义务的区分标准应当为"是否内生于主给付义务"。

② 参见陈醇:《非典型合同纠纷案中相似性的结构识别法》,载《经贸法律评论》2023年第3期。

③ 史尚宽:《债法各论》,中国政法大学出版社2000年版,第959页。

④ 参见李帛霖:《论劳动法视角下的混合合同》,载《南大法学》2022年第1期。

如,对电力供给合同应适用关于买卖合同的规定,但是电力公司装设的电表有瑕疵的,应依据关于无偿性借用合同的规定来处理。"无偿性"的规定基准,意味着关于从属性契约类型的规定中的"效力规定"和"责任规定"被排除适用。效力规定的排除适用,是指非典型契约效力的判定应适用关于基础性契约类型效力的规定,关于从属性契约类型效力的规定被排除适用,即便是依据关于从属性契约类型效力的规定仅主张解除合同中的次要义务条款,亦不可行。因为,主次牵连结构型的非典型契约中的次要义务属于整体给付的一个环节,若割裂其与合同整体的关系而孤立地适用解除规则,有违合同权利义务的一致性、均衡性和公平性。① 但是,典型主给付关系间的主次牵连结构并不产生绝对的效力依从性,尤其是在合同中并存数项次要义务时,因为数项次要义务的聚力极有可能与主要义务形成"人、财、力"的一体性,此时,将减弱甚至消弭关于基础性合同类型效力的规定的绝对主导地位。例如,演艺经纪合同集委托、居间、行纪、培养、宣传、推广、知识产权归属等内容为一体,②委托关系是合同存续之基础,对应的是基础性合同类型,公司负担的对艺人形象的包装、宣传、推广、培养等数项次要义务可以提升艺人知名度。若允许艺人依据关于委托合同的规定行使单方任意解除权,将使经纪公司处于完全的被动地位。责任规定的排除适用,意味着针对缔约人的责任和义务均应适用关于基础性契约类型的规定,排除适用关于从属性契约类型的规定。次要给付关系被界定为无偿性,意味着该给付关系中的义务性内容被消弭。又如,无偿给予人仅例外承担物之瑕疵担保责任并降低注意义务的标准等,以防止对无偿给予人的过分限制。③

(三)并向聚合结构的特性与规范适用

数项典型主给付关系共存于同一合同并不必然导致各项典型主给付关系丧失独立性,它们也可能呈现并向聚合结构。并向聚合结构系指缔

---

① 参见熊威等诉北京正合世纪文化传播有限公司知识产权合同纠纷案,最高人民法院(2009)民申字第1203号民事判决书。

② 参见刘承韪:《论演艺经纪合同的解除》,载《清华法学》2019年第4期。

③ 参见宁红丽:《无偿合同:民法学与社会学之维》,载《政法论坛》2012年第1期。

约一方负有彼此相对独立且并列的数项典型主给付义务，相对方仅以金钱作为对待给付的契约复合形态。在并向聚合结构中，数项典型主给付关系间无目的包含关系，亦不具有主次地位之分。此种混合型非典型契约较之其他牵连结构更为特殊，因为极易与合同联立混淆。本质上，并向聚合的数项典型主给付关系并非独立存在的、毫不相关的一盘散沙，而是构成有机的功能性联结。数项典型主给付关系对于合同整体目的实现均为主要部分，它们一同存立、一同消灭并共同为合同整体目的之达成服务，进而形成超越各单项典型主给付关系存在的整体性。这也是数项典型主给付关系的并向聚合仅成立一个合同而非数个分列的合同之关键所在：数项典型主给付关系的功能性联结使该非典型契约不能被简单拆解为数个单项契约。一方面，缔约人对于数项典型主给付关系具有一体实现的期待，造就了各项给付内容紧密相连且不可分割，单一合同之定性"能够更好地保护债权人，避免其在不能要求其他给付时，必须受领和支付其中一个给付的情形"，[①]也使债务人免于负担未发生障碍的其他给付。另一方面，数项典型主给付关系的功能性联结并不由"对价是一体化的处分，抑或是分别约定有单独的价格"[②]来决定。约定之对价通常根据数项典型主给付义务的整体来设定，而非针对各项典型主给付义务单独设定。即便缔约人针对各项典型主给付义务约定对价，也不影响单一合同之定性，不能将数项典型主给付关系的并向聚合认定为数个单项合同，只是约定单独对价之情形更有助于违约责任中减价责任的确定。

在规定的参照适用层面，为实现数项典型主给付关系的功能性联结之目的，应以"给付集合体"为单位确定该混合型非典型契约的性质及法律适用逻辑。第一，若"给付集合体"满足某类典型契约的主给付义务特征，则数项典型主给付关系服务于"一体性的缔约合意"，并向聚合结构型非典型契约应适用关于该类典型契约的规定，仅对关于该类典型契约

---

① ［德］迪特尔·梅迪库斯：《德国债法分论》，杜景林、卢谌译，法律出版社 2007 年版，第 469 页。

② ［德］迪特尔·梅迪库斯：《德国债法分论》，杜景林、卢谌译，法律出版社 2007 年版，第 471 页。

的规定中未予规定之事项，适用关于与各项典型主给付关系对应的典型合同的规定。例如，在包价旅游合同中，旅游承办人所为之系列给付应被视为一体性服务，该合同应被定性为承揽型服务合同。《德国民法典》在“各种债务关系”一章的“承揽合同和类似合同”一节中，便将包价旅游合同与承揽合同并列规定于第651a条至第651k条中，以防止出现所谓旅游承办人被游客“放鸽子”的弊端。那么，在游客终止包价旅游合同时，其对旅游承办人已提供之服务是否应给付报酬？有学者提出，依“合同终止不生溯及效力”之法理，旅游承办人对合同终止前已为之给付得享对待给付，游客应负给付报酬之义务。[1] 按此观点，即便旅游承办人已提供之服务未使游客受益，也未实现合同之缔约目的，比如，旅游承办人提供的服务质量降档而远不及约定之程度，游客仍须为旅游承办人实际所为之给付付费。然而如前文所述，将包价旅游合同定性为承揽型服务合同，将使问题迎刃而解，因为“仅仅提供劳务并不意味着承揽人义务的完成”[2]。合同终止时，唯承揽人已为之给付对服务受领人有利益时，方享有报酬给付请求权。[3] 因此，游客无须为对其无利益之给付行为支付报酬。第二，若“给付集合体”不满足任何典型契约的主给付义务特征，则对数项典型主给付关系应分别适用关于与其对应的典型契约的规定。例如，在以获取蒸汽力供给设施之所有权为主要目的而同时租赁配备有该设施之工厂的情形，针对设备购买和工厂租赁应分别适用关于买卖合同和租赁合同的规定。加之，缔约主体对数项典型主给付关系具有一体实现的真意期待，任何单项典型主给付关系的履行障碍都将影响其他典型主给付关系的存续，因此，关于构成类型复合合同的数类典型合同效力的规定均可决定整个合同的效力。

（四）等值对立结构的特性与规范适用

数项典型主给付关系间的整体对价关系包含前述“缔约一方负担数

---

① 参见詹森林：《民事法理与判决研究》，中国政法大学出版社2002年版，第122～123页。

② 王利明：《合同法研究》（第3卷），中国人民大学出版社2015年版，第405页。

③ 参见黄茂荣：《债法分则之二：劳务之债》，厦门大学出版社2020年版，第303页。

项典型主给付义务,另一方支付金钱对价”的一般复合形态,当然也包括“缔约一方负担单项或数项典型主给付义务,另一方负担单项或数项典型主给付义务”的复杂复合形态。笔者将缔约双方互负单项或数项典型主给付义务且给付与对待给付构成等价交换关系的情形称为等值对立结构。该结构特性呈现明显的给付交换思维,尤其强调等价(aequalitas)这一要素与给付目的间的相互依赖性,[①]因此,数项典型主给付关系间存在的“发生上的牵连性”是形成合同类型复合的原因。

在规定的参照适用方面,应当按照缔约各方之数项典型主给付关系构成的主次牵连、重合利用、并向聚合结构来确定;但等值对立结构的混合型非典型契约在合同效力规定的适用方面具有特殊性,因为数项典型主给付关系间存在的“条件上的牵连性”和“功能上的牵连性”,将对关于各类典型契约效力的规定的适用产生结构性影响。第一,“条件上的牵连性”为关于各类典型契约效力的规定的适用奠定学理基础。在对待给付关系上,条件上的牵连具有双向性,“一边给付义务的消灭必须在对立一边产生反射性影响并导致对待给付的义务随之消灭”。[②] 例如,在A以出租房屋换取B担任家教之情形,若B未经A同意擅自将房屋转租,则A可依据《民法典》第716条主张解除租赁关系,基于双方的给付处于对待给付地位,雇佣关系亦随之终止。然而,等值对立结构的表现形态多元,缔约双方不一定均负担单项典型主给付义务,也可能负担数项典型主给付义务,其间将涉及关于各类典型契约效力的规定的选择适用问题。解决该问题的关键在于:借助上文中的整体评价方法确定缔约双方之“抽象给付目的”。首先,分别整理形成缔约双方之典型主给付关系间的主次牵连、并向聚合、重合利用等结构;其次,依据上述结构特性,确定处于对价关系中的“抽象给付目的”;最终,能够影响“抽象给付目的”实现的关于典型契约效力的规定可得适用。需要解决的问题便被转化为:如何确定“抽象给付目的”并确定关于何类典型契约效力的规定影响该目的的实

---

① 参见朱朝晖:《潜伏于双务合同中的等价性》,载《中外法学》2020年第1期。

② 参见刘洋:《对待给付风险负担的基本原则及其突破》,载《法学研究》2018年第5期。

现？具体来说，若一方之数项典型主给付关系构成主次牵连结构，则主要义务构成对价关系的内容，应以与主要给付关系对应的典型契约的目的为“抽象给付目的”，等值对立结构型非典型契约应适用关于基础性契约类型的效力规定；若一方之数项典型主给付关系构成包含的结合结构，等值对立结构型非典型契约应适用关于目的性契约类型的效力规定；若“给付集合体”满足某类典型契约的主给付义务特征，则应确立该类典型契约的目的为“抽象给付目的”，等值对立结构型非典型契约应适用关于该类典型合同效力的规定；若一方之数项典型主给付关系仅具有“一体实现”之意图，则任何单项典型主给付关系的履行障碍都将影响“抽象给付目的”的实现，关于与各单项典型主给付关系对应的典型契约效力的规定可得适用。第二，“功能上的牵连性”系属合同义务履行过程中的牵连性，[①]双方之给付义务并不直接指向给付，也不能直接要求对方为给付，而是指向对方在受领对待给付的同时为给付。[②] 此种牵连性仅存在于处于对价关系中的“抽象给付目的”之间，应以此为中心适用同时履行抗辩和不安抗辩等制度。

第五节　规则适用机制与案例的交互思考

一、系争《协议书》中典型主给付关系的解析和法律适用

（一）协议书内容的简述

在“南京博喜医药技术有限公司、江苏富科思科技有限公司买卖合同纠纷案”中，2013 年 4 月 3 日，南京博喜医药技术有限公司（以下简称博喜公司）与江苏富科思科技有限公司（以下简称富科思公司）签订《协议书》，约定富科思公司授予博喜公司自协议签订起 5 年内的独家销售权，富科思公司将自己生产的设备及定位球以设备每台 20 万元、定位球每套

① 参见张金海：《论双务合同中给付义务的牵连性》，载《法律科学》2013 年第 2 期。
② 参见朱朝晖：《潜伏于双务合同中的等价性》，载《中外法学》2020 年第 1 期。

1500元的价格销售给博喜公司;在试运行销售期间,富科思公司提供设备2台和定位球200套,博喜公司支付货款70万元。富科思公司保证博喜公司第一年完成定位球最低销售6000套、设备销售20台的销售目标,第二年至第五年定位球最低销售1000套、设备销售40台的基础上,并授予博喜公司全国独家销售权。之后,博喜公司与富科思公司、第三方之间展开了数次代理与销售行为,并发生争议。

(二)协议书中典型主给付关系的梳理及规则的适用机制

笔者认为,此《协议书》内部的法律关系梳理是厘定并解决该案纠纷的关键所在。依据约定内容,系争《协议书》的属性应为非典型契约,其内部的典型主给付关系具体包含博喜公司与富科思公司之间的委托合同关系、代理权授予关系以及买卖合同关系。各项合同关系之间并非简单地结合,而是相互衔接、配合、影响和制约,从而构成有机的整体。具体而言:富科思公司与博喜公司之间存在委托代理关系。根据委托合同,作为委托人的富科思公司负有向博喜公司授权销售设备及定位球的义务,并应移转销售获益于博喜公司;作为受托人的博喜公司负有报告、说明等勤勉义务,并不得出让独家销售权。其中,委托合同是代理权产生的基础,通过委托人向受托人授予代理权,受托人方取得代理人的资格,有权利以委托人的名义与第三人进行法律行为,[①]本案中没有委托合同将使独家销售权的授予失去法律依据;同时,该委托代理关系也是富科思公司与博喜公司之间买卖合同的前提和基础——委托合同授予博喜公司独家销售权,使得富科思公司有义务向博喜公司出售案涉产品,相应地,委托代理关系一旦终止,博喜公司与富科思公司之间的销售合同也将不复存续。这是因为合同中约定的产品对价是独家销售关系谈判过程中的商定结果,若委托代理关系终结,买卖合同的约定内容将不复存在,买卖合同亦失去存续基础;而博喜公司独家销售权的行使,需要富科思公司履行提供案涉产品的义务。

由此,系争《协议书》中数项契约特征要素的混合,属于主次牵连结

---

① 参见翟云岭、郭洁:《合同法论》,法律出版社2012年版,第391页。

构型的非典型契约，其中，委托合同系该非典型契约的“基础性契约关系”。针对系争案件纠纷的处理，主要采效力吸收原则，即以委托合同的效力规则适用为主，排除其余从属性给付所对应之契约类型之效力规范的适用。

（三）规则适用机制在系争案件中的具体运用

第一，《协议书》的效力判定主要依据委托合同的规定，当事人任意一方均享有任意解除权。根据《民法典》第 933 条的规定，委托人和受托人均享有任意解除权，自通知时起产生合同解除的效果。富科思公司主张“2015 年 4 月 6 日博喜公司通过电子邮件正式通知富科思公司不再担任全国总代理，也不再按约定履行协议”，但未能提供有效证据。故，博喜公司于 2015 年 7 月 6 日提起诉讼，次日，富科思公司向博喜公司下游经销商富昱公司发送通知，称博喜公司已失去全国总代理的身份，就此，应认定为双方就委托合同的解除达成一致意见，委托合同于 2015 年 7 月 7 日即告解除。

由于委托合同构成独家销售权存续的前提和基础，委托合同一旦解除，代理权亦失去法律上的依据。由此，博喜公司自 2015 年 7 月 7 日不再享有独家销售权；而委托合同与买卖合同的主给付义务间构成主从牵连关系，委托合同的存续直接决定买卖合同关系的存续。于此，富科思公司若拒不向南京博喜公司出售案涉产品，并不构成违约，但对于 2015 年 7 月 7 日前已经订立并确认的销售协议，仍当继续履行。由此，南京市栖霞区人民法院（2015）栖商初字第 558 号判决在认定协议解除后，认为博喜公司应领取 3534 套定位球的观点实为不妥，委托合同一经解除，代理人亦不再负有提取产品的义务，且有权要求退回已支付的价款。

第二，博喜公司与富科思公司之间的委托合同和独家销售权的权利期限于 2015 年 7 月 7 日终止，博喜公司便不再享有案涉产品的独家销售权。在此之后，富科思公司以自己的名义向有关分销商、医疗机构销售案涉产品，并不构成违约行为，也不会侵害博喜公司的独家销售代理权。在此之前，若富科思公司以自己的名义向有关分销商、医疗机构销售案涉产品，便违反了委托合同，也侵害了博喜公司的独家销售代理权，构成侵权。

在本案中,2015 年 5 月 10 日,富科思公司在宜兴市肿瘤医院安装 1 台设备,并收取定位球价款的行为,构成违约行为,应返还价款并承担违约责任;2015 年 8 月 1 日,南京明基医院与恩华公司与富科思公司签订《合同主体变更协议》,将恩华公司的权利义务转让给富科思公司,富科思公司于 2015 年 8 月 4 日免费提供并安装 1 台设备给南京明基医院的行为,不构成违约,于此,设备相关的权利义务和明基医院的经营业绩也无须归属于博喜公司。由此,博喜公司提出的“富科思公司代位行使其代理商沁韵公司的合作伙伴恩华公司在明基医院的权利义务,并自行提供设备给该医院使用,系将代理商开拓的市场据为己有,自行经营牟利,构成违约,应承担违约责任”的主张不成立。

2015 年 1 月 30 日,博喜公司与南京惠高医疗器械有限公司签订的《区域经销及推广协议》,系属其在独家销售代理权期限内所为之法律行为,被代理人对该行为承担民事责任,由此,即便在 2015 年 7 月 6 日博喜公司代理权终止后,富科思公司仍应履行该合同项下的设备提供义务,且“基于医疗器械的使用特性,原有分销商均可承继已开拓的市场,富科思公司也可从已开拓的市场中继续获益,且无需另付出开拓原市场的成本”,[①]由此,在委托合同解除后,博喜公司与惠高公司签订的分销协议的权利义务将转移到富科思公司,富科思公司拒不配合履行博喜公司与惠高公司签订的设备买卖合同义务,“甚至派人到江滨医院和江阴人民医院等相关医院说其未予授权,导致差点产生恶劣影响”的行为,构成违约行为,富科思公司应对惠高医疗器械有限公司承担违约责任。

二、系争演艺经纪合同中法律关系的定性与法律适用

演艺经纪合同是娱乐法中将从业人员与娱乐产业连接在一起的纽

---

① 当然,法院亦存在以下顾虑:“若承认在博喜公司独家销售代理权终止后,博喜公司基于独家销售权发展分销商的销售模式继续有效,将会扰乱富科思公司的市场经营秩序,也极有可能产生恶意竞争的风险。”参见江苏省南京市中级人民法院民事判决书,(2016)苏 01 民终 5513 号。

带,演艺经纪合同作为法锁拴住了艺人和经纪公司两端。[①] 在实践中,演艺经纪合同纠纷多集中于合同解除领域,演艺经纪合同的定性以及艺人是否享有任意解除权多被列入法院审理的焦点问题,由此,演艺经纪合同的性质认定是当事人可否行使任意解除权的决定性因素。

(一)演艺经纪合同中的典型主给付关系构成

演艺经纪合同并非单纯的委托合同,而是多种契约类型特征混合形成的非典型合同。合同内容决定契约的定性,换言之,合同中的给付义务决定了契约的本质目的,负载着当事人缔约的本意,同时,给付义务亦是契约类型划分的依据与标志,决定着契约类型的核心意义。由此,主给付义务作为债之关系上固有、必备,并用以决定债之关系类型的基本义务。[②] 因此,厘清合同内容是确定契约定性的基本前提,就艺人与经纪机构所签订之演艺经纪合同的内容而言,一般包括:(1)代理签约服务,演艺经纪合同的首要目的是演艺工作的安排,通常约定演艺经纪机构具有签约艺人的独家代理权,由此,经纪机构在提供促成交易的中介服务的同时获得委托代理权;(2)经理人服务内容,即设计艺人的职业生涯,为其规划职业路径,包括经纪机构对艺人的规划、培养、培训、包装、形象设计、营销、宣传、推广、维权、咨询建议等服务内容;(3)艺人需服从公司安排并遵守公司纪律,艺人须独家向经纪机构提供与演艺业务有关之服务,且需保持身体指标等各项要求,以符合公司安排的演艺要求,甚至包括对艺人业余时间支配的约束等内容。

演艺经纪合同并非单纯包含代理签约等经纪服务的内容,还包括对艺人演艺生涯的规划安排、演艺机会的提供等中介服务的内容,由此,"演艺经纪合同并不能简单归入合同编分则中的任何一种典型契约的范畴,而是兼具居间、委托、代理、行纪等契约类型的多重特征性质的混合型非

---

① 参见刘承韪:《论演艺经纪合同的解除》,载《清华法学》2019 年第 4 期。

② 参见王泽鉴:《债法原理》,北京大学出版社 2009 年版,第 84 页;陈自强:《民法讲义Ⅱ——契约之内容与消灭》,法律出版社 2004 年版,第 33 页;[德]迪特尔·梅迪库斯:《德国债法分论》,杜景林、卢谌译,法律出版社 2007 年版,第 5 页。

典型契约"。[1] 在审判实践中,法官对于演艺经纪合同的性质认定,经历了由"委托合同"向"综合性合同"的转变。前者如杨某案和林某某一审案,法官基于委托合同的定性,确认了当事人享有任意解除权。如"北京仲裁委员会认为杨某与北京荣信达艺术有限公司签订的《演艺人员委托经理人合同书》应为委托合同,基于此定性,杨某享有任意解除权",[2]"上海唐人电影制作有限公司诉林某某委托合同纠纷案"中,一审法院亦认为合约符合委托合同的性质,由此认为林某某享有任意解除权;而后,法院多认为演艺经纪合同系多种权利义务关系相结合的综合性合同。如蒋某某案判决书中所言,"涉案《经理人合约》包含了委托、行纪、劳动、居间、著作权等多种法律关系而具有综合属性,并非单纯的委托代理或行纪性质,不能简单地适用委托合同或行纪合同的规定,由此并不认可蒋某某的单方任意解除权";[3]以及在熊某某案判决书中所言,公司提供了商业运作、推广、包装等多项服务内容,而且各项服务之间相互联系、相互促进,方构成完整的权利义务关系。[4]

(二)演艺经纪合同的定性与规则适用机制

首先,演艺经纪合同并非纯粹的委托合同,但并不能仅因此排除任意解除权规则的适用。演艺经纪合同内部包含多重典型主给付关系,对其定性需要分析演艺经纪合同内部的多重典型主给付关系间的相互作用,确定其多种权利义务所呈现的样态,确定特征要素间系属"并向聚合结构"还是"主从牵连结构"。若演艺经纪合同中的诸项给付义务构成主从牵连结构,且以委托合同作为基础性合同关系,则诸项给付关系之间呈现主从效力关系与适用关联;若各项给付义务间没有主要部分和次要部分的绝对区分,基本处于同等并列地位,则需结合给付义务间的整体有机性以确定规则的适用机制。由此可见,无论在何种情形下,演艺经纪合同均非纯粹的委托合同,但单纯依据此点并不能绝对地排除任意解除权规则

---

① 参见北京市第三中级人民法院民事判决书,(2016)京03民终13936号。
② 参见北京市第三中级人民法院民事裁定书,(2015)三中民(商)特字第06227号。
③ 参见北京市第三中级人民法院民事判决书(2016)京03民终13936号。
④ 参见最高人民法院民事裁定书,(2009)民申字第1203号。

的适用。而在审判实践中,法官将此作为理由,否定当事人的任意解除权的做法,欠缺正当性。例如,"此类合同并非单纯的委托代理或行纪性质,因此不能依据委托代理合同或行纪合同的规定享有单方任意解除权"。①

其次,演艺经纪合同中的多项典型主给付间构成"并向聚合结构"。演艺经纪合同属于一种具有鲜明行业特征属性的商事合同,构建了经纪公司和艺人之间的特殊合作共赢关系:一方面,经纪机构为艺人提供居间、委托、代理、行纪、服务等多项内容,在合同履行阶段,"艺人会直接参加经纪公司出资的活动,或者接受经纪公司为艺人寻找、提供的商业活动机会,经纪公司亦有权直接代表艺人签约,且有时经纪公司需要承担艺人对第三方的违约责任等",②以上诸项给付义务间处于紧密结合的关系,共同作用达成"辅助艺人未来演艺事业之发展"③的服务目的;另一方面,艺人须遵守经纪公司的演艺安排,向经纪公司提供独家的演艺服务。经纪公司为艺人提供的多项服务间并不存在明显的依附性,而是相互联系、相互依存,构成一个完整意义上的权利义务关系,各项给付也很难单独从合同整体中割裂出来,例如,"关于演出安排的条款既非代理性质也非行纪性质,而且是本案综合性合同中的一部分"。④

综上所述,演艺经纪合同中的各项给付间系属"并向聚合结构",但其规则适用原理采"结合说"还是"集合体说",尚需根据给付义务间等值并列的具体情况予以探讨。原则上处理特征要素的等值并列,应适用"结合说",但若各要素间形成有机的关联或功能性结合,各要素间将构成超越单项要素存在的整体,⑤只有在整体层面上才能有效实现契约目的。由此,在并向聚合结构中,首要的衡量要素是给付间的整体性,契约整体与部分给付之间存在"一同存续、一同消灭"的关系。"演艺人员从新人发展至具有较高知名度和影响力的成名艺人,除其自身能力因素外,经纪

① 参见北京市第三中级人民法院民事判决书,(2016)京03民终13936号。

② 参见陶钧:《"演艺经纪合同"解约风波:窦骁vs新画面影业》,载《法庭内外》2014年第4期。

③ 参见北京市第三中级人民法院民事判决书,(2016)京03民终13936号。

④ 参见最高人民法院民事裁定书,(2009)民申字第1203号。

⑤ 参见崔建远主编:《合同法》,法律出版社2016年版,第90页。

公司的培养、宣传、策划、推广对其成名起着至关重要的作用，而经纪公司也将为此付出极大的时间成本及商业支出”，[①]在此意义上，经纪公司的委托、行纪、居间、服务等多项给付义务间构成整体有机性，若割裂委托合同条款与合同其他部分的关系，孤立地适用单方解除权规则，极易给受托人带来巨大的经济损失，有违合同权利义务的一致性、均衡性及公平性，也将不利于演艺行业整体运营秩序的建立。[②] 由此，“合同的各部分内容不存在分割独立适用法律的空间”，[③]单纯的“结合说”失去了适用的空间。

（三）以服务类契约一般规则适用为主，补充适用委托、行纪等契约规定

各项给付的特征只能在其对应之法律关系中发生作用，不能延伸适用于契约整体。在审判实践中，法官经常以系争演艺经纪合同不能简单定性为委托合同，而主张适用合同编通则关于行使合同解除权的一般性法律规定。[④] 笔者对此不予认同，演艺经纪合同中的各项给付应以“集合体”为单位分析，由此，不能定性为委托合同或行纪合同或居间合同等，只能归属于“提供服务类契约”范畴之下，以“提供服务类契约”一般规则为主要适用体系，以委托、行纪等组成部分的契约规则为补充适用体系，方能实现合同目的之本质属性。由此，应当认可艺人享有任意解除权。

1. 信任关系并非演艺经纪合同存续的决定性因素

演艺经纪合同应当充分关照当事人之间的信赖关系，但信任关系并不对合同存续具有决定性的作用。信任关系对于服务契约存续的影响，

---

① 参见北京市第三中级人民法院民事判决书，(2016)京 03 民终 13936 号。

② 参见最高人民法院民事裁定书，(2009)民申字第 1203 号；北京市高级人民法院民事判决书，(2013)高民终字第 1164 号。

③ 参见刘承韪：《论演艺经纪合同的解除》，载《清华法学》2019 年第 4 期。

④ 参见北京市第三中级人民法院民事判决书，(2016)京 03 民终 13936 号。有学者认为，演艺经纪合同不能适用基于委托合同定性产生的单方任意解除权，而应适用合同解除的一般性规定，为演艺经纪合同设置“酌定解除”情形。参见刘承韪：《论演艺经纪合同的解除》，载《清华法学》2019 年第 4 期。

区分有偿服务情形与无偿服务情形。在无偿服务情形中,服务人给付劳务被视为对受领人的一种恩惠,当事人之间存在特殊的信任关系,由此,一旦信任关系消失,受托人自然可拒绝施与恩惠,委托人也没有必要接受恩惠;但在有偿服务情形中,服务人提供服务的目的多在于盈利,信任关系的重要性已然大幅降低。由此,基于利益的考量,服务人依然可能继续提供服务,在当事人双方间起决定作用的是交易关系而非信任关系。[①] 尤其在商事委托合同中,受托人在完成委托事宜的过程中需要消耗巨大的人力、物力以及财力,甚至承担一定的商业风险。若仅基于信赖关系的消亡便赋予委托人任意解除权,将造成受托人的巨大损失。[②] 由此,对于演艺经纪合同而言,“双方当事人间的信任关系虽是合同履行的重要基础,但缺乏信任并非享有合同解除权的法定理由”。[③]

2. 任意解除权系服务给付之本质需求

演艺经纪合同的委托方(艺人)享有单方任意解除权,是由“提供服务类契约”的标的性质决定的。服务契约之订立是为服务受领人之利益,若服务受领人不再需要此服务,则契约本身亦失去意义;若不允许受领人享有任意解除权,则其只能坐视服务人提供其根本不再需要之服务,将极大损害受领人的权益,且违背意思自治的基本原则。在演艺经纪合同中,第一,经纪公司为艺人谋求发展机会以及规划未来的演艺生涯等,构成服务人所提供的给付内容,属于债之标的“不适于强制履行”的情形;第二,艺人在演艺经纪合同中处于相对弱势的地位。“作为从事演艺事业的人员,需要依靠参加各种商业活动作为其主要的生活来源。若经纪公司消极履行给付义务,不为艺人安排商业活动,那么艺人将可能面临基本的生存困境”。[④] 第三,否定艺人的任意解除权不符合实践需求。在审判实践

① 参见李永军、易军:《合同法》,中国法制出版社2009年版,第592页。

② 参见崔建远:《合同解除的疑问与释答》,载《法学》2005年第9期。

③ 北京市第三中级人民法院民事判决书,(2016)京03民终13936号;信任关系的丧失并非服务契约解除的唯一决定性因素。参见吴奕锋:《论不定期继续性合同随时终止制度 兼评〈民法典合同编(二审稿)〉的规定》,载《中外法学》2019年第2期。

④ 参见陶钧:《“演艺经纪合同”解约风波:窦骁vs新画面影业》,载《法庭内外》2014年第4期。

中，法院往往基于剩余合约期限有限或已临近终止期限，而且经纪公司表示愿意继续为艺人提供演艺机会，秉承着当事人双方能够摒弃前嫌、彼此尊重、求同存异、实现共荣共赢的目标，判决合同双方当事人继续履行合同。但事后当事人基本上无法继续合作，最终和平解约。由此，从实践角度说明服务的提供与受领并不适于强制履行。

但是，必须注意的是，在认可艺人单方解除权的同时，应对解除效果进行限制，合理确定损害赔偿的范围。艺人因解除合同给对方造成损害的，除不可归责于该当事人的事由外，应当赔偿损失。损失之范围包括系争契约的投入甚至包括预期之利益，还需综合考虑经纪公司对艺人演艺发展的培养投入、宣传力度以及艺人自身影响力、知名度、发展前景等各种因素，酌情确定赔偿数额。这是因为艺人从新人发展到具有一定知名度和影响力的成名艺人，离不开经纪公司的培养、宣传、策划、推广等。为使艺人成功走向事业上升期，经纪公司往往付出巨大的时间成本和商业代价，[①]因此，在确定赔偿数额时，应将经纪公司对艺人演艺发展的投入、艺人知名度等各项因素纳入考量范围。如此，既能实现经纪公司培养艺人的经济效益，亦能保证艺人正常发展其演艺事业，而不至于陷入合同僵局。

---

① 参见北京市第三中级人民法院民事判决书，(2016)京03民终13936号。

余　论　非典型契约制度研究对典型契约规范的完善

“典型契约好比立法者刻意栽培的花朵”,[①]非典型契约便如那野花般肆意地野蛮生长。自罗马法以来的整个合同法演进过程中,典型契约都是立法者研究的重点领域,其倾向于将具有共同属性的契约抽象形成理念型典型契约,同时,基于民法典在市民社会之基本法地位的实现,典型契约类型体系实则确定了“物、金钱、劳动价值的交换与转移”之私法关系的共同框架。[②] 由此,典型契约逐渐从单纯的交易类型转化为规范类型,其规范意义逐渐扩展至“采用法律全无规定的非典型契约或两种以上典型契约的混合意义”[③],各国学者也倾向于援用典型契约规范解决非典型契约问题。

---

① 陈自强:《民法讲义Ⅱ——契约之内容与消灭》,法律出版社2004年版,第220页。

② 参见顾祝轩:《合同本体解释论:认知科学视野下的私法类型思维》,法律出版社2008年版,第217页。

③ 黄茂荣:《买卖法》,中国政法大学出版社2002年版,第4～6页。

典型形态的设定意义更多在于对经验理论的证立,非典型形态恰恰为法学研究中已形成之经典命题提供了反思甚至重构的契机。然而,法学领域对于非典型形态的研究基本可以概括为一种"对策学"或者说是"偶然性"的研究,仅关注到非典型形态的非典型意义,并未针对非典型的整体形态展开理论化的探索,也就未可知其对于法之当下规范意义的设定及创生之意义。[①] 由此,那些仅仅面向典型形态的理论本身存在很大的问题,[②]需要站在非典型形态的视角对其进行反思与重构。于契约类型化的角度来看,典型契约与非典型契约之间的规则联动应该是双方面的,非典型契约制度具有独立于典型契约的研究意义,为合同编分则规范的典型意义创设新的规范意义,也促进典型契约的规范完善,而非仅局限于"援用典型契约规范解决问题"的单一视角。具体而言如下:

第一,非典型形态的事实认定,成就契约类型的开放性。契约的类型特征本非固定不变,而是依靠各特征要素间紧密地联合,保持核心意义的稳定性,由此,典型契约类型蕴含"中心明确、外延不加固定"包容性思维。而立法者对此类型特征过渡到彼类型特征的过渡形态进行规范调整的过程,便拓宽了典型契约规范的涵摄范围。以买卖契约为例,"一手交钱、一手交货"为立法者设想的最典型之买卖场景,债权人基本无须承担债务人不履行债务的风险。但在商人间货物供应契约中,因物之交付通常先于金钱给付,债权人需承担债务人无资力之风险。但此授信要素的加入,并不必然改变契约之性质,只是在此基础上,为降低出卖人风险,立法者设定了所有权保留等情形的规范场景,借此,完善了买卖契约规范的涵摄范围。

第二,特征要素混合形态的研究,使契约类型开放性的边界得以清晰。"问题视域若没有确定的边界,只能是空洞的话题",[③]提问本身便是

---

① 参见周赟:《非典型案例的典型意义》,载《厦门大学学报(哲学社会科学版)》2010 年第 6 期。

② 参见周赟:《典型案件/非典型案件二分命题的崩塌》,载《江汉论坛》2015 年第 5 期。

③ 参见[德]汉斯-格奥尔格·伽达默尔:《诠释学 I:真理与方法》,洪汉鼎译,商务印书馆 2007 年版,第 493 页。

对问题边界的试探。契约类型开放性的边界正是在非典型形态的不断冲击、试探中产生的,特征要素的流变使契约形态脱离了核心意义的稳定性,便越过了契约类型开放性的边界。以上述买卖契约为例,纵使在买卖契约中加入授信要素而偏离典型形态,如约定以分期给付的方式履行,但给付的内容在契约订立时即已确定,而非依时间的延续而增加,其与继续性契约性质间终有重大差异,该非典型形态的加入实则帮助立法者明确了买卖契约作为一时性契约的本质属性,这亦是契约类型开放性的边界所在。

第三,非典型契约制度研究,完善了典型契约的规范体系,尤其体现在对强行性规定的变通规定和例外规定的设定方面,增强了合同编分则规范体系的社会情态应变能力。既有规范对于社会情势的应对,是在非典型形态对规范效力的不断冲击中产生的,可以说,没有非典型契约类型对既有规范效力的逼问,仅凭学者们的逻辑演绎是难以完善,甚至难以发现上述规范疏漏的。非典型契约或者是脱离了典型契约的发展,或者是典型契约的变体,总之,非典型契约已经脱离了"本体"获得发展,这将改变典型契约原本设定的利益平衡状态。以委托合同之任意解除权的限制为例,若其中存在"受托人利益"情形,即在委托合同中加入了其他合同的类型特征的,并且要素间构成命运共同体,此时便产生了对委托合同任意解除权规则的变通性规定:(1)日本和法国采取委托人任意解除权的绝对限制做法;(2)《欧洲示范民法典草案》采取了任意解除权的相对限制路径,将受托人因任意解除而丧失的利益纳入损害赔偿的范围。①

① "受托人利益"必须是与委托事务处理直接相关的利益,当然不包括单纯的受托人的报酬请求权,这是学界对受托人利益达成的基本共识。参见周江洪:《委托合同任意解除的损害赔偿》,载《法学研究》2017 年第 3 期;崔建远、龙俊:《委托合同的任意解除权及其限制——"上海盘起诉盘起工业案"判决的评释》,载《法学研究》2008 年第 6 期;武腾:《委托合同任意解除与违约责任》,载《现代法学》2020 年第 2 期。

后　记

非典型合同的典型化是合同法发展的重要方向。遗憾的是，尽管国内外学者对典型合同进行了大量研究，但对非典型合同着墨甚少，导致非典型合同的司法适用乱象丛生。然而，非典型合同却已成为常见的交易形态，也成为当事人实现多元交易目的一体化的载体，社会及经济之演变创生了大量的非典型交易形式，如混合赠与、包销、租卖、质物监管、包价旅游等非典型合同俯拾皆是。同时，具备较为完善的规则体系的《民法典》典型合同分编，却难以承担起非典型合同法律调整的任务，究其原因，主要在于：合同编分则的制度功能没有实现从“规制各类典型的交易关系”到“为非典型的交易形态提供规制基础”的功能拓展，由此，分编便难以充分发挥组织社会经济生活的合同编分编功能。若再细究缘由，在于立法过程中对于典型合同类型的选取并非全然以类型体系性为首要考量，而更多地拘泥于经济实用性的立法取向。

以上是研究非典型合同制度必须尊重的既成事实，也决定了非典型合同研究的重点：既应最大化地利用并确立典型合同的相关规定对非典型合同的参照适用意义，又应当将非典型合同放置于合同类型的整体体系中，完成对合同的性质认定。当然，后者应是前者的基础，只有完成了性质认定，才能确定参照适用的具体方法。当然，非典型合同是难以完全符合任何一种典型合同的类型特征的，其性质认定的目的不在于将其归类于某一典型合同，而是确认“类型相似”的合同。类型相似性的确认，需要综合主给付义务的外观并根据“给付的整体特征”评价来完成。根据合同的性质认定，基本可以确立可参照适用的法律规则。

那么，应当进一步思考的是，当前的合同解释方法是否能够满足非典型合同性质认定的需要？非典型合同的合同解释不仅涉及内部法律关系单一化的形态，如纯粹非典型合同，也涉及内部法律关系复合性的形态，如混合型非典型合同（学界也称之为混合合同）。通过类型相似的判断方法，纯粹非典型合同可回归至框架性类型系列或者典型合同类型体系，找到可予参照适用的法律规则，运用传统的目的解释方法即可确定参照适用的具体方法；然而，混合型非典型合同涉及数项典型合同相关规定的冲突，此时，合同解释阶段的任务应当转化为“明确合同内部数项不完全法律关系的牵连结构”，因为数项不完全法律关系复合于一个合同之中，必然构成了整体上的对价关系，此种或并列或对立或重合的牵连结构决定了“类型相似合同”的相关规定的参照适用逻辑。在合同解释阶段，旨在对数项不完全法律关系完成关系化的评价，应为之确立“整体评价方法”。当然，整体评价方法区别于文义解释、整体解释、目的解释、诚信解释等传统的合同解释方法。以上及本书的全部内容是我对于非典型合同制度的思考，基本完成了对非典型合同的本体研究、方法论研究以及实践总结，希望对未来的非典型合同的司法适用有所助益。

我要特别感谢我的恩师许中缘教授。从 2014 年开始受恩师指导，至今我已在南开大学法学院任教 3 年多，一直得到恩师的提携和照顾，我也在恩师数年的耳提面命、悉心指导中受益匪浅，深知学术路上须言行谨慎、一步一个脚印。本书是在我的博士学位论文基础上修改完成的，感谢陈小君、孙良国、冉克平、彭中礼、黄忠、耿卓、肖海军、王文胜等评审专家提出的极为宝贵的意见。工作以来,虽历时不长,历事经事却也成长了不少,我要特别感谢我的家人及亲友,他们给予了我强大的精神力量和长情陪伴,我也要特别感谢单位领导及同事们对我的支持、鼓励和关爱。

崔雪炜
二〇二四年十一月二十三日
于南开大学法学院